Großer Himmel, flaches Land
Niederländisches Lesebuch

Serie Piper
Band 1444

Zu diesem Buch

Oft wurde der niederländischen Nachkriegsliteratur vorgeworfen, sie beschäftige sich hauptsächlich mit dem erstickend gemütlichen Innenhäuschen. Die hier vorgestellten Autoren zeigen, daß sich inzwischen etwas geändert hat. Es weht ein frischer Wind in der niederländischen Prosa. Verflogen ist der Rosenkohlduft. Der eigene Nabel ist nicht länger Mittelpunkt. Die Texte sind weltoffen in der Thematik und überraschend in der Verarbeitung von noch immer geheiligten Traumata. Sie stammen von Autoren, die international schon bekannt sind oder auf dem Sprung stehen, das Ausland zu erobern, nachdem sie zu Hause viel von sich reden machten.

Die Einführung gibt anhand einer imaginären Erfolgsstory ein Bild von der niederländischen literarischen Landschaft. Sie versucht zu erklären, warum in einem verhältnismäßig kleinen Sprachgebiet eine solche Vielfalt an erzählerischem Ausdruck floriert.

Sibylle Mulot, geboren 1950 in Reutlingen, lebt als Schriftstellerin in Frankreich. Beschäftigt sich auch journalistisch mit den Niederlanden.

Ronald Jonkers, geboren 1948 bei Utrecht. Übersetzer und Verlagsberater.

Großer Himmel, flaches Land

Niederländisches Lesebuch

Herausgegeben von
Sibylle Mulot
und
Ronald Jonkers

Piper
München Zürich

Lesebücher in der Serie Piper

Bayerisches Lesebuch
Von 1871 bis heute (431)
Das Lied des Feuers
Lateinamerikanisches Lesebuch (900)
Und laß als Pfand, mein Liebling, dir das Meer
Katalanisches Lesebuch (948)
Das Leben ist schön und traurig
Russisches Lesebuch (1025)
Lächelnd über seine Bestatter: Österreich
Österreichisches Lesebuch von 1900 bis heute (1040)
Adieu Tristesse
Französisches Lesebuch (1090)
Ich ging durch Meer und Steine
Israelisches Lesebuch (1041)
Die Orange ist eine Frucht des Winters
Spanisches Lesebuch (1100)
Blütenmond
Japanisches Lesebuch (1650–1900) (1192)
Zeit der Zikaden
Japanisches Lesebuch der Gegenwart (1193)
Am Tag, als E. M. Forster starb
Englisches Lesebuch (1218)
Magische Horizonte
Amerikanisches Lesebuch (1251)
Träume sind frei
Polnisches Lesebuch (1430)

Die Übersetzung aus dem Niederländischen wurde unterstützt durch den Nederlands Literair Produktie- en Vertalingenfonds.

ISBN 3-492-11444-X
Originalausgabe
Juni 1993

Umschlag: Federico Luci,
unter Verwendung des Gemäldes »Hollands Glorie«
(1991, Öl auf Papier, 120 × 150 cm) von Jan Cremer

ABN-AMRO Art Collection, Amsterdam
Gesamtherstellung: Clausen & Bosse, Leck
Printed in Germany

Inhalt

Vorwort

Ein niederländischer Schriftsteller von heute – eine Erfolgsstory

In Holland wird viel geschrieben und viel veröffentlicht; alles in dieser eigensinnigen, eigenständigen Sprache, die durch viele kleine Abweichungen und große Bedeutungsverschiebungen für den Deutschen so tückisch und manchmal verhängnisvoll ist. Obwohl der Literaturbetrieb in fast allen westlichen Ländern ähnlich ist und überall von Marktmechanismen diktiert wird, gibt es in den Niederlanden einige markante Unterschiede.

Um einen Eindruck vom literarischen Klima im Nachbarland zu bekommen, stellen wir uns einen typischen Schriftsteller oder eine Schriftstellerin in spe vor. Aber erst muß ein kleines Problem vom Tisch: Wir wollen nicht die ganze Zeit »SchriftstellerIn« lesen müssen. Darum werfen wir jetzt ein Guldenstück, um das Geschlecht unseres Autors endgültig zu bestimmen. Das Profil von Beatrix ist Kopf und weiblich, die andere Seite Kreuz und männlich. Hoppla, Kreuz! Der Held unserer Erfolgsstory wird also ein Mann sein.

Jung ist er und ambitioniert, und er hat Ideen. Selbstverständlich hat er gedichtet und seine rebellischen Texte in der Schülerzeitung veröffentlicht. In der Jugendecke der Lokalzeitung wurden seine Sachen abgedruckt. Einige noch etwas unreife Kurzgeschichten wurden von »erwachsenen« literarischen Zeitungen abgelehnt. Aber jetzt ist er Mitte Zwanzig, und sein erster Roman ist fertig. Ein nie dagewesenes Produkt, versteht sich.

In der Schule hatte er als Pflichtlektüre zwanzig niederländische Romane gründlich lesen müssen. Aber sein literarisches Gepäck reicht weit darüber hinaus. Er kennt die Werke von Harry Mulisch, Willem Frederik Hermans und Gerard (van het) Reve. Er hat als Beispiel den raschen Erfolg von Oek de Jong, Leon de Winter und A. F. Th. van der Heijden vor Augen. Und Cees Nooteboom zeigt ihm, daß sogar das Ausland erobert werden kann.

Unser Autor hat lange Zeit über das Thema seines Romans nachgedacht. Leider hat er keine *indische* (indonesische) Vergangenheit. Auch den letzten Weltkrieg hat er nicht am eigenen Leibe erfahren. Er ist weder jüdisch noch flämisch (der Niederländer liebt Exotik). Etwas Postmodernes vielleicht? Er könnte die griechische Mythologie und die Bibel neu erzählen, mit vielen Zitaten und Anlehnungen an Themen aus der Weltliteratur. Oder Abenteuerliches von seinen Reisen berichten, für den Lehnstuhltouristen. Was er vermeiden muß, ist eine betuliche Beschreibung seiner Jugend. Vor allem kein Rosenkohlduft. Großstadtlärm ist gefragt. Auch keine Beziehungskiste oder DIE LIEBE. Eine epische Darstellung der jüngsten Geschichte, wie wäre das? Studentenbewegung, Hausbesetzungen, Straßenschlachten? Ach nein, wir dürfen getrost annehmen, daß unser Autor sein Erfolgsrezept mit anderen Zutaten kocht.

Bei einem alten chinesischen Schriftsteller findet er die Figur eines Affen, eine Art überschlauer Kung-Fu-Fighter, der in tolkienartiger Landschaft gegen das Unrecht kämpft. Sein Buch strukturiert er auf der Basis eines indischen Ragas – das liefert ihm auch den Titel: *Morning Raga*, auf englisch, versteht sich, denn er will die ganze Welt erobern. Gevatter Affe soll ein Hofnarr der Menschheit werden und ihr seinen Narrenspiegel vorhalten. Sämtliche heiligen Theorien der Wissenschaft und Religion werden aus Affensicht neu überdacht und angesägt. Und so verschwindet die Urknalltheorie im schwarzen Loch, bekommt die Abstammungslehre einen neuen Dreh. Und der Affe erzählt und erzählt und erzählt. Denn der Leser will Geschichten lesen.

Er schickt sein Manuskript an mehrere Verlage. Die Auswahl ist groß. Die meisten Verlage gehören größeren Verlagsgruppen an, operieren aber selbständig unter eigenem Namen. Unabhängig ist De Bezige Bij, von der Struktur her ein Autorenverlag, der gegen Kriegsende gegründet wurde. De

Bezige Bij ist ein Haus, das traditionsgemäß ambitionierte Debütanten willkommen heißt. Ebenfalls unabhängig sind De Harmonie, die Fortsetzung eines typischen 60er-Jahre-Verlags, spezialisiert auf geistreiche und witzige Texte, und Van Oorschot, legendär und noch immer auf hohem Niveau.

In größeren Konzernen aufgegangen sind: De Arbeiderspers, mit Wurzeln in der sozialistischen Presse: hier herrscht heute ein stark auf Frankreich gerichtetes Verlagsregime. In der gleichen Verlagsgruppe: Querido für anspruchsvolle Literatur und Nijgh & van Ditmar für jüngere, eher journalistische Texte. Meulenhoff dagegen ist ein sehr vornehmes Haus für gehobene Literatur. In der gleichen Gruppe finden sich auch Bert Bakker, mit großen Verdiensten für Debütanten, Prometheus, immer gut für Überraschungen, und Amber. In der Kluwer Verlagsgruppe sind Contact, Veen und Atlas vereinigt.

Falls sein Manuskript von allen oben genannten Häusern abgelehnt wird, könnte er es immer noch bei einem der vielen unabhängigen Klein- und Kleinstverlage versuchen, obwohl ominöse Namen wie Thoth und Perdu nicht gerade einladend wirken.

Wie es sich für eine Erfolgsstory gehört, wird das Manuskript von einem der größeren, Verkauf und Ansehen versprechenden Verlage jubelnd angenommen. Man geht ein paarmal mit dem jungen Autor essen, trinkt im voraus schon viel zuviel auf den Erfolg und verhandelt über Vertragsmodalitäten. Die Entscheidung Taschenbuch oder Hardcover entfällt, da in Holland praktisch alle Bücher als Quality Paperback (d. h. broschiert mit buntem Umschlag) veröffentlicht werden. Nur von besonders prestigeträchtigen Titeln erscheint neben der Broschur auch noch eine gebundene Ausgabe. Der Erscheinungstermin ist wohl wichtig. Die Vertreter besuchen ihre Kunden dreimal im Jahr mit Neuerscheinungen, Frühjahr, Sommer und Herbst. Dabei muß die Herbstauslieferung früh stattfinden, da »Sinterklaas« (Nikolaus, am 5. Dezember haben die Holländer beschlossen, und warum nicht, in Deutschland feiert man Weihnachten auch einen Tag zu früh) traditionell das große Geschenkfest ist.

Der Vertrag ist unterschrieben, ein Vorschuß ist überwiesen. Ob er etwa noch andere Texte vorrätig habe, fragt ihn der Verlag. Er hat. Und jetzt merkt er, wie leicht er seine vorher abgewiesenen Produkte in den literarischen Zeitschriften unterbringen kann. Die wichtigsten wie *Maatstaf*, *Optima*, *De Gids*, *De tweede ronde*, *Tirade*, *Hollands maandblad*, *De revisor* erscheinen bei den oben genannten Verlagen, und oft ist ein Verlagslektor in der Redaktion vertreten. Auch die Zeitschriften werden regelmäßig in der Presse rezensiert, und so ist es möglich, daß unser bis jetzt noch unbekannte Autor schon vor Erscheinen seines Buches Aufmerksamkeit erzielt.

Um ihre Leser zu informieren, berichten die großen überregionalen Zeitungen dreimal im Jahr über die neuen Verlagsprogramme. Da taucht der Name unseres Newcomers wieder auf, möglichst mit einer Verweisung auf seine vielversprechenden Zeitschriftenbeiträge. Wenn das Buch schließlich ausgeliefert ist, folgen die Rezensionen. Die Verlage schicken selten oder nie Vorausexemplare an Buchhandel und Presse.

Die großen Zeitungen berichten täglich über Kultur. Anders als in Deutschland kennen sie kein Feuilleton und auch keine spärlichen drei bis vier Literaturbeilagen pro Jahr. Nein, für Belletristik gibt es im *Volkskrant* und *NRC-Handelsblad* jeden Freitag, für Sachbücher jeden Samstag eine eigene Beilage. Und weiter haben auch die führenden Wochenzeitschriften *Vrij Nederland*, *De tijd/Haagse Post* und *Elsevier* in jeder Ausgabe einen ausführlichen Literaturteil mit Rezensionen, Interviews, Nachrichten und Tratschgeschichten aus Literaturland.

Groß ist dann auch das Heer der Rezensenten, groß ist oft die Meinungsverschiedenheit. Ein so gelungenes Werk wie das von unserem Autor wird fast ausnahmslos von allen wohlwollend besprochen. Sein Porträt erscheint auf der ersten Seite des Literaturteils, und die hauseigenen Päpste lassen es sich nicht nehmen, diesen Roman auf mehr als einer Seite in ihrer Zeitung zu loben. Wenn dann auch die Lokalzeitungen ihre Rezensionen gebracht haben, kann die Ausbeute unseres Helden leicht vierzig bis fünfzig verschiedene Artikel umfassen.

Jetzt ist die niederländische Literatur um einen Namen reicher. Man merkt es in den Kolumnen der Tageszeitungen und Wochenmagazine. Diese *columns* werden nicht ausschließlich von Journalisten geschrieben. Schriftsteller wissen es zu schätzen, wöchentlich an derselben Stelle präsent zu sein; ein eigenes Eckchen zu haben, um Meinungen zu äußern. Und polemisch zu wettern gegen das, was Kollege X unlängst in seiner Kolumne bei der Konkurrenz behauptet hat. So entstehen lange, sich hinschleppende, meinungsbildende Polemiken, die rege und mit großer Anteilnahme gelesen werden.

Bei unserem Autor haben sich schon zwei Zeitungen gemeldet, die ihre Auflage durch seine regelmäßigen Beiträge zu steigern hoffen. Er zögert nicht lange. Sein nächstes Buch ist damit schon fast fertig, denn eine Kolumnensammlung wird gern verlegt und läßt sich gut verkaufen. Durch seine wöchentliche Präsenz züchtet er sein Stammpublikum.

Ungefähr zwanzig Millionen Menschen, verteilt über die Niederlande, Flandern, Surinam, die niederländischen Antillen und Südafrika, lesen Niederländisch. Unter ihnen befinden sich auch die Käufer und Leser unseres Autors. Wenn wir davon ausgehen, daß diese Zahl ungefähr ein Viertel des Marktes für deutschsprachige Bücher beträgt, müssen wir dann die Auflagenzahlen auch durch vier teilen? Weit gefehlt. Die Startauflagen für Belletristik sind in Holland immer bedeutend höher als in Deutschland. Es ist ein Volk von Lesern. Gut für unseren Autor. Sein Erstling erreicht natürlich noch nicht solche Megazahlen wie in jüngster Zeit Harry Mulisch mit seinem 500000fach verkauften *De aanslag* (*Das Attentat*), aber sein Verleger, der aufgrund der Resonanz in den Buchhandlungen schon gespürt hat, welchen Schatz er besitzt, hat die Startauflage mit 15000 nicht zu hoch bemessen. Und eine Neuauflage läßt sich im Druckerland Holland rasch herstellen.

Unser Roman, *Morning Raga*, hat natürlich auch eine gute Chance, einen der begehrten Literaturpreise zu gewinnen. Der »Amsterdamse Fonds voor de Kunst« verleiht den *Multatuliprijs* (10000 Gulden); speziell für Debütromane gibt es den *Geert Jan Lubberhuizenprijs* (ebenfalls 10000 Gulden) und den *Lucy B. en C. W. van der Hoogtprijs* (5000 Gulden). Diese

Preise bringen etwas Geld, sind aber wenig publikumswirksam. Unser Autor strebt daher nach dem begehrten, von einer Buchhandlungskette nach dem Vorbild des englischen *Booker Prize* gestifteten *A. K. O.-prijs* (50000 Gulden), der hohe Auflagen garantiert, denn er ist sehr medienwirksam. Mit großer Anteilnahme wird der Prozeß der Vorauswahl besprochen, und die letzten fünf liefern wochenlang Stoff für Presseberichte. Zweifeln wir nicht daran, daß unser Mann diesen Preis bekommen und danach gerngesehener Gast in Fernseh-Talkshows sein wird.

Leider ist sein Gesamtwerk noch zu schmal, um schon den angesehensten und am höchsten dotierten Staatspreis zu bekommen, den *P. C. Hooftprijs* (über 50000 Gulden). Auch auf den *Constantijn Huijgensprijs* oder den flämisch-niederländischen *Prijs der Nederlandse Letteren* (30000 Gulden) muß er noch warten.

Seine Finanzlage ist übrigens auch ohne Literaturpreise nicht allzu schlecht. Selbst für Autoren, deren Bücher nicht so gut verkauft werden, gibt es Möglichkeiten, das Einkommen aufzubessern und in relativer Unbesorgtheit zu schreiben. Ein hoher Prozentsatz aller erschienenen Bücher wird nämlich vom Staat subventioniert – dasselbe gilt übrigens auch für literarische Übersetzungen. 1991 wurden zum Beispiel 122 Autoren mit im Durchschnitt 4800 Gulden zusätzlich honoriert. Für viele Autoren gibt es Arbeitsstipendien, ausgezahlt in Monatsraten von derzeit 3700 Gulden. 1991 bekamen fast zweihundert Autoren ein Arbeitsstipendium von bis zu 12 Monaten (die Höhe richtet sich nach dem Einkommen).

Unser Autor weiß, daß er in Holland mit starker Konkurrenz aus dem Ausland rechnen muß. Es wird ungewöhnlich schnell übersetzt, und schon die Originale werden in den Zeitungen besprochen. Da die meisten Buchhandlungen auch Taschenbücher in Fremdsprachen führen, gibt es Paperbacks mit dem Aufkleber *For Holland only*, die sogar früher erscheinen dürfen als im Ursprungsland. Der Niederländer beherrscht seine Fremdsprachen, liest gerne im Original, und was von weit her kommt, schmeckt sowieso besser.

Die Chancen für einen niederländischen Autor, in andere

Sprachen übersetzt zu werden, sind dagegen gering. Nur wenige Lektoren in ausländischen Verlagen beherrschen die niederländische Sprache, und ein Buch, das im Originalland ein Riesenerfolg ist, hat in einer anderen Kultur nicht unbedingt denselben Stellenwert. Trotzdem sind die niederländischen Verleger clevere Geschäftsleute, denen es immer wieder gelingt, Lizenzen ins Ausland zu verkaufen. Aber um den Durchbruch wirklich zu schaffen, muß der Autor, wie Cees Nooteboom das meisterhaft gezeigt hat, selber dafür sorgen, daß er im Ausland präsent ist und daß sein Name sich auch dort einprägen wird.

Im eigenen Lande ist unser Autor jetzt eine angesehene Persönlichkeit. Er kann bequem von den Tantiemen seiner Bücher leben. Wenn er etwas in der Presse, im Rundfunk oder im Fernsehen sagen will, braucht er sich bloß zu melden. Sein Name ist ein Markenzeichen geworden (»Hast du den neuen XY schon gelesen?«). Es wird ihm gut ergehen. Die ganze Welt wird er kaum erobern können, aber nach einem würdigen Autorendasein wird wenigstens ein Zigarrenstummel von ihm im Letterkundig Museum gezeigt und aufbewahrt werden.

Und was, fragt sich vielleicht eine Leserin dieses Vorworts, wenn die unbestechliche Münze Kopf gezeigt hätte? Dann hätte diese Erfolgsstory im großen und ganzen gleich ausgesehen. Denn für Frauen gibt es in den Niederlanden, auf literarischem Gebiet wenigstens, dieselben Durchbruchschancen.

Ronald Jonkers, Januar 1993

Koos van Zomeren

Das Joch der Flachheit

Manchmal mag ich Holland nicht, und unter Holland verstehe ich dann meine unmittelbare Umgebung, zehn Kilometer im Umkreis von Woerden. Der Rest von Holland ist auch nur eine Notlösung, aber hier ist es nicht mal das. Kein Hügel, kein Fluß, keine Düne – nichts. Nur dieses grüne Tuch, aufgehängt zwischen Kirchtürmen.

Manche Leute rühmen diese Landschaft als den Gipfel der Schönheit, aber es gibt ja auch Leute, die mögen Grünkohl und sind sogar noch stolz darauf. Sie loben die Einfalt, weil sie einfältig sind. Langweilig ist es hier, schrecklich langweilig.

Überall dieses dumme Gras, das kränkliche Grabenwasser, die ausgemolkenen Kühe. Immerfort dieses sinnlose Wehen, dieser Wind. Nirgends ist es ruhig, nirgends ist man allein, ständig befindet man sich im Zehnminutenradius von irgendeinem Jogger oder Radwanderer oder Hochspannungsmasten oder Auto oder Flugzeug.

Und dann dieser scheußliche Horizont, dieses Lustobjekt der Hollandverherrlicher. Zu Unrecht assoziieren sie einen flachen Horizont mit einer weiten Aussicht. Nirgendwo ist die Aussicht so beschränkt und die Welt so klein wie hier. Der Horizont drückt alles nieder und verweist direkt auf den Tod, der sich ja auch hauptsächlich im Liegen abspielt. Kein Wunder, daß wir alle Pastoren sind, wir brauchen nur aus dem Fenster zu sehen und schon erinnert alles an unsere Berufung.

Warum schenken wir Holland nicht einfach den Bisamratten? Das frage ich mich manchmal. Sie scheinen dieses Land wirklich zu mögen. Und ihre Anstrengung, einen Hauch von Abenteuer in den Polder zu nagen, sollte endlich belohnt werden. Es sind nette Tierchen. Echt.

Übrigens muß ich sagen, daß ich Holland nicht die ganze Zeit über ablehne. Am schlimmsten ist es bei der Rückkehr aus Ländern, die mit Bergen gesegnet sind (plätscherndes Wasser, dramatische Unwetter, Frösche, die nie ein Auto treffen werden).

Ach, diese Enttäuschung bei Bergh-Autoweg!

Die Fahrt über diese Grenze, wie beiläufig auch immer, raubt einem alle Illusionen. Während an der A 12 die Landschaft immer weiter abflacht, türmt sich unser Widerwillen immer höher. Polder sind eigentlich nichts anderes als trockengelegte Langeweile.

Und dann kommt noch etwas dazu, ein Schreckvervollständigungsfaktor. Er heißt August. August ist das Gerinnsel im Blutkreislauf der Zeit. Ich habe meine Beschwerden gegen den August schon früher vorgetragen, habe seinerzeit sogar vorgeschlagen, den August abzuschaffen, aber es hat nichts genützt. Keiner hat mir widersprochen, aber auch keiner hat einen Finger dafür gerührt.

Holland im August – und trotzdem muß man spazierengehen, und sei es nur, um den Hund auszuführen. Täglich erledige ich also diese Fron, und währenddessen schabt die Landschaft an meiner Seele.

Zunächst einmal wird man mir recht geben, daß sich nirgendwo besser tagträumt als hier. Hier kann man schlafwandelnd oder dösend oder völlig vertieft in Romane und Geschichten umherirren. Man braucht sich nicht vorzusehen, denn es gibt nichts zu sehen. Und in diese Grübelstimmung nesteln sich die Ereignislein, winzige Vorfälle, die meist zu tun haben mit einem Vogel (natürlich mit einem Vogel, denn Vögel bestimmen die Höhe dieses Landes).

Ein dösender Purpurreiher am Wassergraben – der Purpurreiher wird immer seltener.

Eine Sumpfschnepfe, die aus dem Gras aufflattert, ein Regenbrachvogel, der abends seine Stimme erhebt – Nadelstiche des Herbstes. Auch der August nimmt mal ein Ende!

Hinter der Erlenhecke flüchtet ein junger Kuckuck. Das ist schon der zweite heute abend, und gestern hatte ich auch einen gesehen und am Sonntag auch. Selten so viele Jungkuckucke getroffen wie in dieser Woche. Sie sehen aus wie Faltprodukte aus Karton. Trotz ihrer Jugend werfen sie schon diese scheuen Blicke über die Schulter. Ihr Schuldgefühl muß unerträglich sein.

An diesem Abend sah ich, in der Nähe von Kockengen bei den Sportplätzen der ESDO, zwei Turmfalken. Der Größenunterschied war so auffällig, daß ich erst an verschiedene Arten dachte, aber nein, es waren zwei Turmfalken. Als nächstes dachte ich, daß sie sich vielleicht wegen irgendeiner Revierstreitigkeit bekämpften, aber das stimmte auch nicht, es war etwas anderes.

Der Größere, ein Weibchen, drehte sich in einem eleganten Bogen gegen den Wind, manövrierte den Körper in den richtigen Winkel zum Horizont und machte vier, fünf von diesen ingeniösen Flügelschlägen, womit die Turmfalken in der Luft stehenbleiben, an einem Fleck. *Rütteln*, könnte man sagen, aber das Weibchen war im Moment offensichtlich nicht auf Jagd. Nach diesem kurzen Augenblick warf sie sich auf die Seite und ließ sich vom Wind mitführen.

Inzwischen hatte der andere kleine Falke ihren Platz eingenommen. Er machte denselben Bogen, wählte auf dieselbe Art seine Position zu Wind und Horizont und machte dieselben vier, fünf Flügelschläge. Aber wo sich der erste Falke zum Abschluß souverän auf den Wind gelegt hatte, wurde dieser hier förmlich über den Haufen geblasen.

Inzwischen hatte das Weibchen die nächste Kurve geflogen, kam wieder zum Stillstand, machte dann wieder Platz für den anderen.

Als dieser Vorgang sich dreimal wiederholt hatte, dämmerte mir, daß es hier um Unterricht und Lernen ging. Muttervogel machte vor, wie es sein mußte, Jungvogel versuchte, sich das einzuprägen. Wurde dieses Verhalten bei Turmfalken je beschrieben? Und falls nicht, handelt es sich hier um eine Premiere oder um eine zu lebhafte Phantasie?

Ach, was soll's! Wir haben etwas gesehen, an das wir uns erinnern werden. Wir haben kapiert, Leben muß gelernt werden, sogar bei Turmfalken.

Ein einziger Spaziergang: Purpurreiher, Sumpfschnepfe,

Regenbrachvogel, junger Kuckuck, übender Turmfalke. Ein Land, das gut genug ist für diese Vögel, ist auch gut genug für mich. Das heißt nicht, daß ich Holland wieder mag, nein, nur daß ich bereit bin, mein Bestes dafür zu tun, und das ist der Anfang von allem, oder nicht?

Wir wollen uns jetzt die Mühe machen und die Augen noch schnell nach links richten. Wir sehen dann den schönsten Sonnenuntergang, den wir uns wünschen können. Die Wolkendecke reißt auf, der Himmel errötet, die Flammen schlagen heraus. Holland ist deshalb so flach, weil es Platz braucht für Sonnenuntergänge.

Peter van Straaten

Agnes

Agnes war schon wieder aus dem Bett und trödelte im Morgenmantel durch die Wohnung. Sie hatte auch schon wieder ein bißchen Hunger und saß mit einem Roastbeefsandwich auf der Couch, als es klingelte.

Bea kam in einer Parfümwolke hereingesegelt, rechts und links mit Plastiktaschen beladen.

»Mensch, wie siehst du denn aus!« rief sie. »Bist du krank, oder hast du einen Kater?«

»Krank gewesen«, sagte Agnes, »es geht mir schon viel besser.«

»Also wenn ich du wäre, würde ich mich noch ein paar Tage schonen, du siehst ja aus wie ein Gespenst.«

»Findest du?«

Agnes betrachtete sich aufmerksam im Spiegel. Sie hatte wirklich schon mal besser ausgesehen.

»Lieber Himmel, Bea, bin ich immer so häßlich?«

»Nein, das nicht.«

»Na hoffentlich nicht.«

»Was hattest du denn?«

»Grippe. Wir hatten hier alle Grippe, erst Arthur, dann Daniel, dann ich.«

»Ja, Arthur...«, sagte Bea. »Über Arthur wollte ich grade mit dir reden.«

Agnes war sofort auf der Hut.

»Sag mal, *bist* du eigentlich noch mit Arthur? Ich frage dich das, weil...«

»Mit Arthur *ist* man nicht«, sagte Agnes.

Was sie damit meinte, war ihr selbst nicht ganz klar, aber sie wußte, daß es stimmte.

»Wie meinst du: mit Arthur *ist* man nicht?«

»Wie ich es sage: mit Arthur *ist* man nicht. Ich könnte auch sagen: Arthur *hat* man nicht.«

»You can say *that* again.« Bea sprach immer so gern Englisch.

»What is that supposed to mean?« fragte Agnes zurück. Bea brauchte nicht zu glauben, daß sie die einzige war, die aus amerikanischen Seifenopern irgend etwas aufschnappte.

Bea schloß vorübergehend die Augen und sagte: »Gestern hab ich Arthur gesehen. Im Bordewijk. Kennst du das Bordewijk? Also man ißt dort phantastisch. Aber das meine ich nicht. Er saß dort mit einem blonden Mädchen. In einer Nische.«

»Dunkle Nische, hoffe ich doch?«

Agnes fuhr ihre gesammelte Ironie auf, um nicht zu wanken.

»Leider nicht dunkel genug. Im Bordewijk ist es niemals dunkel. Man konnte ihn sehr deutlich sehen.«

Gelassen wartete Agnes auf den Rest.

Ein verkehrtes Wort, dachte sie, *ein* verkehrtes Wort, Bea, und ich kratz dir die Augen aus.

»Er klebte unterm Tisch an ihrem Bein und Gott weiß wo sonst noch.«

Vor allem die Tatsache, daß Bea bei diesen Worten wieder sittsam die Augen schloß, brachte Agnes zur Raserei.

Mit äußerster Anstrengung hielt sie sich noch eben zurück.

»Ich will's nicht wissen, Bea.«

»Aha, du willst es nicht wissen. Aber was wirst du dagegen tun?«

»Also das ist doch der Gipfel!« explodierte Agnes, »daß Arthur fremdgeht – schlimm genug, aber daß du die Stirn hast, mich deswegen zu verhören! Was ich dagegen zu tun gedenke? Nichts natürlich! Ich bin doch nicht Arthurs Erziehungsberechtigte! Weiß er vielleicht selbst nicht, was er tut? Oder wie?«

Was reg ich mich doch herrlich auf, dachte Agnes.

»Ich erzähl dir das wirklich nur zu deinem eignen Besten!« sagte Bea und warf geziert den Kopf zurück.

»Haha!« schrie Agnes, »du warst doch selber auch schon mit Arthur in der Heia!« Was für eine Sprache, dachte Agnes, *in der Heia*, diesen Ausdruck verwende ich doch sonst nicht.

Bea holte tief Luft, um etwas dagegen zu sagen, aber Agnes war nicht mehr zu bremsen.

»Was denkst du dir eigentlich, mir hier so ganz nebenbei zu erzählen, was Arthur tut oder läßt? Geht dich das was an? Laß mich doch in Ruhe mit deinem blöden Klatsch. Was spionierst du hinter Arthur her, worin mischst du dich ein? Worin in Gottes Namen mischst du dich ein?« Jetzt spuckte Agnes sogar ein bißchen.

»Gut«, sagte Bea, »wenn du das so siehst.«

Sie stand auf und zog ihre Damenhandschühchen wieder an. »Ich komme dann mal wieder, wenn du etwas ruhiger bist.«

Agnes war ebenfalls aufgestanden. Kriegslüstern schnürte sie den Gürtel ihres Bademantels enger.

»Da kannst du lange warten!« rief sie.

Bea schritt mit hocherhobenem Haupt zur Tür. Dort mußte sie allerdings ein paar von ihren Plastiktaschen absetzen, um die Tür zu öffnen.

»Dumme Kuh!« schrie Agnes.

Sie setzte sich in Bewegung.

Bea klapperte schon die Treppe hinunter.

»Laß dich schön weiter aushalten von deinem feinen Johan!« rief Agnes hinter ihr her.

»Dumme Kuh!« Komm, Agnes, öfter mal was Neues.

»Billiges Flittchen!«

Aber da hatte Bea die Haustür schon zugeschlagen. Agnes war froh, daß Bea die letzten Worte nicht mehr gehört hatte. Sie schienen ihr selber jetzt auch zu grob. Sie setzte sich wieder auf die Couch und fluchte ein paarmal laut.

»Ach, tut das gut!« murmelte sie erleichtert und streckte sich lang aus. Erschöpft schlief sie ein.

Die Grippe war hartnäckiger, als Agnes gedacht hatte. Wenn sie den Vormittag über auf den Beinen gewesen war, fühlte sie sich so schlaff, daß sie wieder ins Bett ging, bis Daniel aus der Schule kam. Sie blieb im Haus. Daniel kaufte ein, und zwar ohne Murren, was Agnes ziemlich beunruhigte. Bin ich vielleicht kränker, als ich denke, und er weiß es? fragte sie sich.

»Daniel, schau Mama mal gut an. Sehe ich sehr schlecht aus?«

»Nein«, sagte Daniel, »wie immer.«

Sie schaute im Spiegel nach.

»Du sagst wie immer. Aber ich hab Triefaugen.«

»Die hast du immer.«

»Ach, prima. Das ist ja tröstlich.«

Sie konnte zu jeder beliebigen Zeit einschlafen. Wenn sie ein paar Stunden auf gewesen war, fielen ihr die Augen von selber zu. Sie schlief schwer und fest. In dieser Nacht wachte sie plötzlich auf, weil sie mit den Knien irgendwo angestoßen war. Und zwar an Arthur.

»Wie lang bist du schon hier?« flüsterte sie.

Er schlief weiter.

»Arthur.« Sie rüttelte an ihm.

Mit einem Seufzer wachte er auf.

»Ja«, sagte er, »hallo.«

»Wie lang bist du schon hier?«

»Ein paar Stunden. Du hast so fest geschlafen. Ich wollte dich nicht wecken.«

Irgendwas stimmt nicht, dachte Agnes. Er riecht anders.

»Arthur, was ist denn los?«

»Ja«, sagte er und setzte sich auf.

»Was heißt ja?«

»Ich hab ein Problem.«

Agnes wartete.

»Ein ganz blödes Problem, verdammt.«

»Warum ist es blöde?«

Sie hörte, wie er Atem holte. Aus irgendeinem Grund wagte sie nicht, das Licht anzumachen. Vorsichtig setzte sie sich aufrecht hin.

»Arthur, was ist denn los?«

Er seufzte tief.

»Ich bin verliebt.«

»Aber nicht in mich.«

»Doch. Auch.«

»Davon hab ich nichts gemerkt in den letzten Tagen.«

Er berührte sie flüchtig.

»Es tut mir so leid.«
Wieder mußte er seufzen.
»Was soll ich denn machen?«
»Mußt du selber wissen.«
Agnes legte sich wieder hin und drehte ihm den Rücken zu.
»Ach, Agnes.«
Er legte ihr die Hand auf den Po.
»Faß mich nicht an.«
»Ach, Agnes.«
»Verschwinde.«
»Willst du nicht drüber reden?«
»Nein. Verschwinde, Arthur. Bitte verschwinde. Was tust du überhaupt hier, wenn du verliebt bist?«
»Lieber Himmel, Agnes...«
»Hau ab, verschwinde.«
Sie hörte, wie er sich bewegte. Aufstand. Nach dem Lichtschalter suchte.
»Laß das Licht bitte aus, ja? Ich will schlafen.«
Er geht weg, dachte sie. Er geht wahrhaftig weg. Dieses Miststück. Arthur fing an, sich mit Geraschel anzuziehen. Erst das Oberhemd, hörte Agnes, dann den Pullover, die Hose, den einen Schuh, den andern Schuh, jetzt macht er die Schnürsenkel zu, fertig.
»Agnes...«
»Hau ab.«
Schlafzimmertür, Wohnungstür. Treppe, Schritte auf der Straße, weg.
Agnes setzte sich auf und machte das Licht an.
Plötzlich hatte sie rasenden Hunger.
In der Küche briet sie zwei Eier, toastete Brot und kochte Tee. Als sie sich zum Essen hingesetzt hatte, kam Daniel herein mit verquollenen Schlafaugen.
»Was machst du da?«
»Ich esse. Warum schläfst du nicht?«
»Ich muß pinkeln.«
»Dann geh schnell.«
Später brachte sie ihn ins Bett und küßte ihn aufs Haar.
»Schlaf jetzt schnell wieder ein.«

»Schläfst du auch?«

»Ja.«

Sie ging ins Bett und rollte sich ein.

Morgen, nahm sie sich vor. Morgen denke ich nach.

Da war kein Entrinnen. Ihre Mutter hatte sie und Daniel mit gewissem Nachdruck eingeladen, am Mittwoch zu einem *gemütlichen* Essen zu ihr zu kommen, und hatte in klagendem, aber auch drohendem Tonfall hinzugefügt: »Kind, ich seh dich so selten.«

Schuld, Schuld, Schuld.

Mit geschlossenen Augen hörte sich Agnes an, wie ihre Mutter am Telefon erzählte, daß alle so unglaublich nett zu ihr gewesen waren und daß Tante Hilde und Tante Rosi ihr so geholfen hatten und auch ihre Freundinnen Karla und Trudl und die liebe Tilde – vor allem Tilde, die immer für einen da war, wenn man sie brauchte.

Ja, Mutter, du hast recht, ich hab dich vernachlässigt, ich, deine eigene Tochter, wo du mich so nötig gehabt hättest, ich undankbares Geschöpf, ich undankbare Tochter, ja, ich bin schuldig, tief, tief schuldig.

Sagte Agnes zu ihrer Mutter. Im Geist.

Laut sagte sie: »Fein, Mama, schön ... bis Mittwoch dann ... ich freu mich.«

Sie holte Daniel von der Schule ab und ging mit ihm in ein Blumengeschäft.

»Such du für Oma Blumen aus.«

Daniel entschied sich für Fresien. Fresien gingen Agnes durch Mark und Bein, aber Daniel behauptete, es wären echte Omablumen.

»Du möchtest sicher Wein«, sagte ihre Mutter.

Agnes spielte mit dem Gedanken, »nein, danke, ich trinke nicht mehr« zu sagen, aber sie tat es nicht, weil sie genau wußte, daß sie den Abend ohne Alkohol nicht überstehen würde.

Nach dem ersten Glas dachte sie: »Ach, halb so schlimm.«

Nach dem zweiten Glas: »Eigentlich ganz gemütlich.«

Ihre Mutter trank vorsichtig mit, jeweils »nur noch ein halbes Gläschen, bitte«.

So kamen sie dann auf Arthur zu sprechen, ein Thema, das Agnes sonst lieber vermied, aber der Wein machte sie redselig.

Ja, sagte Agnes, Arthur war grade wieder ein bißchen weg.

»Für immer?« fragte ihre Mutter und gab sich größte Mühe, ihre Stimme nicht so erleichtert klingen zu lassen.

Agnes sagte, das wisse sie nicht.

»Ich hab ihn mehr oder weniger weggeschickt.«

»Weggeschickt? Warum denn? Das hättest du nicht tun sollen! Dann bleiben sie weg, die Männer. Und wieso hast du ihn weggeschickt?«

»Weil er sagte, daß er verliebt ist.«

»Na, das ist doch wenigstens ehrlich.«

»Ja, aber was geht mich das an? Das ist doch sein Bier! Und dann auf diese Art: Agnes, hilf mir! Als ob *ich* was daran ändern könnte. Aber was denn? *Ich* bin doch nicht verliebt?« – Agnes wurde streitlustig.

»Kindchen...«, beschwichtigte die Mutter.

»Ach, Mama«, fuhr Agnes fort, »es macht mich rasend, wenn ein erwachsener Kerl mitten in der Nacht daherkommt mit diesem hilflosen Gesicht und sagt, daß er verliebt ist und was er tun soll, als ob er sich das Knie aufgeschlagen hat, verdammt noch mal, was gehen mich seine Verliebtheiten an...«

Sie regte sich jetzt wirklich auf.

»Reg dich nicht auf, Kindchen, trink lieber noch ein Glas Wein...«, sagte ihre Mutter.

»Verdammt noch mal.«

Agnes fühlte Tränen aufsteigen.

Ich darf hier nicht anfangen zu heulen, dachte sie schnell, nicht bei meiner Mutter, um Gottes willen.

»Ach was«, sagte sie tapfer, »was reg ich mich denn überhaupt auf...«

Es gab Siedfleisch und Erbsen in Mehlschwitze und Endiviensalat und, weil Daniel dabei war, selbstgemachte Pommes frites und gekochte Kartoffeln, weil man ja irgendwo mit der Soße hinmußte.

»Magst du noch Wein? Die Flasche ist leer. Soll ich noch eine aufmachen?« fragte ihre Mutter.

Agnes wußte, daß sie nein sagen sollte.

»Sehr gerne«, sagte sie.

Nach dem Essen war sie völlig betrunken.

»Du siehst müde aus«, stellte ihre Mutter fest, »warum schläfst du nicht hier?«

»Nein«, sagte Agnes, »ich geh nach Hause.«

»Laß dann wenigstens Daniel hier.«

»Ja, prima ... Daniel ... magst du schön bei Oma schlafen?« Bei »schlafen« stieß sie mit der Zunge an.

»Ist gut ...«, sagte Daniel.

»Laß es nicht so spät werden«, sagte ihre Mutter an der Tür.

»Aber ich geh doch nach Hause!« rief Agnes mit übertriebener Entrüstung.

Sie stolperte ein bißchen beim Abschiedskuß.

»Paß auf, Kindchen.«

Natürlich ging Agnes nicht nach Hause.

Es war ja erst zehn Uhr.

Feuchte Hitze schlug Agnes entgegen, als sie die Kneipe betrat. Es war knallvoll, aber sie schaffte es trotzdem, ganz hinten noch ein Plätzchen zu ergattern. Daan war nicht da; statt dessen kam ein mürrisches dickes Mädchen, um die Bestellung aufzunehmen.

»Kleines Weinchen«, sagte Agnes.

»Bitte was?«

»Einen Weißwein«, verbesserte sich Agnes.

Sie schaute sich um.

Niemand da, den sie kannte, stellte sie enttäuscht fest. Dabei wäre ihr ein bekanntes Gesicht gerade heute abend sehr entgegengekommen.

Sie mußte aber nicht lange warten. Auf einmal saß Willem neben ihr.

Agnes war kurz über ihrem Glas eingeduselt.

»Sitzt du schon lange hier?« fragte sie ihn.

»Bin grade erst gekommen«, antwortete Willem. »Aber wie geht's dir denn?«

»Ich bin betrunken.«

»Sehr schön. Übrigens, dein Glas ist leer... magst du noch was?«

»Gern...«

Willem bestellte noch einen Weißwein und einen doppelten Whisky für sich selbst.

»Ich hol dich ein«, kündigte er an.

Zwei Bestellungen später legte er seinen Arm um Agnes.

»Gestern nacht hab ich von dir geträumt«, murmelte er.

»Ach... War ich nett?«

»Besonders nett.«

»Das hab ich schon befürchtet.«

Agnes kicherte.

Sie nahm einen Schluck.

»Was hab ich denn gemacht?«

»Sag ich nicht.«

»Ich träume nie«, sagte Agnes, »jedenfalls fast nie. Alles, was mir passiert, erlebe ich selbst.«

»Das ist doch nicht schlimm?«

»Doch... das ist schlimm... ich möchte mal endlich etwas nicht erleben...«

»Wie meinst du das?«

»Weiß ich nicht. Dein Glas ist leer. Nimmst du noch so ein Doppeldings?«

»Ja... eins noch, und dann gehen wir.«

»So? Wohin denn?«

»Zu mir nach Hause.« Willem drückte sie an sich.

»Muß ich erst noch drüber nachdenken«, sagte Agnes.

»Mußt du nicht«, sagte Willem.

»Na dann nicht.«

Es dauerte eine ganze Weile, bis Willem die Haustür aufgeschlossen hatte, aber dann standen sie tatsächlich unten an seiner Treppe.

»Agnes«, sagte Willem feierlich, »ich bin froh, daß du da bist.«

»Ich auch«, sagte Agnes, »ich bin auch froh, daß ich da bin. Es war doch ein ganzes Stück zu gehen.«

»Zur Belohnung trag ich dich die Treppe rauf.«

Er hob sie hoch und begann mühsam mit der Besteigung seiner zwei Treppen.

»Keuch doch nicht so«, sagte Agnes.

»Das gehört dazu«, erläuterte Willem.

Als sie auf seinem Bett lag, begann sich das Zimmer um sie zu drehen.

»Mir ist so komisch, Willem«, sagte sie.

Willems Antwort bestand darin, Agnes am Hals entlang zu küssen.

»Nützt das was?«

»Eigentlich nicht.«

»Schade. Manche Leute finden es sehr nützlich.«

Agnes kicherte.

»Es geht schon wieder.«

»Siehst du?«

Agnes machte die Augen zu.

Sie merkte, wie Willem anfing, an ihrer Hose zu zerren.

Dann fiel Willem noch ein paarmal um, als er versuchte, seine eigene Hose auszuziehen, aber schließlich lag er neben ihr.

»Agnes, Agnes, Agnes«, flüsterte er.

»Willem«, murmelte Agnes, »wir können auch einfach so einschlafen...«

Aber Willem schlief schon.

Sie merkte es daran, daß er nach einer Weile anfing zu schnarchen.

»Willem«, sagte Agnes und stemmte sich vorsichtig gegen seine Schulter, »du bist so schwer. Ich kriege keine Luft.«

Er rollte von ihr weg und schlief weiter.

Agnes fand im Dunkeln alle ihre Kleider und zog sich mäuschenstill an. Sie ging die Treppe hinunter und landete in Willems Wohnzimmer.

Im Kühlschrank in der Küche war Bier. Also bitte, sagte sie zu sich selbst, jetzt wollen wir mal ganz scharf nachdenken.

Aber das war schwieriger, als sie dachte.

Agnes hatte auf Willems Couch zwei Fläschchen Bier leer getrunken und dabei verbissen versucht, scharf nachzudenken.

Aber ihre Gedanken verwirrten sich, und sie gab es auf. Nach einer Weile nickte sie ein, mit dem Kopf auf der Armlehne.

Sie wurde wach, als die Sonne ins Zimmer schien. Ihr linkes Bein war eingeschlafen. Sie streckte sich auf der Couch aus und starrte an die Decke.

Wieder bekam sie brennenden Durst. Sie ging in die Küche und holte das letzte Fläschchen Bier aus dem Kühlschrank. Gierig trank sie es aus, im Stehen, an den Spülstein gelehnt.

Dann ging sie wieder ins Zimmer.

Die Treppe knarrte. Willem. Er hatte einen überraschend neuen Pyjama an mit steiler Bügelfalte in der Hose. Er seufzte und setzte sich neben Agnes auf die Couch.

»Hi«, sagte er.

»Hallo, Willem. Ich hab dein ganzes Bier ausgetrunken. Tut mir leid.«

»Macht nichts. Ich hab noch Champagner. Wir können den Champagner aufmachen.«

»Sehr gut«, sagte Agnes. »Wenn es nur sprudelt.«

Willem schlurfte in die Küche.

»Zum Feiern. Wir feiern es mit Champagner«, hörte sie ihn sagen.

»*Was* feiern wir?« rief Agnes.

Willem kam mit der Flasche zurück und fummelte am Drahtverschluß herum. »Daß du noch da bist«, sagte er.

Er zog den Korken mit einem leisen Plopp! heraus und schenkte zwei Gläser voll.

Dann prostete er ihr zu.

»Auf dich«, sagte er, »daß du noch da bist. Nach dieser Nacht. Ich hab mal wieder versagt.«

»Schschscht«, sagte Agnes.

Willem guckte in sein Glas und schüttelte den Kopf.

»Alle Frauen laufen mir weg. Sie können gar nicht schnell genug bei mir davonrennen. Wen wundert's.«

»Schschscht«, sagte Agnes wieder.

»Nur du, du bist nett. Du bist ein tolles Weib.«

Er betrachtete sie.

»Ich meine es wirklich.«

»Das hab ich begriffen«, sagte Agnes.

»Thea«, fuhr Willem fort, »Thea war auch ein tolles Weib. Solange sie da war.«

Er füllte die Gläser wieder voll.

»Thea ist jetzt glücklich. Glaube ich. Mit diesem Reklamebubi. Was sollte sie auch bei mir? Das ganze Elend. Kein Geld. Ein Kunstmaler! Da hast du es. Thea hatte recht. Nichts wie weg.«

Er nickte ein paarmal mit dem Kopf.

»Ich – ein Maler. Haha. Soll ich dir mal was erzählen?«

Er schaute Agnes an.

Dann nahm er einen großen Schluck.

»Ich hab kein bißchen Talent.«

»Klar hast du Talent«, sagte Agnes.

»Nicht das geringste bißchen. Kein Talent zum Malen, kein Talent für ein ordentliches Leben, kein Talent für Frauen. Für gar nichts. Ein Versager.«

Agnes wurde vor Mitleid ganz schwach.

Aber nicht nur das.

Sie setzte sich auf Willems Schoß, schlang die Arme um seinen Hals und stopfte ihm den Mund mit einem langen ausgedehnten Kuß.

»Jesus, Agnes«, flüsterte er.

Agnes fragte sich, was mit ihr los war, hörte aber nicht auf.

»Wollen wir nicht raufgehen?« keuchte Willem.

»Nein«, sagte Agnes, »hier.«

Als sie ein paar Stunden später nach Hause ging, dachte sie ziemlich beunruhigt darüber nach.

Verursachte Mitleid bei ihr Lustgefühle?

Sie betrachtete sich in einer Schaufensterscheibe.

Hab ich eine Macke? dachte sie. Bin ich pervers?

Sie beschloß, keine Handbücher zu konsultieren. Wer weiß, was sie sonst noch alles bei sich fand.

Ein paar Straßen weiter ging sie in eine Kneipe und bestellte Kaffee.

Ihre Hand zitterte so, daß die Tasse an ihren Zähnen klapperte.

Tremolitis, stellte sie fest.

Sie bestellte ein Bier.

Nach dem zweiten Bier ging es schon etwas besser.

Zu Hause nahm sie ein heißes Schaumbad.

Auch dieses Ritual war ihr nur allzu gut bekannt.

Das Telefon klingelte.

»Ich geh nicht dran.«

Schaudernd hörte sie, wie das Telefon insgesamt zwölfmal klingelte.

Renate Rubinstein

Alibi

Es war in der letzten Februarwoche, eigentlich noch Winter, aber man fühlte schon irgendwie den Frühling. Hester und Louis schlenderten den Kai entlang, ab und zu berührten sich ihre Hände. Hester fand aber, daß dies für einen Vorübergehenden wie Zufall aussehen mußte. Die beiden gingen nicht oft zusammen auf der Straße, denn Louis wohnte mit Frau und Tochter in einem andern Stadtteil, und sie sahen einander nur nach Absprache an einigen Nachmittagen in der Woche. Dies immer in Hesters Wohnung, wo sie keiner störte und wo sie ihre Kleider ausziehen konnten.

Aber heute lag so viel Verheißung in der Luft, daß Hester meinte, man könne doch nicht immer nur drinnen bleiben. Und Louis hatte nachgegeben, weil er ihr eine Freude machen wollte. Es war doch eigentlich kein Leben für sie, dachte er und schubste eine zerdrückte Colabüchse ins Wasser.

»Komm, laß uns mal hier reingehen«, sagte Hester, »ich kenne dieses Lokal noch von früher. Einfach so, gemütlich miteinander!«

Das Café hatte zwei große Fenster und lag an einem Platz an der Ecke einer schmalen Verkehrsstraße. Um diese Zeit war es fast leer. Zwei Frauen saßen an der Bar und schwatzten, die eine mit aufgetürmtem roten Haar schaute sich kurz nach ihnen um und sagte dann etwas zu ihrer unscheinbaren Freundin, worauf beide in schallendes Gelächter ausbrachen. Die Jukebox lief nicht, erst bei Anbruch der Dunkelheit würde hier Leben in die Bude kommen. Sie wählten einen Tisch am Fenster. Der Barkeeper, ein würdiger, aber noch junger Mann, der vor zehn Jahren bestimmt noch nicht hier gewesen war, fragte nach ihren Wünschen. »Kaffee«, sagte Louis, »und du?«

Er will nicht, daß man später zu Hause »etwas riecht«, dachte Hester und sagte: »Auch Kaffee, bitte.«

Der Kaffee wurde gebracht. Ihre Hände lagen auf dem Tisch, ohne sich zu berühren, aber unter dem Tisch drückte Hester ihre Knie gegen die seinen, um in der Fremde Kontakt zu halten. Sie schaute aus dem Fenster. Es war Freitag, der Geflügelmann war in seinem Stand, den er nur freitags und samstags hier aufstellte; davor haufenweise Kundschaft, wie immer. Autos fuhren im Schrittempo vorbei oder hielten an, um einen Lastwagen aus der Seitenstraße durchzulassen. »Hier ist immer Stau, die Stadt ist nicht für Autos gebaut«, sagte Hester.

Louis, ein Mann mit grauem Haar, das einmal schwarz gewesen war, schaute sie an. Sie trug den Regenmantel, den er so liebte, und den Schal, den er ihr geschenkt hatte. »Wenn ich mir die Haare nicht färben würde, wäre ich genauso grau wie du«, hatte sie oft zu ihm gesagt. Aber sie war jünger als er und in seinen Augen noch ein Mädchen. »Wie geht's dir denn so?« fragte er. »Ich habe nur wenig geschlafen«, sagte Hester. »Ich bin schon um fünf Uhr aufgewacht, es war noch dunkel, aber ich konnte nicht mehr einschlafen, denn mir fiel etwas ein. Etwas von Joost, aber ich weiß nicht...« Sie schaute ihn zögernd an. Er kannte Joost nicht, es war auch alles so lange her, sie war nun schon ebenso lange geschieden, wie sie verheiratet gewesen war. »Ich weiß nicht, ob ich es dir erzählen soll.« Louis nickte ermutigend, er kannte diese Stimmung bei ihr. Hester betrachtete den dicken roten Kater, der sich am Fenster putzte. Er ist der freundlichste Mann der Welt, und er hat viel Verständnis, ich will es ihm erzählen, dachte Hester. »Es geschah vor zehn Jahren, Joost und mir ging es nicht gut. Ich wußte nicht, was los war, aber er ging nicht mehr mit mir ins Bett und zeigte kein Interesse für mich. Ich nahm Valium. Es war alles seltsam, und ich fragte mich, ob er vielleicht krank sei, und hatte Angst. Eines Abends kam er von der Arbeit und sagte, daß er nach dem Essen wieder weg müsse. Er wollte mit einigen Kollegen und Studenten Musik machen, und sie hatten vor, dies, falls sie Gefallen daran finden würden, regelmäßig zu wiederholen. Er spielte Trompete, wie ich dir schon erzählt habe, aber er hatte jahrelang nicht mehr geübt. ›Es ist in der Lutmastraat‹, sagte er, ›ich will das Rad nehmen, aber ich weiß nicht, wie ich fahren muß.‹ Nun weiß ich genau, wo die Lutmastraat ist, denn ich habe als Kind in der Gegend gewohnt, so konnte ich es ihm leicht erklären. Er wollte etwa um elf Uhr zu Hause sein, aber es wurde später als eins. Ich kannte das von ihm, er trank ziemlich viel, und wenn er abends ausging, kam er nie vor der Polizeistunde nach Hause. Ich war heilfroh, daß er nicht noch in ein Nachtcafé gegangen war. Die darauffolgende Woche ging er, wie angekündigt, wieder. Aber diesmal wollte er die Straßenbahn nehmen, er wußte aber nicht, welche Linie. Also erklärte ich es ihm und brachte auch noch den Stadtplan von Amsterdam. Aber, wie ich schon sagte, uns ging es in jenen Wochen schlecht, Joost war sehr verschlossen, und ich konnte keinen Schlaf finden, auch nicht mit Valium. Einmal nachts, als er schon am Einschlafen war und ich noch hellwach dalag, begann ich zu weinen und ihn anzuflehen. Es war verrückt, ich wußte schließlich von nichts, und wir hatten bisher eine glückliche Ehe geführt, aber ich sagte plötzlich: ›Manchmal denke ich, daß du mich verlassen willst.‹ Wir hatten uns gerade ein neues Haus gekauft, es war völlig wahnsinnig. Aber er sagte darauf nicht, was ich erwartet hatte: ›Wie kommst du nur darauf‹ oder ›Was für eine verrückte Idee‹, sondern er war sehr lieb und geduldig und sagte, daß er mir morgen alles erklären wolle. Es sei doch jetzt so spät, ich solle mich bis morgen gedulden. Und ich hatte eigentlich gar keine Ahnung, ich kam nicht auf die Idee... Wir waren ja miteinander glücklich gewesen. Ich glaube, daß ich nur deshalb eine so glückliche Ehe gehabt habe, weil ich nicht auf den Gedanken gekommen bin.«

»Obschon, du doch auch...«, sagte Louis. Aber Hester schüttelte den Kopf. Sie wolle es nicht abstreiten, sagte sie, aber das war damals längst ausgestanden, und sie war froh, daß es endlich vorbei war. »Ich dachte immer, daß die Gefahr von meiner Seite kommen würde«, sagte sie. »Es kam mir vor, als sei Untreue, gerade weil ich ihm untreu gewesen war, meine Abteilung und nicht die seine. Verteilte Rollen!« Sie brach über ihre eigenen Worte in schallendes Gelächter aus. Louis lächelte abwartend. »Nun, am folgenden Morgen sagte er mir, daß er eine Freundin habe. Noch nicht lange, und er habe auch erst einmal mit ihr geschlafen, aber doch – er war verliebt. Das stimmte natürlich hinten und vorne nicht, die beiden hatten schon lange was miteinander, während ich Valium schluckte und nichts merkte, aber das ist ja nun schließlich egal. Er wollte ihren Namen nicht verraten. Aber er erzählte andere Details, und ich fand mit einem einzigen Anruf ihren Namen und ihre Adresse heraus – denn wenn ich eifersüchtig bin, werde ich zu einem Detektiv, und zwar zu einem sehr brauchbaren. Sie wohnte in der Rusterburgerstraat. Das ist eine Seitenstraße der Lutmastraat. Und das hat mich schockiert. Er wußte also ganz genau, wo die Lutmastraat war. Warum hat er mich dann danach gefragt? Und warum fragte er beim nächsten Mal wieder? Davon schrak ich heute früh hoch. Was hat ihn dazu bewogen? Der reine Sadismus? Es kann nichts anderes als Sadismus gewesen sein. Später ist noch so vieles gewesen, was alles in diese Richtung weist. Aber ich liebte ihn, und ich dachte jedesmal, daß es ein Irrtum war, und noch immer kommt es mir wie ein Alptraum vor, daß er eine sadistische Ader hatte, ohne daß ich es bemerkt hätte. Daß sich jemand verliebt, o. k., aber daß er mich auf der Karte zeigen läßt, erst wie er hinradeln und dann wie er mit der Straßenbahn hinkommen kann... Das ist Quälerei und Grausamkeit und Sadismus, und das begreife ich nicht.«

Louis schwieg. Er hatte Mitleid mit ihr, das fühlte Hester. Sie bekämpfte den Impuls, sich zu entschuldigen, sie war nun schließlich mit ihm zusammen, es gab keinen Grund, sich noch so über den Mann aufzuregen, von dem sie »Gott sei Dank«, wie sie manchmal sagte, geschieden war. Aber Louis war ein Menschenkenner, und er liebte sie, er würde begreifen, daß naheliegende Schlußfolgerungen sie überforderten. »Bin ich etwa eine Frau, die einen Sadisten anzieht?« sagte sie. »Ich habe ihn das auch sofort gefragt, und weißt du, was er sagte? ›Alibi.‹ Ich begriff das damals nicht, und ich begreife es heute noch nicht. Und doch haben wir zwölf Jahre miteinander gelebt und sind schon zehn Jahre geschieden.«

Louis schaute aus dem Fenster. Ein bißchen traurig, schien es, aber unübersehbar auch leicht amüsiert. »Ja«, sagte er, »Alibi, das ist es. Und er wollte dich teilnehmen lassen. Das ist kein Sadismus, das ist einfach so. Er wollte eigentlich, daß du gutheißt, was er tat. Du solltest deinen Segen dazu geben. So sind Männer oft. Wir nennen eine ›Straße in der Nachbarschaft‹.« Seine leichte Amüsiertheit war nun ganz deutlich geworden, und er schaute sie beinahe strahlend an. Die Katze war eingeschlafen, die Frauen an der Theke waren schon vorher weggegangen, und aus dem Vorfrühlingsmittag war ein dunkler Winternachmittag geworden. Seltsam, dachte Hester, das wirkt wie das Bild einer Schachtel, auf der dieselbe Schachtel immer wieder und immer kleiner abgebildet ist. Und die größte Schachtel heißt: JETZT.

Louis gab ihr einen Klaps auf die Hand. Seinem entschiedenen Lächeln entnahm Hester, wie spät es war. Sie schob ihren Stuhl zurück. Er stand auf und sagte: »Jetzt müssen wir gehen.«

Vonne van der Meer

Betrug

Ich fuhr aus dem Schlaf empor und griff zum Wecker. Es war noch immer früh. Um halb sechs, um Viertel vor fünf und um halb vier war ich auch schon aufgewacht: aus Angst zu verschlafen schlief ich so leicht, daß ich wahrscheinlich vor lauter Erschöpfung den Wecker nicht mehr hören würde, wenn er klingelte. Deshalb schaltete ich den Alarmknopf jetzt aus und stand auf.

Ich ging so leise wie möglich ins Bad und stellte dort erst fest, daß ich nicht duschen konnte. Selbst wenn ich nur ein kleines bißchen Wasser laufen ließ, schlug der Boiler mit einem dumpfen Schlag an, der geradewegs von Wotan zu kommen schien. Meine Kinder durften auf gar keinen Fall wissen, daß ich schon auf war, und erst recht nicht, wo ich hinging.

Ich wusch mich mit einem dünnen Strahl kaltem Wasser, putzte mir die Zähne so geräuschlos wie möglich, was sich fast widernatürlich anfühlte, und zog die Kleider an, die ich am Vorabend schon bereitgelegt hatte: einen engen kognakfarbenen Wildlederrock, eine khakifarbene Hemdbluse und braune Pumps. Eine Kombination, die ich mir gut überlegt hatte, und ich verwandte auch mehr Zeit auf das Hochstecken meiner Frisur als sonst – es war ja schließlich ein besonderer Tag. Ich beschloß, kein Parfüm zu benutzen, ich wußte nicht, ob die fremden Männer, zu denen ich ging, es angenehm fanden. Eigentlich war jedes Parfüm zu schwer für diese Tageszeit.

Ich rüttelte meinen schlafenden Mann an der nackten Schulter und besprach ein letztes Mal mit ihm, was er den Kindern sagen sollte, wenn sie merkten, daß ich nicht da war. Mit den Schuhen in der Hand schlich ich die Treppe hinunter, die lauter knarrte denn je. Unten legte ich den Kulturbeutel, den ich gestern schon gepackt hatte, eine Schachtel Kleenex und meine Schlüssel zusammen in die Tasche und steckte die Adresse ein, die Burgerzin mir gegeben hatte. Sicherheitshalber schaute ich noch einmal auf die Karte, wie ich fahren mußte, denn es war noch dunkel draußen, und ich kannte die Gegend, wo ich hinmußte, nicht. Zehn Minuten würde ich schätzungsweise brauchen. Selbst wenn ich ganz großzügig rechnete, konnte ich noch nicht gehen.

Ich zog Schuhe und Mantel an und wartete auf einem Stuhl am Eßtisch, bis es Zeit wurde. Es war kalt im Haus, aber ich wagte nicht, die Heizung aufzudrehen. Mir fiel nichts ein, womit ich die Zeit totschlagen konnte: Tee kochen hatte keinen Sinn mehr, frühstücken war nicht nötig, das konnte ich dort bei den Männern tun, so war das in früheren Jahren auch gewesen. Ich sah noch einmal auf meine Fingernägel, ob ich sie auch richtig gefeilt hatte, nahm eine Zeitung von vorgestern und versuchte, mich zu konzentrieren, aber ich war zu aufgeregt. Es war, als ob das hier nicht mein Haus wäre, als wäre ich bei mir selbst zu Gast. Als wäre ich durch die Hintertür hereingekommen und würde jetzt auf die Frau warten, die hier wohnte.

Fünf Minuten bevor es Zeit war, hielt ich es nicht länger aus, ich nahm meine Sachen und verließ das Haus. Es war bestimmt fünfzehn Jahre her, als ich noch bei meinen Eltern wohnte und Hausarrest wegen eines Jungen hatte, der ihnen nicht gefiel, daß ich eine Tür so leise hinter mir zuzog. Durch die dunkle Straße ging ich zu meinem Auto, das ich gestern abend absichtlich ein Stück weiter weg geparkt hatte. Mit einem leichten Triumphgefühl sah ich mich um: Es hatte geklappt, sie hatten nichts bemerkt.

Als ich an der Wohnung von Danny Beus, Prinses Christinahof 116, ankam, war es noch nicht zehn nach sieben. Alle Fenster waren noch dunkel. Ich klingelte, wartete aber eine Weile, bis ich ein zweites Mal läutete. Es begann zu nieseln, und ich fragte mich gerade, ob ich nicht besser zum Auto zurückgehen sollte, um dort zu warten, bis Danny Beus aufgewacht war, als ein Fenster geöffnet wurde. Ein Junge in einem weißen T-Shirt, aus dem ebenso weiße Arme ragten, fragte mürrisch, wer da sei. Als ich das Wort »Burgerzin« aussprach, begann er sich umständlich am Kopf zu kratzen und murmelte, ich hätte doch erst gegen halb acht kommen sollen. Es erschien mir sinnlos, ihm hier vor seinen schlafenden Nachbarn zu widersprechen. Schweigend wartete ich ab, bis ich den Summer seiner Eingangstür hörte.

Durch ein klammes Treppenhaus, in dem es nach feuchten Müllsäcken roch, erreichte ich das Stockwerk, wo er wohnte. Danny Beus war nirgends zu sehen, aber die Tür mit seinem Namensschild stand offen, also ging ich schon hinein. Ich betrat seine Wohnung, ohne das Gefühl zu haben, irgendwo *hinein*zugehen. Wie eine Landschaft manchmal unbemerkt in eine andere übergeht, so schien die Wohnung von Danny Beus eine natürliche Fortsetzung des Treppenhauses zu sein: dieselbe Parkhausbeleuchtung und am Boden ein fleckiger, betongrauer Teppichboden. Und auch hier hing ein Geruch, von dem einem übel wurde, nicht nach Müllsäcken, sondern nach vollen Aschenbechern und abgestandenem Bier. Ich zögerte: Noch konnte ich so tun, als hätte ich etwas vergessen, ins Auto steigen und schnell wegfahren, jemanden von Burgerzin anrufen (»Seid ihr verrückt geworden? Glaubt ja nicht, daß ihr mich überallhin schicken könnt.«)

Als ich die Tür hinter mir schloß, bemerkte ich, daß es im Zimmer sehr stickig war; die Heizung war wahrscheinlich die ganze Nacht über gelaufen. Ich zog meinen Mantel aus und machte den obersten Knopf meiner Bluse auf. Irgendwo im Haus wurde eine Toilettenspülung betätigt, und unmittelbar darauf kam Danny Beus ins Zimmer. Unter dem weißen T-Shirt trug er Boxershorts mit Palmenmuster. Er streckte mir eine Hand hin, die sich nicht kühl und gewaschen anfühlte, sondern klamm: die Fingernägel waren fransig abgekaut.

»Sie sind aber früh dran«, sagte er.

»Ganz und gar nicht. Ihr müßt um fünf nach halb neun in der Schule sein. Spätestens! Zwanzig Minuten pro Mann brauche ich sicher.«

»Aber der andere Junge kommt nicht.«

»Kommt nicht? Und weshalb weiß ich davon nichts?«

Danny zuckte die Schultern. »Er macht es selbst.«

»Oh. Kann er das denn?«

»Er behauptet es jedenfalls.«

In Gedanken verfluchte ich Burgerzin und den Schuldirektor, das war das letzte Mal, daß ich mich hatte überreden lassen. »Wenn ich das gewußt hätte«, sagte ich, »dann hätte ich mich nicht so schrecklich beeilen müssen.«

»Ja, bei mir ist es auch spät geworden«, sagte Danny gähnend und steckte die Hand in den Ärmel seines T-Shirts und begann sich wieder ausführlich zu kratzen, unter der Achsel dieses Mal. »Ich dusche jetzt, wenn Sie Kaffee möchten...« Er schlug auf den Lichtschalter in der offenen Küche, und eine Neonröhre sprang an. Es war eine Küche, wie man sie manchmal in Ferienwohnungen findet, bevor man eingekauft hat. In der Ecke der Anrichte stand ein Glas Nescafé und daneben eine Tasse mit Zucker. Hier wurde höchstens ab und zu eine Dose aufgemacht oder eine Tiefkühlmahlzeit aufgetaut. Erleichtert sah ich Danny in der Dusche verschwinden. Die Aussicht, zwanzig Minuten in gebeugter Haltung über seinem ungewaschenen Körper stehen zu müssen, hatte meine Übelkeit noch verstärkt. Ich sah mich um, ob ich vielleicht nicht doch noch irgendwo eine Kanne Kaffee entdeckte, eine Tüte Brötchen vielleicht, und erinnerte mich unwillkürlich, wie es in früheren Jahren gewesen war.

Ich nahm einen Schluck Wasser und wartete auf der Kunstledercouch, bis Danny Beus aus der Dusche kam und wir endlich anfangen konnten. Ich legte ein Kleenex auf die breite Armlehne der Couch und breitete die Tuben und Stifte darauf aus. Ich sah mich um, ob ich nicht vielleicht eine Stehlampe fand, denn bei diesem Licht konnte ich eigentlich nicht arbeiten. Gegenüber der Couch, auf der ich saß, stand ein Fernseher auf einem Fuß, darüber hing ein kleines Bücherregal, auf dem eine Reihe silberner Becher stand. Der holzfarbene Kunststofftisch vor mir war voll mit Biergläsern und großen Aschenbechern aus geschliffenem Glas, die man leider manchmal auf dem Jahrmarkt gewinnt. Nirgends war ein Buch, eine Zeitschrift oder Zeitung zu sehen. Und auch keine Leselampe.

Manche Männer kommen als anderer Mensch aus der Dusche, nicht so Danny Beus. Der schwarze Rollkragenpullover und die schwarze Strumpfhose machten ihn noch fahler. Nur am nassen strähnigen Haar konnte man sehen, daß er mit Wasser in Berührung gewesen war. Oder war das dieses gnadenlose Deckenlicht? Sah ich auch so grau aus? Merkwürdig, ein Haus ohne Spiegel. Er ging ins Schlafzimmer und kam mit dem Rest seines Kostüms zurück.

Vorsichtig legte er die schwarze Lockenperücke, den weißen Kragen, das grüne Barett, die lila Pluderhose auf die Rückenlehne der Couch; den rot-grün gestreiften Umhang hängte er an einem Kleiderbügel am Türrahmen auf. Wie eine Braut so liebevoll ging Danny mit seinem Kostüm um. Stolz zeigte er mir ein Paar schwarze Lederhandschuhe. »Neu«, sagte er, »hab ich selbst gekauft. Die von Burgerzin waren viel zu kurz.«

Ich reichte ihm einen Topf Creme und bat ihn, sich etwas davon ins Gesicht zu schmieren.

»Muß das sein?« fragte er.

»Sonst ruinierst du dir die Haut.« Ich krempelte die Ärmel meiner Bluse hoch. Mit dem Fuß schob ich einen Bierkasten weg, der zwischen der Couch und einem orangefarbenen Sessel stand.

»Hast du kein besseres Licht?«

»Nur neben dem Bett, aber die Lampe ist an die Wand geschraubt. Wir können es auch dort machen.«

Ich schüttelte den Kopf und bat ihn, sich zu setzen. Schlafzimmer von Fremden machen mich verlegen, ich weiß genau, daß ich ausgerechnet auf die Dinge starre, die nicht für meine Augen bestimmt sind: Flecken im Laken, ein zusammengeknüllter Slip, ein Netzstrumpf. Ich beugte mich über Danny und roch meine eigene Creme. Ich legte den Handrücken an seine Stirn und danach an seine Wange, um zu fühlen, ob die Creme gut eingezogen war. Sein schwarzer Rollkragenpullover roch entfernt nach eingetrocknetem Schweiß und Schminke, eine Duftmischung, die ich recht angenehm fand. Ich erinnerte mich an meine eigene Schulzeit, an eine Ecke im Klassenzimmer, die, vorübergehend abgeschirmt, als Umkleidekabine Dienst tat.

Mit meinem roten Lippenstift begann ich eine Linie um Dannys Mund zu zeichnen. Er hatte einen kleinen, armseligen

Mund mit dünnen Lippen, und ich machte den Abstand zwischen seiner eigenen Lippenlinie und der neuen Kontur ziemlich groß.

»Warst du in diesem Jahr schon mal Knecht Ruprecht?«

Danny wartete mit der Antwort, bis ich fertig gemalt hatte.

»Am Samstag beim Umzug war ich dabei, und heute habe ich mir frei genommen.«

Ich malte seinen neuen Mund mit meinem kräftigsten roten Lippenstift aus, gab ihm ein Kleenex und bat ihn, es zwischen die Lippen zu klemmen, bevor ich die zweite Schicht aufbrachte.

»Du mußt doch nicht mehr frühstücken?«

»Ich frühstücke nie. Die Dame, die mich am Samstag schminkte, hat meine Lippen ganz zuletzt gemacht.«

»Aber so ist es besser, habe ich herausgefunden. Jedenfalls wenn du einen vernünftigen Mund willst.«

Danny grinste. Die Männer, die ich in anderen Jahren geschminkt hatte, meistens Väter von Kindern aus den höchsten Klassen, bekamen durch Lippenstift immer gelbere Zähne, aber Danny nicht. Er hatte kein schlechtes Gebiß. Ich nahm eine Tube schwarze Gesichtsfarbe, tat einen Klecks auf den Handrücken und begann sein Gesicht schwarz zu schminken. Zuerst große Flächen, mit drei Fingern zugleich und ziemlich schnell, um den Farbunterschied auf ein Minimum zu beschränken. Von der Stirn aus ging ich zu den Wangen – als ich über seine Schläfe strich, schloß Danny die Augen –, über seine Wangen glitt ich zum Hals.

Am Adamsapfel zögerte ich kurz. Adamsäpfel berührte ich eigentlich lieber nicht. Vielleicht weil ich irgendwann einmal gelesen hatte, daß man ihn ziemlich leicht zerquetschen kann, so einen Adamsapfel, wenn man die Daumen richtig ansetzt und nur kräftig genug zudrückt. Ich kam aber nicht darum herum, Danny hatte einen ziemlich langen dünnen Hals, und zwischen Rollkragenpullover und Kinn war noch ein großes Stück weiß. Genau das Detail, wodurch ein Kind seinen Glauben verlieren kann. Mit einem Finger schminkte ich den Adamsapfel schwarz, ein wenig ängstlich, wie man die Haare auf der Fontanelle eines Babys wäscht. Als Danny schlucken mußte und sich die Erhebung unter meinem Finger bewegte, hob ich rasch die Hand.

Danny lächelte mit geschlossenen Augen. »Ist das Ihr Beruf, Schminken?«

»Nein.«

»Sind Sie von dieser Schule? Sind Sie Lehrerin?«

Warum blieb er beim Sie? So viel jünger war er nun auch wieder nicht. Waren es die Pumps? Eine Hure, eine Frau von etwa fünfzig Jahren, die während meines Studiums neben mir wohnte, teilte die weibliche Spezies in drei Typen ein: Huren, Mütter und Lehrerinnen. Da ich damals immer volle Büchertaschen herumschleppte, war ich die Lehrerin.

»Nein«, sagte ich, »mein ältester Sohn geht in diese Schule, und deshalb bitten sie mich jedes Jahr. Und ich tue es gerne.«

Er schlug die Augen auf. »Warum?«

Ich wich seinem Blick aus. Ich konnte ihm, einem Fremden, ja wohl schlecht erklären, was ich während des Schminkens empfand. Ich streckte mich, um die Verspannung, die von den Armen in die Schultern kroch, zu verscheuchen und um Zeit zu gewinnen.

»Ja, warum?« Ich streifte meine Schuhe ab. Die großen Flächen waren ausgemalt, jetzt begann die Feinarbeit. »Ich weiß nicht... Es ist so etwas wie Töpfern oder Malen. Man *macht* etwas. Und du? Es muß dir ja sehr gut gefallen, den Knecht Ruprecht zu spielen, wenn du dir dafür extra einen freien Tag nimmst?«

»Wenn's ginge, würde ich Profi.«

»Schauspieler?«

»Nein, nur Knecht Ruprecht.«

»Warum?«

»Als Ruprecht traue ich mich mehr.«

Ich tat etwas Schwarz auf ein Wattestäbchen. »So, was traust du dich dann?«

Er zuckte die Schultern und sah aus, als ob er etwas sagen wollte, aber es kam nichts.

»Mund zu, bitte.« Um den roten Mund zog ich jetzt einen schwarzen Strich. Meine Hände zitterten leicht, ich stellte die Füße etwas auseinander, so weit mein enger Rock es erlaubte.

Danny lächelte.

»Kitzelt es?«

Er schüttelte den Kopf. Während ich mit dem Zeigefinger die kleine Rinne zwischen Nase und Mund einfärbte, merkte ich, daß es ihn Mühe kostete, mir nicht in die Bluse zu schauen. Ich sah herunter: außer dem Knopf, den ich selbst aufgemacht hatte, waren noch zwei aufgesprungen, aber meine Fingerspitzen waren schwarz und fett vor Schminke. Ich machte eine hilflose Geste und beugte mich rasch wieder über ihn, steckte meinen kleinen Finger in sein Nasenloch und begann leicht zu tupfen.

»Soll ich sie zumachen?«

Vorsichtig steckte ich den kleinen Finger in sein anderes Nasenloch.

»Was?«

»Ihre Bluse?«

Ich tat, als hätte ich ihn nicht gehört und betrachtete kritisch seine Nasenlöcher.

»Augen zu«, sagte ich kühl.

Augenlider fand ich am schwierigsten, jedes Jahr wieder: die Haut dort ist zart, und durch die Feuchtigkeit darunter droht man ständig auszurutschen. Als würde man eine Vorhaut schminken. Nachdem ich zwei dünne Schichten Schwarz und eine Schicht schwarzen Puder aufgelegt hatte, bat ich Danny, die Augen wieder zu öffnen. Ich betrachtete das Gebiet um seine Augen aufmerksam, während ich mir zugleich die äußerste Mühe gab, seinem Blick auszuweichen. Durch dieses glänzende Schwarz schien das Weiß seiner Augen fast zu leuchten, sein Blick hatte etwas Scharfes bekommen, etwas ansteckend Freches. Wenn eine andere Frau mir beichtete, daß sie sich in ihren Phantasien so gerne von einem schwarzen Mann lieben ließ, hatte ich mir nie viel darunter vorstellen können. Bis jetzt.

Ich nickte zufrieden. Ich hatte mich selbst übertroffen. Der Junge in dem Stuhl, der Junge, der jetzt ein Bein über die Armlehne schlug und mich schamlos betrachtete, war nicht derselbe wie vor einer Viertelstunde. Dieser Junge hatte nichts Sprödes, nichts Mottiges mehr.

Es war, als würde er sich jetzt wohler in seiner Haut fühlen. Eine größere Metamorphose hatte ich vorher nie zustande gebracht. So mußte man sich fühlen, wenn man etwas sehr Schönes gemacht hatte, wenn ein Kunstwerk fast vollendet war und man wußte, daß es einem gelungen war. Nur die weiße Hand in seiner Leistengegend erinnerte noch an den alten Danny Beus. Ich wandte den Blick ab.

Mußte er unbedingt so sitzen?

War er sich nicht darüber im klaren, daß er eine enge Strumpfhose trug?

Konnte er diese lila Pluderhose nicht schon mal anziehen?

»Du kannst dich anziehen«, sagte ich, »du bist fertig.«

»Und was ist mit meinen Wimpern?«

Ich versuchte, mich auf die Hand auf der Lehne zu konzentrieren, auf diese ungefährliche, weiße Hand mit den abgekauten Fingernägeln. Als mein Blick trotzdem wieder zwischen seine Beine irrte, versuchte ich mich zu erinnern, wie klamm sich seine Hand bei unserer Begrüßung angefühlt hatte – keine Hände, von denen man gern ausgezogen wird.

»Deine Wimpern sind von Natur aus dunkel genug.«

»Die Dame, die mich am Samstag geschminkt hat, hat mir die Wimpern aber gemacht. Durch solche Sachen wird man schnell enttarnt: Wimpern, zu kurze Handschuhe. Ohren. Glauben deine Kinder noch an den Nikolaus?«

Ich nahm meine Wimperntusche und befahl Danny hochzuschauen. Hatte ich ihm erlaubt, mich zu duzen? – das hier war das letzte, was ich bei ihm tat. Ich wollte nicht in seine Ohren. Wenn ich in seine Ohren ginge, war kein Ende mehr abzusehen. Ich würde hineingesogen werden, in ihm verschwinden wie Alice in der Kaninchenhöhle.

»Fertig.« Ich drehte die Wimperntusche wieder zu, schloß die Tube mit Schminke und warf alles wieder in den Kulturbeutel.

»Und was ist mit meinen Ohren?«

»Da ziehst du eben die Perücke drüber, dann sieht man nichts davon.« Ich zog die Schuhe wieder an.

»Aber wenn ich ein Rad schlage, dann schon.«

Ich sah auf die Uhr und wollte in die Küche gehen, um mir

die Hände zu waschen. Aber Danny machte keine Anstalten aufzustehen.

»Ich dachte, du tätest es gerne.«

Während ich mich abwandte, um die Tube wieder herauszuholen, spürte ich, daß er sich hinter mir zur Couch herüberbeugte und die Hand ausstreckte. Als ich mich umdrehte, zog er sie an, seine schwarzen Lederhandschuhe. Er saß auf dem Rand des Stuhls, hatte die Beine gespreizt und sah mir gerade ins Gesicht. Er schien nicht vorzuhaben, auch nur das Geringste an seiner Haltung zu verändern. Der Tisch, die Couch und seine Beine bildeten einen Zaun; wenn ich mich neben seinen Stuhl stellen wollte, den logischen Platz, um die Ohren zu schminken, mußte ich über seine Beine steigen, etwas, das in diesem Rock unmöglich war.

»Augen zu«, sagte ich und drückte einen Klecks Schwarz auf meinen Handrücken.

»Schon wieder?« fragte Danny, aber er schloß die Augen gehorsam.

»Kopf drehen, meine ich. Nach links.«

Während ich mit dem kleinen Finger in sein rechtes Ohr ging, spürte ich, daß er seine Hand, seine in Leder gehüllte Hand in meine rechte Kniekehle legte. Mein Bein fuhr mit einem leichten Schock nach vorne und blieb kurz reglos auf dem Rand seines Stuhls liegen. Ich errötete, fiel fast gegen ihn; schnell fand ich danach mein Gleichgewicht wieder.

»Kippen«, sagte ich.

»Was?«

»Kippen. Den Kopf, sonst kann ich nicht rein.«

Während ich sein Ohr schminkte – die ölige Innenseite bis unter den scharf gefalteten Rand der Ohrmuschel und danach das Ohrläppchen und die straffe, glatte Haut hinter seinem Ohr –, begann er, mein Bein zu streicheln. Es kostete mich Mühe, stehenzubleiben. Ich mußte mich zusammenreißen, um nicht seinen Kopf zu nehmen und meinen Mund auf seinen glänzend roten Mund zu drücken. Das kommt, weil ich nicht gefrühstückt und kaum geschlafen habe, redete ich mir ein, daher diese Gefühle. Warum hat Gott den Männern zwei Ohren gegeben? Nur, *nur* noch das andere Ohr, und dann gehe ich.

»Drehen«, sagte ich wieder, so mürrisch wie möglich.

Danny gehorchte, ließ aber mein Bein nicht los. Als ich meinen kleinen Finger in sein linkes Ohr steckte, legte er seine andere Hand in meine linke Kniekehle und begann auch sie zu streicheln. Während ich den letzten Rest Weiß wegschminkte, mein Kunstwerk sich seiner Vollendung näherte – gerade als ich einen Schritt zurücktreten wollte, um es zu betrachten, zum letzten Mal, um dann in die Küche zu gehen, mir die Hände zu waschen und die Bluse wieder zuzuknöpfen –, schob Danny mit einem einzigen Ruck meinen Rock hoch.

Ich hatte das Wort »Untreue« immer mit Kurorten, mit Kongressen in Stockholm und Genf assoziiert. Nicht mit dem Prinses Christinahof, nicht mit der Stiftung Burgerzin. Für mich lag sie nicht nur in geographischer Hinsicht weit entfernt, auch gefühlsmäßig war der Begriff mir fremd. Ehebruch oder »daneben stechen«, wie der Dichter Vroman es einmal genannt hatte – das war etwas für andere Leute mit einer anderen, viel ungeordneteren Art von Ehe. Wenn man es nicht drauf anlegte, dachten wir, mein Mann und ich, dann passierte es einem auch nicht. Wir glaubten, daß eine strikt monogame Ehe möglich war, wir hatten einander Treue versprochen.

Noch vor meinem siebenten Ehejahr, noch keine acht Monate nach der Geburt unseres zweiten Kindes hatte ich dieses Versprechen gebrochen. Einfach so. Während nicht einmal die Rede von einer Krise war. Auch nicht von einem Kongreß. Ich hatte es auf einem fleckigen Teppichboden getan, in einem nichtssagenden Neubauviertel, keine zehn Minuten von meinem Haus entfernt, mit einem Mann, der mich nicht einmal küssen durfte.

»Was du auch tust, paß auf mit deiner Schminke«, hatte ich gesagt, als seine ledernen Finger mich zu betasten begannen. Wir hatten Zungenküsse ausgetauscht, ohne daß unsere Lippen sich berührten. Bei jeder Bewegung, die wir machten, hatten wir dafür gesorgt, daß zwischen unseren Gesichtern ein Abstand blieb. Als ob wir einen Tango tanzten.

So sollte ich es auch am besten sehen, dachte ich, als ich wegfuhr und die Scheibenwischer einschaltete. Als ob dies hier das

Ausland war, eine ferne, exotische Insel und Danny ein Fremder, der mich zum Tanz aufgefordert hatte. Ein einmaliger Tanz, für den ich niemandem Rechenschaft schuldete. Vorläufig jedenfalls. Jedenfalls solange niemand danach fragte. Wenn ich Danny morgen in einem Laden begegnete, würde ich ihn wahrscheinlich nicht einmal wiedererkennen. Ich konnte mich jetzt schon nicht mehr daran erinnern, wie er ohne Schminke ausgesehen hatte.

Irgendwo auf meinem Körper, an der Innenseite meiner Oberschenkel oder um meine Brustwarzen herum mußte noch ein Streifen Schwarz sein. Als wir uns wieder angezogen hatten und ich Danny endlich bei Tageslicht betrachten konnte, hatte ich gesehen, daß ich sein Kinn nacharbeiten mußte: seine eigene Haut schimmerte durch die Schminke durch. Er blieb dabei, daß er mich nicht berührt habe, nicht einmal flüchtig, aber er hatte so laut dabei gelacht, daß ich sicher wußte, daß er log. Vielleicht hatte er es sogar mit Absicht gemacht, aus einem gewissen Stempelbedürfnis heraus.

Ich würde ihn möglichst lange dranlassen. Heute abend, während wir mit den Kindern und unseren Freunden und ihren Kindern die Geschenke auspackten und die Nikolausgedichte vorlasen, würde ich ab und zu an den Streifen denken, diesen Streifen himmlischen Schlamms. Daran, an welcher Stelle er wohl saß. Keiner würde es merkwürdig finden, daß ich ab und zu mit den Gedanken abschweifte, lächelte und nicht sagen wollte, warum. An einem Tag wie heute würde das keinen wundern.

Als ich die Haustür öffnete, kam mein Mann gerade mit unserem jüngsten Kind die Treppe herunter. Als er mich sah, blieb er stehen und sah mich forschend an. Ich spürte, wie ich errötete, schlimmer noch als in dem Augenblick, da Danny seine Hand in meine Kniekehle gelegt hatte, ich fragte mich, wie es möglich war, daß er es mir ansah, noch bevor ich ein Wort gesagt hatte.

»In zehn Minuten müssen wir in der Schule sein«, sagte ich. »Seid ihr soweit?«

»Bleib mal stehen.« Er ging zum Fenster und öffnete den Vorhang.

»Wo ist Martijn?«

»Oben, sucht seine Socken. Du hast da etwas auf der Backe.«

Während ich mich umdrehte und zum Spiegel ging, überlegte ich mir, was ich sagen sollte: etwas über Schminke, die ich zuerst auf der eigenen Haut ausprobiert hätte. Etwas über eine zu fettige Haut. Über mögliche allergische Reaktionen. Aber bevor ich antworten konnte, eilte er schon an mir vorbei in die Toilette.

»Wasch es ab, schnell, bevor Martijn herunterkommt. Da.«

Er gab mir ein Handtuch, an dem er eine Ecke naß gemacht hatte, und lächelte mir zu – das Lächeln eines Verschwörers.

J. M. A. Biesheuvel

Zungenreden

Ich hatte vor einiger Zeit mit meiner Frau der Stadt für ein paar Tage den Rücken gekehrt. Wir wohnten bei einem Professor, einem guten alten Freund von mir. Er ist noch jung, erst fünfunddreißig, und vor zwei Jahren hat er irgendwo seine Frau aufgegabelt. Seine Seminare hält er in Groningen, aber sie leben auf dem Land, ganz idyllisch auf einem Bauernhof direkt am Deich, und sind sehr glücklich miteinander. Der Bauernhof steht unten am Deich, und in stürmischen Nächten hört man die Wellen gegen die Böschung donnern. Es ist ein gottverlassenes Stück Erde am Ende der Welt, Spaziergänge sind hier besonders köstlich. Bei klarem Wetter sieht man in der Ferne die Watteninseln. Eines Abends hatten wir ausführlich gegessen. Jannie, so heißt die Frau meines Freundes, hatte herrlich gekocht. Vor allem der Irish Coffee zum Nachtisch schmeckte sehr gut. Wir setzten uns in die bequemen Sessel, und Peter, der Professor, sagte: »So. Jetzt wird's aber Zeit für die dollen Geschichten.« Der Wind draußen tobte, das Kaminfeuer brannte. Ich fing an, von meinen Fahrten auf den Öltankern zu erzählen, und allmählich kamen wir auf Umweltprobleme zu sprechen, auf Politik und Religion. Peter war nie gläubig gewesen, ebensowenig Eva, meine Frau. Jannie dagegen war früher Mitglied der Pfingstgemeinde gewesen. Wie ich zum Glauben stand, wußten wir alle – auch, wie ich wieder davon abgekommen war, aber von Jannie wußten wir in dieser Hinsicht gar nichts. »Du mußt ihnen die Geschichte mal erzählen«, sagte Peter, »ich bin sicher, Eva und Maarten möchten gerne wissen, was du bei der Pfingstgemeinde alles erlebt hast.« Jannie wurde rot; sie ist kein Mensch, der viel über private Dinge spricht, und wenn sie was zu beichten hat, dann höchstens ihrem Mann.

»Vielleicht später am Abend«, sagte sie, »jetzt ist es noch so früh.« Eine gute Flasche Whisky kam auf den Tisch, und zu viert hatten wir sie innerhalb einer Stunde leer getrunken. Weil dann kein Whisky mehr da war, gingen wir an den Kognak. Wir tranken munter drauflos, und irgendwann fingen Peter und ich wieder an, uns gegenseitig Geschichten zu erzählen. Ich von den Stürmen, die ich auf See überstanden hatte, und Peter davon, wie er seine Dissertation fast vollständig von einer alten indischen Doktorarbeit abgeschrieben hatte, ohne daß sein Doktorvater und die anderen Gutachter der Prüfungskommission etwas davon gemerkt hatten. Von dort kamen wir auf Fragen der Lebensqualität bei geistig Behinderten und Schwachsinnigen. Es war fast Mitternacht, draußen stürmte es immer stärker. Wir legten eine Gesprächspause ein, um die Wellen besser gegen den Deich donnern zu hören. Dann fing es auch noch an zu regnen. Ein Sturzbach kam herunter, es gewitterte stark. »Ein Sauwetter für Matrosen«, dachte ich, »bin ich froh, daß ich hier im Trockenen sitze mit meinem Gläschen und den in Salami gewickelten Spargeln und den Käsestückchen mit Ingwer und einem Kognak und einem Freund und zwei bezaubernden Frauen neben mir.« Die Bauernuhr schlug laut dröhnend zwölf, und wir waren alle ziemlich müde. »Sollen wir nicht langsam ins Bett gehen?« fragte Eva. »Sonst trinken wir nach dem Kognak noch den Korn aus und dann noch den Kräuterschnaps, und dann sitzen wir morgen früh um sechs noch hier. Maarten muß morgen vormittag an den Schreibtisch.« »Und du mußt dein Seminar vorbereiten«, sagte Jannie zu Peter. »Das kann ich doch übermorgen auch noch«, erwiderte Peter. »Nach uns die Sintflut – wann sitzen wir schon mal so gemütlich beisammen.« Dann gab er ein Histörchen zum besten, worin ein Mitglied unseres Königshauses eine Rolle spielte. Die Geschichte war so frivol, daß ich mich schäme, sie hier zu wiederholen. Außerdem weiß man bei Geschichten über Prominente nie so genau, was nun Wahrheit ist und was Erfindung. »Pfui, schäm dich, Peter«, sagte Jannie, als er fertig war. »Mein Mann ist zwar Professor«, setzte sie hinzu, »aber erwachsen wird er nie.« Peter lachte. »Und jetzt kommt *deine* Geschichte«, sagte er zu Jannie. »Welche Geschichte denn?« fragte sie verlegen.

»Die Geschichte vom Zungenreden«, sagte er, »Eva und Maarten machst du damit eine große Freude.« Jannie sträubte sich anfangs noch ein Weilchen. Sie setzte Kaffeewasser auf, und als wir schließlich alle hinter dampfenden Bechern mit den ernüchterndem braunen Getränk saßen, schaute Peter seine Frau wieder an. Er machte bestimmte Bewegungen, runzelte die Augenbrauen und wedelte mit beiden Händen in ihre Richtung. Schließlich zog er sich sogar an der Zunge.

»Als Kind war ich sehr glücklich«, begann Jannie endlich zögernd. »Meine Eltern waren beide in der Pfingstgemeinde, und jeden Sonntag gingen wir zweimal in die Kirche. Bei der Pfingstgemeinde spielt sich alles so ab wie bei den Katholiken oder bei den Reformierten, glaube ich. Nur spricht der Prediger viel feuriger über die himmlischen Freuden und das Elend des irdischen Jammertals, das uns erwartet. Manchmal scheint er der Erlöser selbst zu sein, manchmal predigt er so rührend, daß einem die Tränen in die Augen schießen. Manchmal legt er während seiner Predigt eine Pause ein. Das ergibt sich ganz harmonisch. Er sagt zum Beispiel: ›Und dann schickte Gott, Unser Vater, Seinen eingeborenen Sohn auf Erden, damit er für uns gekreuziget werde.‹ Daraufhin fängt ein Kirchenältester an zu stöhnen und hüpft mit einem Sprung mitten in die Kirche. In diesem Augenblick schweigt der Prediger oben auf seiner Kanzel. ›Achwami!‹ ruft der Kirchenälteste, der sich inzwischen auf ein kleines Podest gestellt hat. ›Ich glaube, der Geist ist in unseren Kirchenältesten Pelkman gefahren‹, sagt der Prediger, ›lasset uns andächtig lauschen, was er uns zu sagen hat.‹ Daraufhin kommt der Älteste erst richtig in Schwung und schreit durch die Kirche: ›Ballamiere, dostojewskenje prachmatui! Jesus Saleikum prabenum. Mundus solvendira prachmata schach et kakemento prastos. Jesus trafol kefalli, halleluja!‹ Zu diesem Zeitpunkt hat der Kirchenälteste bereits Schaum vor dem Mund. Er setzt sich auf sein kleines Podest und sagt zu einem Jungen, der in der Nähe in der Kirchenbank sitzt: ›Ich kann nicht mehr, schnell, gib mir ein Pfefferminzbonbon!‹ Dann springt ein anderer Kirchenältester in seiner Bankreihe auf und trabt durch die Kirche. ›Liebe Gemeinde!‹ ruft er, ›o ihr Kinder Eines Vaters und Teilhaber des großen Heils, ich habe verstanden, was Ältester Pelkman gesagt hat, und ich werde es für euch übersetzen: Der Erlöser ist gekommen, und alle Trübsal wird von uns abfallen. Er wird uns reinwaschen von allen Sünden, und im Himmel werden wir dann später Milch und Honig trinken, sofern wir uns an die Gebote Gottes halten, halleluja!‹ – Das war für mich immer ein herrlicher Augenblick«, sagte Jannie, »und jeden Sonntag war es wieder anders. Jeden Sonntag redete ein anderer Ältester in Zungen, und manchmal wollten gleich zwei Älteste die Übersetzung machen. Die vielen hundert Menschen in der Kirche wurden ganz aufgeregt, und nach dem Gottesdienst zogen wir geistliche Lieder singend wieder nach Hause. ›Heute klang es russisch‹, sagte mein Vater, ›lobet den HErrn.‹ Zu Hause tranken wir Kaffee, und nachts fragte ich mich, ob ich wohl auch einmal in Zungen würde reden können. ›Nur wenige sind auserwählt‹, sagte mein Vater. ›Oft können die Prediger selbst nicht mal in Zungen reden oder das Gesprochene übersetzen. Du mußt ganz in der Herrlichkeit des HErrn aufgehen und eine Taube werden wie der Heilige Geist.‹ – Zwanzig Jahre lang war ich sehr glücklich. Als ich vierundzwanzig Jahre alt wurde, gingen wir mit der Gemeinde auf einen Kirchentag. Die Gemeinden von Rotterdam, Den Haag, Gouda und Amsterdam sollten sich vollzählig in einem Riesenzelt versammeln, an einem ganz normalen Donnerstag, am Fuß der Pyramide von Austerlitz. Es war eine Art Arbeitstreffen. Man redete viel über Geld und die neue Organisationsform unserer Kirche. An einem bestimmten Punkt bekam Kirchenältester Pelkman Streit mit Herrn Ter Vreeze, dem Schatzmeister unserer Kirche. Es war ausgesprochen peinlich. Der Streit ging nur um den Schnitt der neuen Klingelbeutel und darüber, ob das Portal unserer Kirche in Den Haag schwarz oder grün gestrichen werden sollte. Und plötzlich war die heilige Stimmung dahin. Der Geist der Milde und Eintracht hatte uns geflohen. Es wurde ganz still im Zelt. Alle Anwesenden schwiegen und lauschten betrübt dem Gezänk der beiden Haager Gemeindebrüder. ›So eine Schande‹, sagte mein Vater, ›müssen das auch ausgerechnet zwei Mitglieder unserer Gemeinde sein.‹ Plötzlich fing ein Kirchenältester aus Amsterdam an, durch das Zelt zu rennen.

›Achwataballah!‹ rief er aus, ›knurstickum Pelkman passejewitsch kerkska Ter Vreeze patom, etiem djelo snatschietjelno objechtsjajetschie, halleluja!‹ ›Diesmal klingt es direkt arabisch‹, sagte meine Mutter. Ein anderer Ältester aus Amsterdam sprang auf ein kleines Podest und sprach mit lauter Stimme: ›Gott Lob und Dank kann ich verstehen, was Ältester Ruisblad da gesagt hat. Er sagt nämlich, daß Ältester Pelkman recht hat und nicht Herr Ter Vreeze. So aber spricht der HErr: Die Klingelbeutel sollen ihre alte Form behalten, und das Portal der Haager Gemeinde wird grün.‹ Der Streit war mit einem Schlag beigelegt, aber ich war meinen Glauben los: es wollte mir einfach nicht in den Kopf, daß Gott die Kirchenältesten bei so alltäglichen und leicht zu lösenden Problemen in Zungen reden ließ. Ich sah ein, daß ich mich zwanzig Jahre lang hatte an der Nase herumführen lassen. Lachend sagte ich zu mir selber: ›Achwataballah!‹ – und verließ das Zelt. Meinen Eltern sagte ich, mir sei schlecht. Ich nahm den Zug nach Den Haag und legte mich in Scheveningen an den Strand. Nie mehr bin ich zu einem Gottesdienst der Pfingstgemeinde gegangen. Der Schock saß so tief, daß ich seit dieser Zeit überhaupt keiner Vereinigung mehr angehören wollte.«

Wir lachten herzlich. »Und doch tut so etwas weh«, sagte Jannie traurig, »sie haben mich jahrelang mit des Kaisers neuen Kleidern beglückt.« Wir tranken noch einen Kaffee und krochen dann in die Betten. Ich horchte noch ein Viertelstündchen auf den Sturm, der oben an den Dachziegeln rüttelte. Während ich über die Worte dieses Abends nachdachte, fiel ich vom Trinken angenehm umwölkt in Schlaf...

Marjan Berk
Erinnerung

Ich erinnere mich an eine schwarze Frau (sie ging inmitten einer Gruppe amerikanischer Touristen über die Piazza San Marco in Venedig), deren Gesäßpartie so gewaltig groß war, so kolossal ausgebaut, und deren Art, sich fortzubewegen und diese Ausstülpung mit sich zu schleppen, so faszinierend, daß ich nachts davon träumte. Schön ist schön und sehr übersichtlich, doch am schönsten sind häßliche Menschen. Die Schriftstellerin Anna Blaman, auch nicht Mutters Schönste, wurde in Paris einmal von einem kleinen Mann verfolgt, einem Zwerg. Schon die Tatsache an sich befremdete sie; sie war wenig männliche Aufmerksamkeit gewohnt. Sie drehte sich abrupt um und fragte den Zwerg, was ihn dazu brächte, ihr hinterherzulaufen. Der Mann fiel in Anbetung auf die Knie und rief entzückt: »Moi, j'adore les monstres!«

Ich war zwölf, der Krieg gerade vorüber, wir lebten in einem Rausch von Cadburyschokolade, Players und amerikanischer Tanzmusik. Meine Mutter hatte ein Zimmer an einen kanadischen Leutnant vermietet, der sich mit einem Amsterdamer Mädel hastig in die Ehe gestürzt hatte. Sie trug dieses nach innen eingerollte Haar in einem schwarzsamtenen Netz, ich konnte die Augen nicht von ihr wenden.

Meine Mutter mußte ins Krankenhaus, die blonde Corrie erbarmte sich meiner. Ich schlief auch bei dem Paar; die beiden, innig verliebt, in der einen Hälfte des Doppelbetts, ich in der anderen. Wenn sie glaubten, ich schliefe, bestieg der Leutnant Corrie und vögelte sie wie ein Karnickel. Sie stöhnte laut und rief andauernd: »Nice, very nice, but not so fast, Len!«

Tagsüber schwänzte ich die Schule, ich saß in ihrem Mietzimmer und las *Der Bauch von Paris* von Zola. Unten wurde tapeziert; den Tapezierer haßte ich. Er saß stundenlang auf der Toilette und spülte seine Haufen nicht hinunter. Plötzlich hörte ich Schritte auf der Treppe, er kam herauf. Ich schoß mit dem *Bauch von Paris* unters Doppelbett und verhielt mich totenstill. Langsam ging die Tür auf, ich sah, wie seine häßlichen Schuhe schleichend näher kamen. Lieber Gott, was wollte der hier? Vor dem Bett standen die Schuhe still, über meinem Kopf hörte ich Papiergeraschel. Zigaretten, er klaute Lens und Corries köstliche Players! Das Arschloch. Ich hatte schon an seinen Haufen gesehen, daß er nichts taugte. Doch ich war zur Passivität verurteilt. Ich konnte ihn nicht in die Beine beißen; schließlich war ich hier illegal.

Ich erinnere mich an einen gewaltig theatralischen und wunderbaren Streit, der in einer Schlägerei endete. Ich spielte in einem schäbigen Kabarett in Haarlem. Da alle Beteiligten noch leben, nenne ich keine Namen. Ich bekam eine heftige Meinungsverschiedenheit mit meinem Arbeitgeber, der gleichzeitig als Conférencier die von seiner Frau und mir gesungenen Nummern aneinanderplapperte. Seine Witze waren fad, niemand lachte, so daß er nach jedem Witz »Kleiner Scherz!« rief, was die Sache verschlimmerte. Ich weiß nicht genau, was den Streit ins Rollen brachte, aber ehe ich mich's versah, war er hinter mir her. Ich bestieg das briefmarkengroße Podium und warf mit dem als Requisit gedachten französischen Salontisch nach ihm, die Glasplatte brach. Er packte mich am Arm und schüttelte mich durch. Ich riß mich los und ergriff eine Flasche Tomatensaft, die ich über seinem Kopf ausgoß. Eine Tasse kalten Kaffee hinterher! Seine Frau stand leichenblaß daneben und rief: »Sei nicht so hysterisch!«

Dies nun fachte meine Wut erst recht an. Ich stürmte auf sie zu und zischte ihr ins Gesicht: »Hast du noch nie etwas von blinder Wut gehört?« Anschließend rannte ich zum Ausgang, auf den Fersen gefolgt vom Pianisten, der auf meiner Seite war. Ich riß die Tür auf. Meine Kräfte waren durch die Wut dermaßen gewachsen, daß ich den Türknauf in der Hand hielt. Gehässig auflachend warf ich den losen Kupferknauf in den Raum. Ich kam mir vor wie Samson.

Natürlich mußte ich am nächsten Abend aufs Schlachtfeld zurück. Es war nun einmal mein Lebensunterhalt. Doch ich war schweigsam wie ein Grab, machte den Mund nur während der Arbeit auf. Mein Arbeitgeber spielte den Conférencier vier Tage lang im Pfadfinderkostüm. Sein einziger guter Anzug war in der Reinigung.

Ich erinnere mich an einen Nachbarsjungen von vierzehn, und ich war dreizehn. Es war eine Zeit des Mangels; er wollte zwei freundlich geblümte Stofflappen für mich mit Polsternägeln auf hölzernen Unterteilen befestigen, was ein Paar wunderbar modische Holzschuhe ergäbe. Ach... wie ich mich nach diesen Schuhen verzehrte!

Der Nachbarsjunge beschloß, mir diesen kleinen Gefallen ausschließlich dann zu tun, wenn ich ihm hundert Küsse gab. Obwohl ich von Liebe und den dazugehörigen Handlungen träumte, waren seine Sauresülzelippen ungefähr das letzte, was mir dabei vorschwebte. Meine Schuhe indes...

Ich bestieg seinen Schoß, schloß die Augen und begab mich ans Werk. Ich hatte mir flüchtige Schmetterlingsküßchen vorgestellt, die ich in rasendschnellem Tempo auf seine Wangen plazierte.

Mitnichten. Dieser große, nasse Nachbarsjungenmund, dieses Gehappe und Geschmatze... Hundertmal. Aber die Schuhe waren phantastisch.

Ich erinnere mich an eine Passage in einem Buch von Karl May. Ich war sieben Jahre alt und las alles. Vor allem Jungenbücher. Ein Indianer wurde gefoltert, sein Unterleib war wie ein Keil in einen gespaltenen Baum geklemmt, langsam wurde irgend etwas angezogen, es war eine höllisch gemeine Beschreibung. Ich las, fiel beinahe in Ohnmacht, legte das Buch einen Augenblick fort, um eine Geleefrucht zu essen, nahm dann das Buch wieder zur Hand und las vorsichtig weiter.

In Zeiten von Atemnot und Streß esse ich noch immer Geleefrüchte.

Ich erinnere mich an jemanden, der nach fünfundzwanzig Jahren endlich imstande war, laut und deutlich »Ich liebe dich« zu sagen. Gerade noch rechtzeitig.

Ich erinnere mich an den Blick in den Augen Alain Delons, der sich zu seinem Anwalt umdreht, gespielt von Jean Gabin. Alain ist zum Tode verurteilt, unwiderruflich. So schaute mein kleiner Dackel nach einem Verkehrsunfall, bei dem sein Hinterleib unheilbar verstümmelt wurde. Es mußten Aufnahmen gemacht werden, und ich bin davongelaufen. Betrayal.

Tim Krabbé

Der Pferdezeichner

Ich ging mit Jolanda Verdissel. Das hatte ich erfahren, weil in der Klasse Briefchen die Runde machten, in denen das stand. »Louis Hanraads und Jolanda Verdissel gehen miteinander.« Ich erzählte es meinem Vater. Ich war in ein Mädchen verliebt. Was sollte ich jetzt tun? »Sie mit nach Hause nehmen«, sagte er.

Also fragte ich sie am nächsten Tag, ob sie mit zu mir kommen würde, und sie sagte ja. Um vier Uhr gingen wir gemeinsam zu mir nach Hause.

Dort war nur meine Mutter.

»Ist das Jolanda?« fragte sie. »Tag, Jolanda.«

»Guten Tag«, sagte Jolanda.

In meinem Zimmer nahm ich mein Lieblingsbuch, das über die Wunder der Welt. Ich zeigte ihr das Bild, das ich mir selbst am häufigsten anschaute. Man sah eine Reihe von Männern, die alle einen Arm oder ein Bein weniger hatten. Neben den Stümpfen standen Buchstaben. Es gab ein weiteres Bild mit Arm- und Beinprothesen. Daneben standen ebenfalls Buchstaben. So konnte man sehen, was für wen gemacht war.

Jolanda schaute sie sich eine ganze Weile an.

»Sollen wir uns jetzt küssen?« fragte ich.

»Gut«, sagte sie.

Ich setzte mich neben sie und küßte sie auf die Wange. Das tat ich eine Zeitlang mehrmals hintereinander. »Nun du mich«, sagte ich. Sie drückte ihren Mund auf meine Wange und küßte.

»Wir müssen uns aufs Bett legen«, sagte ich.

»Warum?«

»Weiß ich nicht. Das hat mein Vater gesagt. Wenn du dich mit einem Mädchen küßt, müßt ihr euch aufs Bett legen.«

»Oh«, sagte Jolanda und kletterte auf das Bett.

Ich legte mich neben sie, und wir begannen wieder mit dem Küssen. Es war genauso wie auf dem Boden.

»Lia sagt, daß ihr nicht christlich seid«, sagte Jolanda.

»Sind wir auch nicht.«

»Weißt du denn nicht, daß das den lieben Gott sehr traurig macht?«

»Mein Vater sagt, daß es den lieben Gott überhaupt nicht gibt.«

Mit einem Ruck setzte sich Jolanda auf, Tränen in den Augen.

»Wenn du sagst, daß es den lieben Gott nicht gibt, darfst du mich nie mehr küssen!« sagte sie.

»Trotzdem gibt es ihn nicht.«

Jolanda schluchzte. Sie kletterte vom Bett hinunter und ging aus dem Zimmer. Ich blieb liegen.

Kurz danach hörte ich die Haustür. Ich hörte sie am Fenster vorbeilaufen, und dann war sie weg.

Meine Mutter kam in mein Zimmer.

»Was ist los?« fragte sie. »Jolanda ist weinend weggelaufen.«

»Ihre eigene Schuld! Sie sagt, daß es den lieben Gott gibt, und das ist dumm.«

»Aber Louis, sehr viele Menschen glauben, daß es den lieben Gott gibt, und dazu gehören sehr nette Menschen.«

»Nein!« rief ich. »Papa sagt, daß alle Christen Schafsköpfe sind.«

»Das sollst du doch nicht sagen«, sagte meine Mutter sanft. »Louis, du gehst jetzt sofort dieser netten Jolanda hinterher und sagst, daß es dir leid tut.«

»Nein!« schrie ich.

»Louis, nun mach schon«, sagte meine Mutter und beugte sich zu mir herab.

Ich schlug sie. Erschreckt richtete sie sich wieder auf und schaute mich an. Danach ging sie aus dem Zimmer.

Ich saß eine Zeitlang auf der Bettkante und dachte nach. Schließlich stand ich auf. Aus dem Schreibtisch nahm ich mein Sportheft. Darin waren Fotos, die ich aus der Zeitung ausschnitt, vom Fußball und Radrennen. Ich schlug die Seite mit meiner geheimen Liste auf. Die konnte man nicht direkt sehen, denn sie stand unter einem Foto. Aber die beiden unteren Ecken von diesem Foto waren nicht festgeklebt. Wenn man es hochklappte, sah man die Liste.

Es war die Liste für den Fall, daß die Welt untergehen würde und ich zehn Menschen auswählen dürfte, die zusammen mit mir übrigbleiben sollten. Dort stand:

Papa
Mama
Jan Punt
Frau Hagedoorn
Tante Eveline
Doris Day
Wout Wagtmans
Fausto Coppi
Herr Ligtveld
Jolanda Verdissel

Ich strich Jolanda Verdissel durch und setzte Grace Kelly an ihre Stelle.

Ich zog meine Jacke an und ging nach draußen. Zuerst lief ich nur so durch die Gegend. Ich schaute in die Auslage des Briefmarkenladens. Am Fenster lag die Briefmarke aus Australien, die ich so schön fand, eine lilafarbene mit der Weltkugel darauf. Ich bettelte oft um sie, aber mein Vater fand sie zu teuer. Danach ging ich doch in die Richtung von Jolandas Haus. Ich würde ihr sagen, daß es mir leid tut. Vielleicht wären wir dann wieder zusammen.

Aber am Anfang ihrer Straße kam mir der Gedanke, daß ich dann vor ihr christlich tun müßte. Also bog ich in eine andere Straße ein. Ich landete am Kanal. Während ich an ihm entlangging, hörte ich ein Stück weiter oben Rufe.

Am Ufer, auf der Rasenfläche, die man eigentlich nicht betreten durfte, stand ein Polizist. Sein Fahrrad lehnte schräg am Zaun. »Komm sofort ans Ufer oder dir blüht was!« rief er über das Wasser.

Mitten auf dem Kanal fuhr ein Floß. Auf ihm stand ein Junge, der ruhig mit einem Brett im Wasser rührte, so daß er langsam an uns vorbeitrieb. Er beachtete den Polizisten kaum. Ein- oder zweimal drehte er seinen Kopf zu ihm hin, aber dann schaute er wieder nach vorne, als ginge es ihn nichts an.

»Du mußt mit zur Wache!« rief der Polizist, aber der Junge tat so, als ob er es nicht hörte, und hielt sein Floß unbeirrbar auf Kurs. Er trieb weiter und weiter in Richtung Brücke. Noch einen Augenblick und wir würden ihn nicht mehr sehen können. Hinter der Brücke kam der breite Fluß. Mit seinem Floß, ganz allein von ihm gesteuert, würde er dort zwischen den echten Schiffen fahren. Die Kapitäne und er würden sich grüßen, und er käme erst an Land, wenn er dazu Lust hätte, vielleicht erst bei den Gaswerken.

»Jetzt muß ich hinterher, und auf der Amstel erwische ich ihn nie«, sagte der Polizist, und er fluchte.

»Das ist Jan Punt!« sagte ich. »Das ist Jan Punt, er ist bei mir in der Klasse!«

Ich kam zu spät nach Hause. Mein Vater und meine Mutter saßen bereits am Tisch. Sie sagten nichts.

Erst am Ende des Essens sagte mein Vater: »Du hast gegen eine Vorschrift verstoßen. Du darfst dir deine Strafe selbst aussuchen.«

Ich sah meine Mutter an, aber sie ließ sich nichts anmerken.

»Eine Woche selbst meine Schuhe putzen«, sagte ich. Das fand mein Vater angemessen.

Ich hatte also gut geschätzt. Wenn er gewußt hätte, daß ich meine Mutter geschlagen hatte, hätte ich eine viel härtere Strafe wählen müssen.

Jan Punt war der beste Junge meiner Klasse, eigentlich von der ganzen Schule. Er prügelte sich nie, aber man wußte, daß er gegen jeden gewinnen würde, und deshalb forderte ihn niemand heraus. Das letzte Mal, daß er sich geprügelt hatte, war lange her, in der zweiten Klasse. Damals hatte Piet Ammer eines Tages bestimmt, daß jeder Sie zu ihm sagen sollte. Wer es nicht tat, dem drehte er den Arm um. Es waren nur ein paar

Jungen, die es so weit hatten kommen lassen. Die meisten gaben ihm sofort nach. Unter ihnen, versprach er, würde er schließlich seine rechte Hand auswählen, zu der man auch Sie sagen müßte. Aber es war klar, daß seine ganze Anordnung nichts wert war, solange Jan Punt nicht Sie zu ihm sagte. Piet Ammer hatte sich ihn als letzten aufgehoben. Eines Tages war kein anderer mehr übrig, und er war auf Jan Punt zugegangen.

»Sag Sie zu mir«, sagte er.

»Nein«, sagte Jan.

»Dann dreh ich dir den Arm um«, sagte Piet.

Piet Ammer griff den Arm von Jan Punt, aber der riß sich los, und einen Moment später hatte er Piet Ammer schon auf dem Rücken. Er drückte seine Knie auf Piets Armmuskeln und blieb eine Weile so sitzen.

Nach diesem Tag fing ein Kind nach dem anderen an, wieder Du zu Piet Ammer zu sagen, ohne daß dieser sich darüber beschwerte. Und Jan Punt hat sich nie mehr geprügelt.

Auch nicht, als irgendwann sein Bruder Rinus, der zwei Klassen darunter war, geschlagen wurde. Ich fragte, ob er nicht helfen müßte, aber Jan sagte: »Darüber würde Rinus erst recht böse werden.«

Jan Punt war auch gut im Fußballspielen, und beim Schwimmen mußte er nicht einmal den Schulunterricht mitmachen. So gut konnte er das schon. Er ging dann zwar mit unserer Klasse zum Schwimmbad, aber während wir Runden schwammen oder Wasser traten, saß er an einem Tisch im Restaurant und las eine Zeitung.

Was er am besten konnte, war Zeichnen. Nicht nur, daß er es sehr gut konnte, er wußte auch, wie man dafür Noten gibt.

Das hatte sich zum erstenmal in der zweiten Klasse herausgestellt. In dieser Zeit bekam ich von meinem Vater Zeichenblöcke, und die zeichnete ich mit Autos voll.

Irgendwann hatte Jan gesagt: »Laß mal sehen.«

Ich gab ihm meinen Block. Zuerst blätterte er ihn schnell durch. Dann begann er wieder von vorne. Beim zweiten Mal schaute er sich jede Zeichnung lange an, und bevor er das Blatt umschlug, kritzelte er etwas darauf. Als er wieder am Ende des Blocks angelangt war, gab er ihn zurück.

Er hatte mir Noten gegeben. Links unter jede Autozeichnung. Und rechts unten stand auf jeder Seite ein unlesbarer Schnörkel; sein Namenszeichen.

Meine Noten waren nicht sehr gut. Es waren Vieren dabei, Drei minus und ein paar Dreier. Drei Autos hatten eine Zwei minus bekommen und eins eine Zwei.

Seitdem gab ich Jan Punt, sobald er voll war, jeden neuen Zeichenblock mit Autos.

Jedesmal schaute er sich die Zeichnungen genauso sorgfältig an. Über jede Note dachte er erst gut nach. Ein einziges Mal bekam ich eine Eins minus. Daraufhin fragte ich: »Warum eine Eins minus und keine glatte Eins?«

»Weil du die Schlüssellöcher in den Türgriffen vergessen hast«, antwortete er, ohne die Zeichnung noch mal anzuschauen.

Diese Eins minus war die höchste Note, die er mir jemals gegeben hat. Aber ich wußte genau, wenn ich das Auto zeichnen würde, das eine Eins verdient hatte, würde Jan Punt nicht zögern, diese Eins zu geben.

Mein Vater war Kunstmaler. Er war den ganzen Tag zu Hause und malte Bilder. Meine Mutter verdiente das Geld. Die Kinder in der Schule verstanden das nicht. Irgendwann einmal hatte Herr Ligtveld über »die Familie« gesprochen. »Dein Vater verdient das Geld, und deine Mutter macht den Haushalt«, hatte er gesagt. Daraufhin hob ich meine Hand. »Herr Ligtveld, bei uns zu Hause verdient meine Mutter das Geld.«

»Ach ja? Dann macht dein Vater sicher den Abwasch«, sagte Herr Ligtveld, und die ganze Klasse hatte gelacht. Sie verstanden es einfach nicht. Als ich sagte, daß mein Vater Kunstmaler sei, sagte Friso Ringers: »Mein Vater auch.« Aber sein Vater strich Wände in Häusern an!

Manchmal zeichnete ich auch zu Hause. Dann fragte ich meinen Vater, ob er die Zeichnung schön fand. Aber ich kannte die Antwort schon vorher. Alles, was man von sich aus machte, fand er schön. Eine Zeichnung zerreißen, wie es die Lehrer in der Schule schon mal taten, wenn sie sie sehr schlecht oder falsch fanden, nannte er ein Verbrechen.

Wenn ich ihm eine Zeichnung zeigte, sagte er immer: »Ja, diese Zeichnung finde ich sehr schön«, und dann machte er sofort wieder an dem Bild weiter, mit dem er gerade beschäftigt war. Das nützte mir einfach gar nichts. Er wollte mir noch nicht einmal beibringen, wie man einen Fußballplatz zeichnet, mit Toren darauf, so daß es echt aussah.

Irgendwann gab ich ihm meinen neuesten Zeichenblock mit Autos. Jan Punt hatte gerade an dem Nachmittag seine Noten hineingeschrieben.

»Jetzt mußt du mir auch mal Noten geben«, sagte ich.

»Verschwinde«, sagte er, »du siehst doch, daß ich arbeite.«

Ich schaute auf sein Bild. Lauter Farben und Linien kreuz und quer. Es war auch ein Wollfaden darauf geklebt. Man konnte noch nicht einmal erkennen, was es darstellte.

Aber nach dem Essen bat er um meinen Zeichenblock. Die erste Zeichnung schaute er sich sehr lange an. Er nahm seinen Füller und schrieb etwas daneben.

Mein Vater gab mir auch Noten! Bei den folgenden Zeichnungen schrieb er auch etwas, aber er blätterte immer schneller weiter. Es schien, als würde er sich die Autos überhaupt nicht richtig anschauen. Er blätterte die Seiten sofort um, nachdem er etwas darauf geschrieben hatte. Als er den Block durchhatte, gab er ihn mir zurück.

Beim ersten Auto stand nun neben der Note von Jan Punt die Note von meinem Vater: eine Null. Bei den folgenden Zeichnungen stand auch eine Null. Bei allen Zeichnungen stand eine Null.

»Das sind völlig wertlose Zeichnungen«, sagte mein Vater. »Wenn du etwas zeichnest, mußt du es so zeichnen, wie du es fühlst, und du darfst keine Klischees nachmachen. Klischees sind leblos.«

»Saukerl«, schrie ich, und mit der Faust ging ich auf ihn los. Mit den ersten Schlägen traf ich ihn in den Magen. Während er mich festhielt und meine Schläge sich in seine Schläge verwandelten, schrie ich: »Er hat mein ganzes Heft von Jan Punt verhunzt, er hat mein ganzes Heft von Jan Punt verhunzt!«

Ich mußte sofort ins Bett. Als meine Mutter mich zudecken kam, flüsterte sie: »Ich finde es auch gemein von Papa, daß er die ganzen Nullen in dein Heft geschrieben hat. Das ist unser Geheimnis.«

Als sie die Tür öffnete, um wegzugehen, rief ich so laut ich konnte: »Nullen gibt es nicht einmal, Sechs ist das Schlechteste!« Ich hoffte, daß mein Vater es gehört hatte, aber ich hatte Angst, daß er nun wieder kommen und mich schlagen würde.

Niemals habe ich Jan Punt ein Auto zeichnen sehen. Er zeichnete Pferde. Und immer dasselbe Pferd. Ein großes, starkes Pferd mit flatternder Mähne. Alles stimmte daran, es war wie echt. Niemand in der Schule konnte ihm das nachmachen. Die Kinder aus den höheren Klassen nicht und die Lehrer auch nicht.

In allen Zeichenstunden zeichnete Jan dieses Pferd. Wenn es fertig war, wurde es in der Klasse herumgereicht. »Jan Punt hat wieder ein Pferd gezeichnet«, sagte Herr Ligtveld dann.

Er hatte eins bei uns an die Wand gehängt. Selbst wenn die ganze Klasse eine Aufgabe bekam, einen Baum, ein Haus oder einen Vogel, mußte Jan Punt nicht mitmachen. Er durfte immer ein Pferd zeichnen.

Manchmal zeichnete er das Pferd in der Pause, auf den Platten des Schulhofs. Er nahm Kreidestücke aus der Klasse mit, hockte sich hin und begann.

Schnell bildete sich dann ein Kreis von Zuschauern um ihn herum. Man mußte es rechtzeitig mitbekommen haben, um noch etwas sehen zu können. Unsere Klasse war natürlich im Vorteil. Wenn die Klingel zur Pause läutete und Jan Punt um Kreide bat, wußten wir, daß er wieder ein Pferd zeichnen würde. Ich hatte es oft von nahem gesehen. Vielleicht am häufigsten von allen in der Schule.

Wenn die Klingel läutete, war das Pferd fertig. Es war groß, stark, es schnaubte, und seine Mähne flatterte. Wenn es nicht regnete, konnte man es wochenlang sehen. Es dauerte lange, bis es verblichen war. Bei Spielen auf dem Schulhof wurde um diese Stelle ein Bogen gemacht. Wer trotzdem darüber rannte, wurde böse angeschaut. Von mir zum Beispiel. Daß jemand die Zeichnung mit dem Fuß auswischte, passierte nie. Ein einziges Mal lief ein dummer Junge aus einer tieferen Klasse absichtlich über das Pferd. Piet Ammer packte daraufhin den Arm von diesem Jungen und wollte ihn schon umdrehen. Aber Jan Punt ging auf sie zu und sagte zu Piet Ammer: »Laß los.«

Als mich mein Vater einmal von der Schule abholen kam, zeigte ich ihm solch ein Pferd von Jan Punt auf dem Schulhof.

»Klischee«, sagte er.

Eines Morgens, es war im letzten Schuljahr, saß Jan Punt in der Pause wieder einmal mit seiner Kreide auf den Platten. Ich war dieses Mal nicht direkt gucken gegangen, so daß ich etwas weiter hinten stand. Ich konnte nur den Kopf von Jan sehen und hin und wieder seine Hand mit dem Kreidestück darin. Aber nicht das Pferd. Kurz bevor die Klingel läutete, begann jemand zu lachen. Es war ein Junge aus der sechsten Klasse. Wie konnte er es wagen, Jan Punt auszulachen? Ein zweiter Junge fing auch an, ein dritter folgte. Das ganze Publikum lachte. Kinder kamen von überall auf dem Schulhof heran, um zu sehen, was los war.

Ich lachte nicht. Sollte irgend etwas mit dem Pferd sein?

Die Klingel läutete. Der Kreis löste sich auf, die Kinder rannten in alle Richtungen in ihre Klassen. Jan Punt hockte noch immer bei seiner Zeichnung. Ich blieb auch stehen. Als das Geräusch der Schulklingel verstummt war, blieben wir zu zweit zurück.

Jan Punt bewegte sich immer noch nicht. Einsam auf dem Hof schaute er sein Pferd an. Er bemerkte noch nicht einmal, daß ich auch da war. Ich sah, was er sah.

Das Pferd war dieses Mal mißglückt. Die Vorderbeine standen eine Plattenreihe tiefer als die Hinterbeine.

Es sah lächerlich aus. Zumindest konnte ich verstehen, daß dümmere Kinder darüber lachten.

Schließlich richtete sich Jan auf, und er begann, mit dem Fuß die Zeichnung auszuwischen. Es schien, als hätte er keine Angst vor einer Strafe von Herrn Ligtveld. Es war noch niemals vorgekommen, daß ein Junge auf dem Schulhof blieb, wenn die Klingel geläutet hatte.

Plötzlich war es mir egal, ob ich eine Strafe kriegen würde. Ich ging zu Jan hin. »Soll ich helfen?« fragte ich. Er sagte nichts, aber er war einverstanden. Gemeinsam wischten wir das Pferd aus. Wir waren sicher zehn Minuten beschäftigt. Als man fast nichts mehr von ihm sehen konnte, gingen wir in die Klasse.

Herr Ligtveld hatte schon längst mit dem Unterricht angefangen. Während wir in die Klasse gingen, tat er so, als bemerkte er uns nicht, aber als wir saßen, sagte er: »Jan Punt und Louis Hanraads, ihr seid zu spät. Ihr bekommt alle beide eine Strafe.«

Ich hörte einen lauten Schlag. Jan Punt schlug mit der Faust auf den Tisch! Zuerst dachte ich: Er hat sich noch nie so anmerken lassen, daß er zornig war. Aber als ich hinschaute, sah ich, daß nicht seine Faust, sondern sein Kopf auf dem Tisch lag. Kurz danach glitt er auf den Boden. Er war ohnmächtig geworden.

»Kinder, wir bleiben ganz ruhig«, sagte Herr Ligtveld. »Jan ist nur ohnmächtig geworden. Jeder bleibt auf seinem Platz. Friso Ringers, geh du seinen Bruder Rinus holen, er sitzt bei Herrn d'Arny.«

Friso rannte aus der Klasse. Herr Ligtveld hockte sich neben Jan. Dieser lag auf dem Boden wie ein hilfloses totes Tier. Wie die tote Ratte, die wir einmal an ihrem Schwanz an den Briefkastenschlitz von Frau Kantorowicz gehängt hatten, so daß sich diese nicht mehr nach Hause traute. Die Ratte hatte dort stundenlang gebaumelt, bis mein Vater sie wegholte. Die ganze Zeit war sie eine Art Gegenstand an einer Schnur gewesen. Kein Tier.

Kurze Zeit später spazierte Rinus Punt gemächlich in unsere Klasse. Er zog die Schublade von Jans Tisch auf, nahm ein Fläschchen heraus und gab ihm ein paar Tropfen zwischen die Lippen.

Jan bewegte einen Arm und öffnete die Augen.

»Geht es?« fragte Rinus.

»Zucker«, sagte Jan.

»Ja«, sagte Rinus. Aus der Brusttasche von Jans Hemd nahm er zwei Würfel, die er ihm in den Mund steckte.

Nach einer Weile stand Jan auf, im Gesicht noch ganz blaß.

»Jetzt muß er frische Luft haben«, sagte Rinus, und ohne Herrn Ligtveld weiter zu beachten, nahm er Jan mit nach draußen. Sie setzten sich zusammen auf eine Bank auf dem Schulhof. Die ganze Klasse konnte sie sehen. Rinus hatte seinen Arm um Jans Schultern gelegt. Der saß ruhig da, sein Gesicht in Richtung unserer Klasse, aber man konnte an seinen Augen sehen, daß er nicht zu uns hinschaute.

»Jan Punt ist zuckerkrank«, erklärte Herr Ligtveld. »Deshalb wird er manchmal ohnmächtig. Wenn er dann nicht allein ist, kann nichts passieren. Er muß dann nur etwas Zucker essen. Morgen kommt er wieder zur Schule.«

Er setzte den Unterricht nicht fort, wir schauten doch alle nach draußen. Wir durften für uns selbst arbeiten, und er sagte nichts, als niemand etwas tat und alle weiter nach draußen schauten. So lange, bis Rinus und Jan von der Bank aufstanden und nach Hause gingen.

Herr Ligtveld vergaß, mir eine Strafe zu geben.

In der Pause kam Jan Punt auf mich zu.

»Warum hast du diesem Polizisten meinen Namen gesagt?« fragte er. »Als ich gestern abend nach Hause kam, wartete er dort auf mich.«

»Ich...«

»War es vielleicht, um mich zu verraten?«

»Nein! Ich habe es aus Versehen gesagt!«

»Ehrenwort?«

»Ja! Ehrenwort.«

»Dann glaube ich dir«, sagte Jan. »Ich mußte beinah mit zur Wache. Aber wo mein Floß liegt, habe ich nicht verraten.«

»Wo liegt es?«

»Willst du es sehen?«

»Ja.«

»Dann komm um vier Uhr mit mir mit.«

Mit Jan Punt ging ich die Straße von der Schule aus ganz hinunter, bis wir an der Amstel waren. Unterwegs schaute ich, ob wir nicht von einem Polizisten verfolgt wurden. Jan schien davor keine Angst zu haben. Er schaute sich kein einziges Mal um.

Schräg gegenüber von den Gaswerken nahmen wir die Fähre über den Fluß. Auf der anderen Seite gingen wir noch ein Stück durch das verwilderte Land zu der halbfertigen Brücke. Dort, wo später ein Pfeiler hinkommen sollte, war jetzt ein Wasserloch mit einer Öffnung zum Fluß. Darin standen dicke Pfähle aus Beton. Jans Floß lag hinter einem hohen Berg Schutt im Sand. »Hier findet es niemand«, sagte er. Das Floß bestand aus Planken, die mit Nägeln aneinandergezimmert waren. Zwei Querbalken und Stricke sorgten für Stabilität. Daneben lag ein loses Brett, Jans Paddel. Am Fuß des Schutthaufens hob Jan einen großen weißen Stein hoch. Ich sah einen Hammer und eine Blechdose. Jan öffnete die Dose. Es waren Nägel und Stricke darin.

»Falls das Floß kaputt ist«, sagte Jan, »dann kann ich es reparieren.« Er machte die Dose wieder zu und legte den Stein darauf.

Wir schleppten das Floß zu dem Wasserloch und ließen es ins Wasser gleiten. Es gluckerte leise von unten dagegen. Jan stellte sich auf sein Floß. Ich gab ihm das Paddel. Er stieß sich ab und fuhr schnell und geschickt um die Pfähle herum. Er fuhr über den Verbindungskanal, paddelte eine Runde auf der Amstel und kam wieder zurück.

»Jetzt du«, sagte er.

Ich blieb stehen.

»Willst du nicht?«

»Na gut.«

Ich stieg auf das Floß. Es schwankte furchtbar.

»In die Mitte stellen!« rief Jan.

Ich stellte mich in die Mitte, und das Schwanken ließ nach. Er gab mir sein Paddel. Ich stieß mich ab, wie ich es bei ihm gesehen hatte. Das Floß prallte gegen einen Betonpfahl. Durch die Erschütterung fiel ich fast hinunter. Ich ließ das Paddel fallen. Es trieb langsam von mir weg, hin zur Öffnung, durch sie hindurch, auf die Amstel.

»Wie komme ich jetzt zurück?« rief ich. Das Floß lag noch immer an dem Pfahl. Jan gab mir zu verstehen, daß ich warten sollte, und lief zu dem Schutthaufen.

Ich wartete stocksteif, mein Blick auf den Fluß gerichtet. Wenn das Floß dorthin treiben würde, wäre ich verloren. Ich würde ertrinken.

Jan kam mit einem Strick zurück. Er warf mir ein Ende zu. Es erreichte mich, und ich konnte es greifen. Langsam zog er mich ans Ufer.

»Nun ja, man muß auch eine Weile üben, bis man es gut kann«, sagte Jan. »Jetzt müssen wir ein neues Paddel suchen.«

Wir zogen zuerst das Floß wieder ans Ufer und trugen es zusammen an die Stelle hinter dem Schutthaufen. Danach liefen wir über das Baugelände, auf der Suche nach einem geeigneten Brett.

Ich hob ein paar auf und zeigte sie ihm. »Zu kurz.« »Zu lang.« »Sind zu viele Nägel drin.« Aber schließlich billigte er doch ein Brett, das ich gefunden hatte. Er legte es zu seinem Floß.

Danach gingen wir zurück zur Fähre. Zusammen hingen wir über der Reling und blickten über den Fluß in Richtung der Gaswerke. Es wurde dunkel.

Vor dem Essen ging ich zu meinem Vater.

Er sah es mir bereits an.

»Ich habe gegen eine Vorschrift verstoßen«, sagte ich.

»Schlimm?« fragte er.

»Ich bin auf dem Wasser gewesen.«

»Allein?«

»Nein.«

»Natürlich wieder mit Jan Punt. Und für so einen Burschen brichst du die Versprechen gegenüber deinem Vater? Wo es noch dazu lebensgefährlich ist, sie zu brechen? Dann werde ich mir dieses Mal selbst eine Strafe für dich ausdenken. Du kennst bis Samstag fünfzig neue französische Wörter.«

Wir hatten kein Französisch in der Schule, aber mein Vater wollte gern, daß ich es trotzdem lernte. Denn wenn er durch seine Bilder berühmt und reich wurde, würden wir nach Frankreich ziehen. Darauf mußte ich mich vorbereiten.

Meinen Geburtstag feierten wir bei Tante Eveline in Den Helder. Meine Mutter kam auch mit.

Auf dem Bahnsteig in Amsterdam war Jan Punt bereits dabei, sich neben unserem Zug warm zu hüpfen. Er zog seine Schnürsenkel noch einmal extra fest und lächelte mir zu.

Als der Zug anfuhr, rannte er im Laufschritt auf dem Bahnsteig mit, und nach dem Bahnhof lief er über die Schienen neben uns her und über die Weiden. Wir fuhren immer schneller, aber er hielt problemlos das Tempo. Er sprang über Gräben, Gartenhäuschen, Stacheldrahtzäune, riß manchmal zwischen zwei Schritten eine ganze Reihe Salatköpfe aus dem Boden oder trat den Drahtzaun von einem Hühnergehege um. Einmal stolperte er und fiel, aber es schien, als täte er das absichtlich, um zu zeigen, wie schnell er uns danach wieder einholen konnte. Ab und zu kam er direkt neben den Zug und lief im Zickzack zwischen den Signalmasten her. Er sprang über Hochspannungsleitungen, man sah ihn seinen Anlauf ausmessen wie ein echter Hochspringer. Am Nordseekanal hob er von dem Landungssteg der Fähre ab, sprang mit einem Fuß auf ein Schiff, das in der Mitte fuhr, und erreichte so genau die andere Seite. Er mußte selbst darüber lachen, daß es geklappt hatte, und streckte mir seinen erhobenen Daumen entgegen.

Bei meinen Geschenken waren: ein echtes Mikroskop von Tante Eveline, eine Bildergeschichte (in Französisch), ein neuer Pullover, ein blaues Briefmarkenalbum von meinem Vater (aber die australische Briefmarke hatte er nicht hineingetan), ein Kilometerzähler für den Fall, daß ich noch einmal ein Fahrrad bekommen sollte, und von meiner Mutter ein Taschenmesser mit acht Teilen dran.

Mein Vater wurde der neue Zeichenlehrer an unserer Schule. Herr Ligtveld und er waren Bekannte geworden. Sie trafen sich manchmal abends, und dann sprachen sie über Zeichnen. Mein Vater meinte, daß die Kinder falschen Unterricht bekämen. Klischees. Sie sollten so zeichnen, wie sie es mit ihrem Herzen fühlten. Ein Stamm von einem Baum mußte nicht immer braun sein und die Blätter nicht immer grün. Es konnte durchaus auch umgekehrt sein.

Das fand Herr Ligtveld auch. Er würde darüber mit Herrn Lemeler sprechen, dem Direktor der Schule.

Eine Woche später war entschieden, daß es möglich war. Ein

paar Wochen lang sollte mein Vater Probestunden geben. Danach würde man überlegen, ob es weiterging.

Gleich am ersten Tag konnte man Kinder, bei denen er in der Klasse gewesen war, einander sagen hören: »Herr Hanraads ist verrückt. Bei ihm darf man die Sonne grün machen und die Bäume gelb mit violett.«

An einem Montag kam er auch zu uns.

Er sagte: »Kinder, wir werden etwas anders zeichnen, als wir es bisher getan haben. Ihr habt gelernt, eine Möwe so zu zeichnen« (er zeichnete auf die Tafel ein V mit etwas gebogenen Enden, aber die Kreide brach ab, und ein paar Kinder lachten), »aber das ist nicht gut. Eine Möwe ist kein V. Eine Möwe ist ein Vogel. Manchmal ist sie wütend, und manchmal ist sie glücklich. Genauso wie ihr. Wenn sie wütend ist, hat sie vielleicht viereckige Flügel, weil sie alles kaputtmachen will, und wenn sie glücklich ist, hat sie vielleicht weiche Flügel, weil sie alles streicheln will. Und sie hat alle Farben, die ihr nur wollt, genau so, wie ihr denkt, daß sie sich fühlt. Wir zeichnen also heute alle einen Vogel, so wie wir uns vorstellen, daß er sich fühlt. Oder wie ihr euch selbst fühlt. Und habt keine Angst. Ihr müßt euch nur eins gut merken: Eine Zeichnung kann niemals falsch sein.«

Es wurde Papier ausgeteilt, und die Klasse fing an. Ich malte einen roten Vogel, der schnell wegflog, mit lauter Federn, die gerade hochstanden, aber beim Ausmalen mit Farbe drückte ich so fest, daß mein roter Buntstift abbrach. Ich hob meine Hand.

»Was ist los?« fragte mein Vater.

»Herr Lehrer, mein roter Buntstift ist abgebrochen.«

Die Klasse brüllte vor Lachen. »Er sagt Herr Lehrer zu seinem eigenen Vater!«

»Ich habe ihm gesagt, daß er mich in der Klasse Herr Lehrer nennen soll«, sagte mein Vater. »Dann wißt ihr, daß ich ihn nicht bevorzuge. Und jetzt wieder an die Arbeit.«

Um fünf vor zwölf wurden die Zeichnungen eingesammelt. Mein Vater schaute sie durch. Ich sah, daß er eine beiseite legte. Als er sie alle angeschaut hatte, hielt er die eine Zeichnung hoch. Auf ihr war ein Pferd. Es war die Zeichnung von Jan Punt.

»Jan Punt«, sagte mein Vater, »du willst doch nicht behaupten, daß das ein Vogel ist.«

»Es ist ein Pferd«, sagte Jan Punt.

»Was für die ganze Klasse gilt, gilt auch für dich«, sagte mein Vater. »Du bekommst für diese Zeichnung also eine Sechs.« Und er warf das Pferd von Jan Punt zurück auf den Tisch, als ob es ein wertloses Stück Papier wäre.

In der zweiten Stunde wollte mein Vater, daß wir einen Baum zeichnen, einen, der wir gerne sein würden, wenn wir ein Baum wären. Ich malte einen Baum, bei dem die Blätter am Boden waren und dessen Wurzeln nach oben wuchsen. Auch die anderen Kinder zeichneten die verrücktesten Bäume, die überhaupt nicht mehr wie Bäume aussahen. Aber ich wußte von vornherein, daß mein Vater das sehr schön finden würde. Je weniger der Baum einem gewöhnlichen Baum glich, desto besser die Note, das war schon in der ganzen Schule bekannt. Aber es gab auch Kinder, die von selbst eine gute Note bekamen. Friso Ringers zum Beispiel hatte schon für seine erste Zeichnung, den Vogel, eine Zwei gehabt. Während er früher beim Zeichnen immer störte und mangelhaft bekam. Nun schaute er weder hoch noch umher, so intensiv war er mit seinem Baum beschäftigt.

Als am Ende der Stunde die Zeichnungen abgegeben worden waren, stellte sich heraus, daß Jan Punt wieder ein Pferd gezeichnet hatte.

Mein Vater blieb sehr ruhig. Er hielt die Zeichnung hoch.

»Das sieht doch schon wieder sehr nach einem Pferd aus«, sagte er.

»Ja, Herr Lehrer«, sagte Jan Punt.

Mein Vater riß die Zeichnung in Fetzen.

Die ganze Klasse verstummte vor Schreck. Noch nie hatte es jemand gewagt, etwas gegen ein Pferd von Jan Punt zu tun.

»Ich finde es ärgerlich, daß hier ein ungehorsamer Junge in der Klasse sitzt«, sagte mein Vater. »Also muß ich mal zeigen, daß ich auch durchaus altmodisch sein kann. Jan Punt, du lieferst das nächste Mal zur Strafe hundert Sätze ab: Ich darf keine Pferde mehr zeichnen.«

Dann läutete die Klingel zur Pause.

Den darauffolgenden Mittwochnachmittag nahm mich mein Vater ins *Stedelijk Museum* mit. Dort war eine Ausstellung mit Bildern von Chagall. Ich hatte keine Lust, aber ich mußte.

Als ich dort war, zeigte sich, daß es doch schöne Bilder waren. Die Farben waren wunderschön, und was sie darstellten, war geheimnisvoll.

»Nun kannst du sehen, was ich meine«, sagte mein Vater. »Normalerweise gibt es das nicht, daß jemand über dem Boden schwebt. Dennoch hat Chagall das so gemalt, weil er fühlt, daß dieser Mann seine Braut so sehr liebt, daß er nicht mehr durch die normalen Kräfte an die Erde gebunden ist. Das hat Chagall nur gefühlt. Wenn man ihm das erzählen würde, würde er vielleicht sagen: O ja, daran hatte ich nicht gedacht. So will ich euch zeichnen lassen nach eurem Gefühl. Künstler und Kinder, das sind die einzigen, die das können. Aber Kindern wollen sie es abgewöhnen mit Klischees.«

Wir gingen in den nächsten Saal. Auf einer Bank in der Mitte saßen Jan Punt und Jolanda Verdissel. Sie schauten stumm geradeaus, auf ein Bild an der großen Wand. Sie sahen uns nicht.

Mein Vater wandte schnell sein Gesicht in die andere Richtung. Er blickte kurz auf das Bild, das dort hing, und ging weiter zum nächsten Saal.

Mein Vater sagte: »Jan Punt, gib deine Strafarbeit ab.« Jan Punt kam nach vorne und gab meinem Vater ein paar Blätter.

»Es ist in Ordnung«, sagte mein Vater. »Nun, Kinder, wollen wir hoffen, daß Jan Punt sein Leben gebessert hat. Ich habe angefangen, hier Zeichenunterricht zu geben, um euch mehr Spaß daran bekommen zu lassen. Und das geht nur, wenn alle Kinder mitarbeiten. Kinder – heute zeichnen wir ein Haus. Unser eigenes Haus. Also mit Mama drin, mit Papa drin, vielleicht mit Oma und Opa und deinem Bruder und deiner Schwester. Und natürlich auch mit allen Haustieren drin. Aber bei Jan Punt haben sie kein Pferd als Haustier.«

Ich zeichnete ein Haus, das einen Meter über dem Boden schwebte. Ich war neugierig, ob Jan Punt es wagen würde, noch einmal ein Pferd zu zeichnen. Plötzlich hoffte ich, daß es nicht so wäre, daß er auch ein Haus zeichnen und daß mein Vater es schön finden würde.

Als am Ende der Stunde die Zeichnungen eingesammelt und abgegeben wurden, stellte sich heraus, daß Jan Punt zum drittenmal bei meinem Vater ein Pferd gezeichnet hatte. Und obendrein: Piet Ammer hatte auch ein Pferd gezeichnet. Ein völlig mißglücktes Pferd, er konnte es einfach nicht. Es ähnelte einer Katze.

»Jan Punt«, sagte mein Vater langsam, während er ihn direkt anschaute, »hat jetzt auch schon einen Helfer eingespannt, der Pferde für ihn zeichnet.«

Er zerriß die beiden Zeichnungen.

»Gut, Jan Punt, du willst den Betrieb also stören. Bis zum nächsten Mal schreibst du zur Strafe fünfhundertmal den Satz: Ich darf keine Pferde mehr zeichnen. Fünfhundertmal! Und Piet Ammer, den nehmen wir nicht ernst. Piet Ammer kriegt zur Strafe keine Strafe.«

Die Klingel läutete zur Pause. Einige Kinder standen schon auf.

»Wir bleiben sitzen, bis ich es sage«, sagte mein Vater. »Die Guten müssen dann eben unter den Schlechten leiden. Ich werde der Klasse nun einmal zeigen, woher Jan Punt seine Zeichenkünste hat.« Aus den anderen Klassen rannten Kinder nach draußen. Wir saßen mitten in dem Lärm ihres Geschreies.

Mein Vater nahm aus seiner Tasche ein Buch. Er schlug es auf und ließ es in der Klasse herumreichen. Währenddessen erzählte er: »In diesem Buch steht genau das Pferd von Jan Punt. Er hat mit Pauspapier so lange geübt, bis er es aus dem Kopf konnte. Er kann überhaupt nicht zeichnen. Er kann nur nachzeichnen.«

Auf dem Schulhof kamen Kinder zu unserer Klasse, um zu schauen, warum wir drinnen blieben. Auch Herr Lemeler kam näher. Ich hatte Angst, daß er deswegen etwas zu meinem Vater sagen würde. In unserer Schule wurden nie

Strafarbeiten aufgegeben oder Klassen in der Pause nicht rausgelassen.

Als das Buch zu mir kam, sah ich, daß ein Pferd darin war, das vielleicht ein wenig dem Pferd ähnelte, das Jan Punt immer zeichnete. Aber sein Pferd stand immer nach links, und dieses Pferd stand nach rechts! Wie hatte er es dann durch pausen lernen können?

Ich achtete genau darauf, was Jan Punt selbst tun würde. Er schaute es sich ebensolang an wie die anderen Kinder, und als er das Buch weitergab, konnte man seinem Gesicht nichts anmerken. Als jeder geschaut hatte, ließ uns mein Vater nach draußen gehen. Es waren noch fünf Minuten Pause übrig.

Piet Ammer kam auf mich zu.

»He, Zeichenmännchen«, sagte er, und er gab mir einen Schubs. Jan Punt stellte sich sofort dazwischen. »Laß ihn in Ruhe«, sagte er. Ich ging mit Jan Punt in eine andere Ecke des Schulhofs.

»Wenn du es mir gesagt hättest, hätte ich auch ein Pferd gezeichnet«, sagte ich.

»Ich habe Piet Ammer nichts gesagt«, sagte Jan. »Er hat es von sich aus getan.«

»Oh«, sagte ich. »Glaubst du eigentlich an Gott?«

In einer Ecke des Schulhofs standen mein Vater und Herr Lemeler beieinander und unterhielten sich.

Mein Vater sagte: »Sollen wir zu einem Fußballspiel gehen?«

Ich war erstaunt. Er mochte überhaupt kein Fußball. Er sagte immer, daß es lächerlich wäre, einem Ball hinterherzurennen. Man konnte viel eher hinter einem Schmetterling herrennen. Bei einem Spaziergang waren wir einmal hinter dem Deich bei den Fußballplätzen der Bezirksliga gelandet. Damals sagte er, daß er es so schön fände, all die verschiedenen Farben der Trikots. Darüber wurde ich wütend, es ging um die Tore! »Was hat man nur davon, ein Fußballspiel zu gewinnen«, sagte er.

Aber jetzt wollte er zusammen mit mir zum Stadion.

»Geht Mama auch mit?« fragte ich. Die wußte viel mehr darüber, die las den Sportteil in der Zeitung.

»Nein«, sagte mein Vater.

Ich schaute zu meiner Mutter. Sie saß am Fenster und schaute zurück.

Wir saßen auf richtigen Sitzplätzen. Ich blickte zur Jungentribüne. Wenn ich dort Jungen sah, die mich kannten, konnten sie mich vielleicht auch sehen.

Das Spiel war spannend, und mein Vater fand es gut, daß ich ihm erklärte, was Abseits ist. Aber als die Leute jubelten, jubelte er nicht. Und er sagte Dinge, die nichts damit zu tun hatten. »Wie läuft der Junge da häßlich.« Ich hoffte, daß niemand es gehört hatte, denn das war der Mittelstürmer der niederländischen Nationalelf!

Nach einer Weile begann es ihn wahrscheinlich zu langweilen, daß er nie jubelte. Er rief plötzlich: »Hoi!« Der Ball war in diesem Moment im Mittelfeld, wo ein Spieler einen ruhigen Paß zu einem anderen gab.

Um uns herum wurde gelacht. Als sich kurz darauf in genau so einer Situation wieder zwei Spieler den Ball zuspielten, rief jemand direkt neben uns »Hoi« auf genau die gleiche Art, wie es mein Vater getan hatte. Er rief es so laut, und es war ansonsten so still, daß sogar der Spieler, der den Ball geschossen hatte, kurz erstaunt in unsere Richtung schaute.

Mein Vater merkte nicht einmal, daß er hochgenommen wurde. Aber jeder sah, daß ich sein Sohn war.

Zu Hause wartete meine Mutter auf uns.

»Louis hat mir Abseits erklärt«, sagte mein Vater. »Wir haben viel Spaß gehabt bei dem Spiel. Hast du auch einen schönen Nachmittag gehabt?«

»Einmalig«, sagte meine Mutter.

»Ach, du bist mir eine«, sagte mein Vater, und er gab ihr einen Kuß.

Am nächsten Tag hatten wir wieder Zeichenunterricht bei meinem Vater.

»So«, sagte er. »Heute werden wir zeichnen, aber erst haben

wir noch den Punkt Jan Punt.« Er grinste dabei, aber in der Klasse blieb es totenstill. »Jan Punt, komm deine Strafarbeit abgeben«, sagte er.

Jan ging nach vorne und gab seine Blätter ab.

»Ich hoffe, daß du so allmählich genug davon hast«, sagte mein Vater. »Geh zurück auf deinen Platz.«

Als Jan wieder saß, sagte mein Vater: »Heute zeichnen wir ein Schiff. Es kann das Schiff sein, von dem du träumst, das Schiff, auf dem du vielleicht einmal gewesen bist, und Piet Ammer darf das Schiff zeichnen, auf dem sein Vater fährt, wenn er dazu Lust hat. An die Arbeit.«

Wir fingen an. Ich malte ein gesunkenes Schiff mit einem großen Schatz an Bord. Als die Zeichenstunde halb vorbei war, ging mein Vater durch die Klasse.

»Das wird eine sehr schöne Zeichnung«, sagte er bei mir, aber das bedeutete überhaupt nichts. Dann hätte er mir auch einmal mehr als eine Drei geben müssen.

Die ganze Klasse wartete darauf, was mein Vater bei Jan Punt sagen würde. Dieser saß zurückgelehnt, als ob er sich noch nicht überlegt hätte, was er machen sollte.

»Ich sehe, daß Jan Punt noch nichts hat«, sagte mein Vater. »Das ganze Papier von Jan Punt ist noch leer. Auf jeden Fall hat er also noch kein Pferd gezeichnet, wollen wir mal sagen.« Jan schwieg und blieb in derselben Haltung sitzen.

»Es kann jedes Schiff sein«, sagte mein Vater. »Ein Ozeandampfer oder ein großer Rheinkahn, der dir auf deinem Floß auf der Amstel begegnet. Oder dein Floß.«

»Ja, Herr Lehrer«, sagte Jan.

Mein Vater ging weiter. Bei verschiedenen Kindern sagte er: »Das wird eine sehr schöne Zeichnung.«

Eine Viertelstunde vor Ende der Stunde sah ich, daß Jan Punt plötzlich anfing zu zeichnen. In wenigen Minuten war er fertig. Er schaute wieder aus dem Fenster. Mein Vater sah es auch, blieb aber an Herrn Ligtvelds Tisch sitzen.

Am Ende der Zeichenstunde ließ er sich wieder die Zeichnungen bringen. Er blätterte sie schnell durch. Es waren lauter Schiffe und ein Pferd.

»Das dachte ich mir schon«, sagte mein Vater, und er biß sich auf die Lippe. Er stand auf.

»Tausendmal den Satz: Ich darf keine Pferde mehr zeichnen«, sagte er, aber seine Stimme klang heiser.

Er zerriß das Pferd und ging aus der Klasse, die anderen Zeichnungen unter dem Arm.

Jan Punt konnte man nichts ansehen.

In der Pause ging mein Vater mit Herrn Ligtveld und Herrn d'Arny auf und ab. Sonst redeten die drei miteinander, aber nun blickte mein Vater die ganze Zeit geradeaus vor sich hin.

In einer Ecke des Schulhofs hockte Jan Punt, und er begann zu zeichnen. Das hatte er lange nicht getan. Als ich mitbekam, daß er es wieder tat, stand bereits ein großer Kreis von Zuschauern um ihn herum. Ich konnte nichts sehen. Herr Ligtveld und Herr d'Arny blieben kurz bei dem Kreis stehen. Mein Vater ging alleine weiter.

Die Klingel zum Pausenende läutete. Die Gruppe löste sich auf. Jan saß noch auf dem Boden bei seiner Zeichnung. Endlich konnte ich sehen, was es war. Es war ein Schiff.

Es war ein großes Floß, das direkt auf einen zufuhr, so daß das Wasser hochspritzte. Es war vollkommen echt, vielleicht noch echter als sein Pferd.

Ich schaute zu meinem Vater. Er kam näher und sah das Floß in den Wellen. Er preßte seine Lippen aufeinander und richtete seine Augen auf die von Jan Punt. Dieser schaute direkt zurück. Noch nie hatte ich ihn lachen sehen, aber nun schien ein Lächeln auf seinem Gesicht zu erscheinen. Sie schauten einander eine ganze Weile an, ohne etwas zu sagen.

Diesen Sonntag fragte mein Mutter, ob ich Lust hätte, mit ihr auf der Amstel zu rudern. Mein Vater hörte es, und er sagte: »Das ist eine gute Idee, dann gehen wir zu dritt.«

»Du hast doch gerade gesagt, daß du arbeiten wolltest«, sagte meine Mutter.

»Aber es ist so schönes Wetter«, sagte mein Vater.

»Das war es vorhin auch schon«, sagte meine Mutter leise.

»Was hast du gesagt?«

»Nichts. Daß es vorhin auch schon schönes Wetter war.«

»Was macht das denn aus. Dann fahren wir mit dem Fahrrad hin.«

»Du weißt, daß ich Radfahren nicht mag.«

»Dann kommst du eben nicht mit«, sagte mein Vater.

Ich radelte mit meinem Vater zur Amstel. Das Rudern vergaßen wir völlig, wir gingen zu einem Fußballspiel der Bezirksliga.

»Hoi«, rief mein Vater, als ein Tor geschossen wurde.

»Gerade hast du auch hoi gerufen, als die anderen ein Tor geschossen haben«, sagte ich.

»Ein Tor ist ein Tor«, sagte mein Vater, »ob es nun von den Violetten oder von den Gelben ist.«

Als das Spiel vorbei war, bekam ich eine Coca-Cola. Wir ließen die Flasche zu, dann konnte ich sie selbst mit meinem Taschenmesser aufmachen. Wir kletterten mitten auf den Deich und setzten uns in den Sand. Man konnte ein ganzes Stück über die Windungen der Amstel blicken.

Vielleicht sah ich Jan Punt irgendwo auf seinem Floß! Ich schaute nach beiden Seiten über den Fluß, aber er war nirgendwo.

Ich klappte den Öffner heraus, setzte ihn an die Flasche und zog ihn hoch. Der Öffner brach ohne ein Geräusch ab und fiel in den Sand.

»Ach, Himmel«, sagte mein Vater, »jetzt hast du nur noch ein Taschenmesser mit sieben Teilen.«

Ich begann zu weinen, und er legte seinen Arm um mich herum.

»Du sollst nicht wegen jeder Kleinigkeit weinen«, sagte er. Aber ich mußte an meine Mutter denken, wie sie das Taschenmesser extra für meinen Geburtstag ausgesucht hatte, und ich weinte noch eine ganze Weile weiter.

»Louis«, sagte mein Vater, »du findest es nicht gut, was, daß ich bei dir in der Klasse Zeichenunterricht gebe.«

Ich wagte nicht zu sagen, daß es stimmte, und ich zuckte mit den Achseln.

»Und wie finden es die anderen Kinder?«

Ich schaute geradeaus. Bis auf Jan Punt und vielleicht Piet Ammer kannte ich niemanden, der das neue Zeichnen wirklich schlimm fand. Ich zuckte wieder mit den Achseln.

»Ich weiß nicht«, sagte ich.

»In den anderen Klassen finden sie es gut«, sagte mein Vater. »Das weiß ich genau. Nur bei dir sitzt Jan Punt, und der versucht es zu vermiesen. Willst du mir helfen? Louis? Willst du mir helfen, indem du dafür sorgst, daß Jan Punt sein Pferd nicht mehr zeichnet?«

Ich sagte nichts, und er hörte davon auf. Wir saßen noch eine Zeitlang so nebeneinander auf dem Deich und blickten über den Fluß.

Schließlich wies er mit dem Kopf auf die Coca-Cola-Flasche, die noch immer im Sand lag. »Komm jetzt«, sagte er. »Wir haben noch die Cola. Die nehmen wir mit nach Hause. Dann kannst du sie beim Essen trinken. Glück im Unglück.«

Nach dem Essen sagte mein Vater: »Weißt du was, Louis? Jetzt werde ich dir zeigen, wie man ein richtiges Fußballfeld zeichnet, mit richtigen Toren.«

»Ich muß noch Hausaufgaben machen«, sagte ich.

»Für Montag?« sagte er. »Oh. Nun, dann geh mal schnell.«

In meinem Zimmer machte ich die Schreibtischlampe an. Ich nahm mein Papier und begann zu schreiben. *Ich darf keine Pferde mehr zeichnen.*

Plötzlich fühlte ich die Hand meines Vaters auf meiner Schulter. Ich war so vertieft gewesen, daß ich ihn nicht gehört hatte. Ich hatte keine Zeit mehr, ein Buch über das Papier zu legen.

Mein Vater zog mich nach hinten und riß die Strafarbeit von meinem Schreibtisch.

»Als hätte ich es nicht geahnt«, sagte er. Er blickte auf das Papier, als wüßte er noch nicht, was darauf stand. Als ob er es wirklich lesen würde. Er schaute sich alle Blätter an.

Ich blickte auf den Knopf seiner Jacke. Dieser war mit braunem Garn angenäht. Das Garn war dunkler als der Knopf. Aber es war kein großer Unterschied.

»Hast du die vorigen Male auch die Strafarbeit für Jan Punt gemacht?«

»Ja.«

»Er bedroht dich.«

»Nein.«

»Warum dann?«

»Weil du ihn so triezt!« schrie ich. Ich schlug mit den Fäusten auf meinen Schreibtisch, ich weinte. »Weil du ihn so furchtbar triezt!«

Ich schlug weiter mit den Fäusten, bis ich Kopfschmerzen hatte. Dann schaute ich auf. Mein Vater war weg. Er hatte die Strafarbeit mitgenommen.

Jan Punt war nicht an dem Ort, an dem ich ihm die Strafarbeit geben sollte. Ich lief weiter zur Schule. In der Klasse war er auch nicht.

Man erzählte sich: »Jan Punt ist gestern abend nicht nach Hause gekommen.« Rinus hatte es den Kindern aus seiner Klasse gesagt, und so wußte es unsere Klasse auch. »Er ist sauer wegen der Strafarbeit und will nicht mehr in die Schule.« »Er ist mit einem Kinderschänder mitgegangen und muß jetzt alles der Polizei erzählen.« Die verrücktesten Dinge.

Mein Vater kam zum Zeichenunterricht in die Klasse.

»Jan Punt, gib deine Strafarbeit ab«, sagte er.

Es passierte nichts.

»Was ist los?« sagte mein Vater.

Friso Ringers hob die Hand: »Jan Punt ist nicht in die Schule gekommen, Herr Lehrer.«

Mein Vater blickte erstaunt. »Ach ja? Wenn er nur nicht glaubt, daß er so davonkommt. Sagt Jan Punt, daß er seine Strafarbeit morgen in der Klasse von Herrn d'Arny abgeben soll, denn dort gebe ich dann Unterricht. Nun denn, Kinder, wir werden heute ein Gesicht zeichnen. Aber es soll kein normales Gesicht werden, sondern ein Zahlengesicht. Ihr wißt natürlich, daß jede Zahl eigentlich einen eigenen Charakter hat, und deshalb ...«

In der Pause wußte es die ganze Schule: Jan Punt ist am letzten Abend nicht nach Hause gekommen. Ein großer Kreis von Kindern stand um Rinus herum. »Wann ist er aus dem Haus gegangen?« »Ist die Polizei schon dagewesen?« »Hat er gesagt, wann er zurückkommt?«

Herr d'Arny ging zu ihnen hin.

»Ihr sollt Rinus in Ruhe lassen«, sagte er. Er nahm ihn an der Hand und brachte ihn zum Rand des Schulhofs.

Niemand spielte.

Ich ging zu einer Gruppe von Jungen aus meiner Klasse. Sie standen bei dem Floß, das Jan Punt letzten Montag gezeichnet hatte.

»Ich glaube, daß er in die Hütte von den Pfadfindern eingebrochen ist und daß die Polizei ihn dann geschnappt hat«, sagte Friso Ringers.

»Daran ist das Zeichenmännchen schuld«, sagte Piet Ammer.

»Du lügst«, sagte ich.

»Bäume mit violetten Stämmen und blauen Blättern! Dein Vater ist verrückt!«

»Und dein Vater ist ein blöder Schafskopf!«

Piet Ammer gab mir einen Schubs. Sofort wälzten wir uns über den Boden. Ich schlug blindlings und ohne zu spüren, ob ich selbst getroffen wurde.

Wir wurden von Herrn Ligtveld und ein paar Jungen getrennt. Wir bekamen keine Strafe.

Am nächsten Tag kam Jan Punt wieder nicht in die Schule. Am Abend stand in der Zeitung: »Junge (11) vermißt.« Daneben war ein Foto, aber das ähnelte ihm überhaupt nicht. Der vermißte Junge litt an Diabetes, aber hatte dennoch die Angewohnheit, mit Flößen zu fahren. Man befürchtete ein Unglück.

Meine Mutter kam in mein Zimmer. Ich saß am Schreibtisch, sie setzte sich auf den Rand meines Bettes.

»Was ist los?« fragte ich.

»Nichts Bestimmtes. Ich bin einfach so zu dir gekommen.«

Wir sagten eine ganze Weile nichts. Dann fragte ich: »Glaubst du, daß Jan Punt nicht in die Schule kommt, weil er böse ist auf Papa?«

Rinus Punt kam weiterhin zur Schule. Neuigkeiten hatte er nicht. Er ging hin und her über den Hof, allein. Wir sollten ihn in Ruhe lassen.

Einmal legte er sich auf den Rücken, neben den Rasen. Er hatte die Augen geschlossen und seine Hände über dem Bauch gefaltet.

Ich stellte mich vor ihn hin, den Rücken ihm zugewandt und das Gesicht in Richtung Schulhof, die Arme verschränkt.

Am Samstag wollte ich raus auf die Straße, aber mein Vater war damit nicht einverstanden. »Solange wir nicht wissen, was mit Jan Punt passiert ist, kann es hier in der Gegend gefährlich sein«, sagte er.

Ich ging in mein Zimmer. Ich nahm ein Blatt Papier und schrieb: *Ich darf keine Pferde mehr zeichnen.* Ich schaute mir den Satz an und las ihn noch einmal. Ich schrieb ihn noch einmal darunter. Und noch einmal, und noch einmal, bis zum Essen.

Mein Vater kam in die Klasse und blickte auf den leeren Platz von Jan Punt.

»Heute«, sagte er, »zeichnen wir alle ein Pferd.«

Jedes Geräusch in der Klasse verstummte.

Mein Vater redete weiter, aber meine Gedanken waren bei dem stehengeblieben, was er zuerst gesagt hatte: »Heute zeichnen wir alle ein Pferd.«

Er bemerkte den Schrecken in der Klasse. »Aber das mit dem Pferd, das habe ich natürlich nicht ernst gemeint«, sagte er. »Das war ein Scherz. Nun gut, vielleicht kein sehr gelungener Scherz.« Er schwieg kurz, zögernd. »Gut, es tut mir leid. Wir zeichnen heute... laßt mich eben nachdenken.«

Die Klasse starrte ihn an.

Es mußte etwas geschehen. Ich wußte, daß *ich* jetzt etwas tun mußte. Es war mein Vater. Während ich noch überlegte, was ich tun sollte, tat ich schon von selbst etwas.

Ich nahm mein Blatt Papier, hielt es hoch, so daß mein Vater es gut sehen konnte, und riß es in Fetzen.

»Louis«, sagte mein Vater leise.

Ich hörte das Geräusch von noch mehr reißendem Papier. Ich schaute mich um. Jan Michael, Kees Wampuis, Kees Duvekot, Lia Smeets, Jolanda Verdissel, Piet Ammer, Roel Hoenderdos, Jan Taylor Kraai, alle rissen sie ihr Blatt Papier in Stücke, und die Schnipsel warfen sie auf den Boden.

Niemand sagte etwas.

»Ich habe einen Fehler gemacht«, sagte mein Vater. »Ich habe mich dafür entschuldigt. Dabei hätten wir es belassen können. Aber das hier muß ich Herrn Lemeler melden.« Er packte seine Tasche unter den Arm und ging aus dem Raum.

In der Klasse geschah nichts. Wir saßen still. Nach einer Weile stand Lia Smeets auf und sammelte die Papierfetzen ein. Sie machte eine große Kugel daraus und warf sie in den Papierkorb.

Danach setzte sie sich hin. Es blieb ruhig, bis Herr Ligtveld in die Klasse kam.

»Zeichnen fällt heute aus«, sagte er. »Holt eure Rechenbücher hervor.«

Mittags stand mein Vater am Ausgang und wartete auf mich. Ich erschrak und wollte weglaufen, aber er hatte mich bereits gesehen.

»Komm her«, rief er.

Ich ging zu ihm hin. Bei jeder seiner Bewegungen dachte ich, daß er mich schlagen wollte, aber dem war nicht so.

»Nun, das war meine letzte Zeichenstunde«, sagte er. »Danke schön, Louis.«

»Was hat Herr Lemeler denn gesagt?«

»Daß ich rausgeworfen bin.«

»Warum?«

»Ach, dummer Junge. Wenn ich etwas falsch mache in der Klasse, ist das schon schlimm genug. Dann brauche ich dich nicht auch noch, damit es jeder mitbekommt.«

»Das ist deine eigene Schuld. Dann hättest du nicht so gemein zu Jan Punt sein müssen«, rief ich, und ich rannte ein ganzes Stück von ihm weg. Bei einer Grünanlage blieb ich stehen. Er blieb auch stehen. So schauten wir uns eine Zeitlang an.

Schließlich zuckte er mit den Achseln. Er winkte mir zu und rief:

»Komm doch zurück, ich tu dir wirklich nichts.« Ich lief wieder zu ihm hin.

»Ich mache auch meine Fehler«, sagte er, und er legte seinen Arm um mich. So machten wir uns auf den Weg nach Hause.

»Das war doch nichts für mich, Unterricht in der Schule geben«, sagte er. »Weißt du was, sollen wir Mama überraschen?«

An einem Stand kaufte er einen Blumenstrauß.

Als nachmittags schon eine halbe Stunde wieder Unterricht war, sahen wir durch das Tor der Schule einen Mann auf den Schulhof kommen. Er ging in das Büro von Herrn Lemeler. Kurz danach kamen sie zusammen heraus. Herr Lemeler ging zu Herrn d'Arnys Klasse, gegenüber von uns. Er klopfte an. Herr d'Arny ging zur Tür. Sie sprachen kurz miteinander. Danach ging Herr d'Arny zurück in seine Klasse. Er sagte etwas, und Rinus Punt stand auf. Er suchte seine Sachen zusammen und steckte sie in seine Tasche. Danach ging er aus der Klasse. Er ging mit dem fremden Mann zum Ausgang der Schule. Die ganze Klasse blickte ihnen nach, bis sie hinter dem Tor verschwanden. Herr Lemeler klopfte an unsere Tür. Herr Ligtveld ging zu ihm hin und kam kurze Zeit später wieder in die Klasse.

Er schüttelte seinen Kopf.

»Ihr werdet es schon ahnen«, sagte er langsam. »Heute morgen haben sie Jan Punt bei den Gaswerken gefunden. Er ist ertrunken.«

Es blieb vollkommen still.

»Dieser Jan Punt«, sagte Herr Ligtveld. »Dieser Jan Punt.« Er setzte sich hin, stand jedoch sofort wieder auf. Kein Laut in der Klasse.

»Wir können jetzt natürlich keinen Unterricht geben«, sagte

Herr Ligtveld. »Wir sollten nach Hause gehen. Ich werde Herrn Lemeler darum bitten.«

Aber er ging nicht aus der Klasse. Er blieb stehen. »Wer weinen will, darf weinen«, sagte er.

Wir bekamen die ganze Woche frei. Jan Punt wurde am Mittwoch begraben. Die Klasse wurde nicht gebeten zu kommen.

In dieser Woche wußte ich meistens nicht, was ich tun sollte. Ich setzte mich oft an meinen Schreibtisch und schrieb an der Strafarbeit weiter. Ich bekam über zweitausend Sätze zusammen. Donnerstag nachmittag kam mein Vater zu mir. Er hatte etwas für mich gekauft. Es war die lila Briefmarke aus Australien mit der Welt darauf.

»Wenn du willst, gehen wir zusammen zu Jan Punts Grab«, sagte er.

Wir fuhren mit der Straßenbahn durch die ganze Stadt. Erst an der Endstation stiegen wir aus. Danach mußten wir noch ein Stück gehen. Wir kamen an einer Schule vorbei. Drinnen saßen die Kinder bei der Arbeit, ich hatte frei.

Durch große Eisentore gelangten wir auf den Friedhof. Wir gingen an den Gräbern vorbei. Ich versuchte an den Jahreszahlen zu erkennen, ob jemand dabei war, der über hundert Jahre alt geworden war.

Auf einer Bank gegenüber einem Grabstein setzten wir uns hin. Es war der Grabstein von jemandem, der fünfunddreißig Jahre alt geworden war. Auch auf den anderen Gräbern, die ich von unserer Bank aus sehen konnte, stand nichts von Jan Punt.

»Hier liegt Jan Punt überhaupt nicht«, sagte ich.

»Er liegt gerade hier«, sagte mein Vater. »Ich werde es dir erklären. Begraben ist etwas Christliches. Es wird nur getan, um den Menschen ihren Kummer einzubläuen und ihnen auf diese Weise angst zu machen. Denn wenn sie richtig Angst haben, werden sie auch christlich. Um in den Himmel oder in die Hölle zu kommen. Sie kommen noch lieber in die Hölle, als daß sie zugeben, daß es nach dem Leben nichts mehr gibt. Aber da ist nichts. Jan Punt ist jetzt nirgendwo mehr. Aber das ist gerade ein Grund, weniger traurig zu sein! Denn das gilt für alle Menschen, Sterben ist das einzige, worin alle Menschen gleich sind. Durch Sterben beweist man, daß man dazugehört. Das hat Jan Punt nun auch getan. Deshalb liegt er doch ein bißchen unter diesem Stein. Denn jeder Grabstein erinnert daran, daß alle Menschen zueinander gehören. Und wenn du das richtig verstehst, bist du weniger traurig.«

Er hatte versprochen, mir das Grab von Jan Punt zu zeigen, und er hatte sein Versprechen nicht gehalten. Wenn ich das gewußt hätte, wäre ich nicht mitgegangen.

Wir blieben noch eine Weile sitzen. Wind kam auf. Es begann zu nieseln, und kurze Zeit später stürzte ein gewaltiger Regenschauer herab, der erste nach Wochen.

Wir flüchteten.

Nachmittags war es trocken. Ich packte meine ganze Strafarbeit zusammen. Es waren fast hundert Blätter. Ich machte eine dicke Rolle daraus, tat ein Gummi drum und steckte sie ein. Danach ging ich raus.

Ich lief am Kanal entlang, und wo er in die Amstel mündete, bog ich rechts ab. Ich ging am Ufer entlang bis zu den Gaswerken. Dort nahm ich die Fähre.

Ich schaute ins Wasser. Sollte es wahr sein, was Piet Ammer erzählte, daß Jan Punts Kopf nicht mehr dran gewesen war? Daß sie ihn woanders gefunden hatten und daß sie ihn im Sarg wieder dazugelegt hatten?

Auf der anderen Seite ging ich nach rechts. Durch den Sand und die Grasbüschel des verwilderten Landstücks lief ich zum Wasserloch mit den Betonpfählen.

Es war still. Das Wasser gluckerte leise. Ich ging zu dem Schutthaufen und schaute dahinter. Jans Floß war nicht da. Ich hob den großen weißen Stein hoch, unter dem er seinen Hammer und seine Nageldose aufbewahrt hatte. Sie lagen noch da.

Ich setzte mich hin und öffnete die Dose. Sie war halb voll mit Nägeln, die meisten verrostet. Auch die Stricke waren noch drin. Darunter sah ich etwas Weißes. Ich holte es heraus. Es war ein Briefchen. Darauf stand:

Wenn mir etwas zustoßen sollte, stelle ich meinen Körper der Wissenschaft zur Verfügung.

Darunter stand, mit einem anderen Stift geschrieben und deshalb wahrscheinlich später:

Wenn mir etwas zustoßen sollte und jemand dies findet, soll er Jolanda Verdissel sagen, daß ich sie liebe. (Jolanda Verdissel ist in meiner Klasse.)

Ich steckte das Briefchen ein und legte die Rolle mit der Strafarbeit in die Nageldose. Ich schloß sie und band einen von Jans Stricken um sie herum. Danach ging ich weg. Ich nahm die Dose mit.

Als die Fähre mitten auf der Amstel war, warf ich die Dose über die Reling. Sie ging kurz unter, tauchte aber sofort wieder auf und trieb weiter.

Ich wollte ihr nachblicken, bis sie sinken würde. Aber als ich wieder an der Stadtseite der Amstel war, sah ich sie noch immer in der Mitte. Langsam trieb sie mit dem Strom.

Ich beschloß zu warten, bis ich die Dose nicht mehr sehen konnte.

Cees Nooteboom
Onkel Antonin Alexander

Mein Onkel Antonin Alexander war ein merkwürdiger Mann. Als ich ihn zum erstenmal sah, zählte ich zehn Jahre und er etwa siebzig. Er wohnte im Gooiland in einem häßlichen, schrecklich großen, mit den seltsamsten, überflüssigsten und abscheulichsten Möbeln vollgestopften Haus. Ich war damals noch sehr klein, und ich reichte nicht bis zur Glocke. An die Tür zu klopfen oder mit dem Briefkasten zu klappern, wie ich es anderswo immer tat, wagte ich hier nicht. Ratlos lief ich schließlich einfach um das Haus herum. Dort saß mein Onkel Alexander in einem wackeligen, mit verschossenem violettem Plüsch überzogenen und mit drei gelblichen Schutzdeckchen belegten Lehnstuhl. Und er war wirklich der merkwürdigste Mann, den ich je gesehen habe. An jeder Hand trug er zwei Ringe; und erst später, als ich nach sechs Jahren zum zweitenmal kam, um bei ihm zu bleiben, erkannte ich, daß ihr Gold Kupfer war und die roten und grünen Steine – »Ich habe einen Onkel, der trägt Rubine und Smaragde« – gefärbtes Glas.

»Bist du Philipp?« fragte er.

»Ja, Onkel«, sagte ich zu der Gestalt in dem Stuhl. Ich sah bloß die Hände. Der Kopf war im Schatten.

»Hast du mir etwas mitgebracht?« fragte die Stimme weiter. Ich hatte nichts mitgebracht, und ich antwortete: »Ich glaube nicht, Onkel.«

»Du mußt doch etwas mitbringen.«

Ich denke nicht, daß ich das damals töricht fand. Wenn jemand kam, mußte er eigentlich etwas mitbringen. Ich stellte mein Köfferchen hin und ging zurück, der Straße nach. Im Garten neben dem meines Onkels Alexander hatte ich Azaleen gesehen, und ich schlich mich vorsichtig durch die Gittertür und schnitt mit dem Taschenmesser ein paar Blüten ab.

Zum zweitenmal stand ich vor der Terrasse.

»Ich habe Blumen für dich mitgebracht, Onkel«, sagte ich. Er stand auf, und jetzt erst sah ich sein Gesicht.

»Das rechne ich dir besonders hoch an«, erklärte er und machte eine kleine Verbeugung. »Wollen wir ein Fest feiern?«

Er wartete meine Antwort nicht ab und zog mich an der Hand ins Haus hinein. Irgendwo knipste er ein kleines Lämpchen an, so daß gelbliches Licht die wunderliche Stube füllte. Dieser Raum war in der Mitte voll von Stühlen; an den Wänden standen drei Sofas mit einer Menge weicher Kissen, hellbraun und grau. Vor der Wand mit den Terrassentüren stand eine Art Klavier, von dem ich später erfuhr, daß es ein Cembalo war.

Er setzte mich auf ein Sofa und sagte: »Leg dich schön hin, nimm dir aber viele Kissen!« Er selbst legte sich auf ein anderes Sofa, an der Wand mir gegenüber; und nun konnte ich ihn nicht mehr sehen wegen der hohen Rücken der Stühle, die zwischen uns standen.

»Wir wollen also ein Fest feiern«, sagte er. »Was tust du gern?«

Ich las gern, und ich schaute gern Bilder an; aber das kann man auf einem Fest nicht machen, dachte ich – sagte es jedoch nicht. Ich überlegte eine Weile und erklärte: »Spät am Abend in einem Autobus fahren, oder in der Nacht.«

Ich wartete auf eine Zustimmung; doch sie kam nicht.

»Am Wasser sitzen«, meinte ich, »und im Regen spazierengehen und manchmal jemanden küssen.«

»Wen?« fragte er.

»Niemanden, den ich kenne«, erwiderte ich; aber das stimmte nicht. Ich hörte, wie er aufstand und auf mein Sofa zuging.

»Wir feiern jetzt ein Fest«, erklärte er. »Wir fahren zuerst mit dem Autobus nach Loenen und dann wieder zurück nach Loosdrecht. Dort setzen wir uns ans Wasser, und vielleicht trinken wir auch etwas. Dann fahren wir wieder mit dem Bus heim. Komm!«

So habe ich meinen Onkel Alexander kennengelernt. Er hatte ein altes weißliches Gesicht, an dem alle Linien abwärts liefen, eine schöne schmale Nase und dichte schwarze Brauen, die wie alte, zerzauste Vögel aussahen.

Sein Mund war lang und rosarot; und meist trug mein Onkel Alexander ein Judenkäppchen, obwohl er kein Jude war. Ich glaube, er hatte unter dem Käppchen keine Haare; aber das weiß ich nicht bestimmt. An diesem Abend gab es das erste richtige Fest, das ich je mitgemacht habe.

Es waren fast keine Leute in dem Bus. Und ich dachte: Ein Autobus in der Nacht ist wie eine Insel, auf der man beinahe allein wohnt. Man kann sein Gesicht in den Fenstern sehen; und man hört das leise Reden der Menschen, wie Farbtupfen in dem Summen des Motors. Das gelbe Licht der kleinen Lämpchen macht die Dinge innen und außen anders, und das Nickel klirrt wegen der Steine auf der Straße. Weil es so wenig Leute sind, hält der Bus fast nie; und man muß dann denken, wie er wohl von außen her aussehen mag, wenn er über den Deich fährt, mit den großen Augen vorn, den gelben Quadraten der Fenster und dem roten Licht hinten.

Mein Onkel Alexander setzte sich nicht neben mich; er nahm in einer ganz anderen Ecke Platz. »Sonst ist es nämlich kein Fest mehr, wenn man miteinander reden muß«, sagte er. Und das ist wahr. Als ich von hinten her in die Windschutzscheibe schaute, sah ich ihn sitzen. Es war, als schliefe er; aber seine Hände strichen über das Köfferchen, das er mitgenommen hatte. Ich hätte ihn gern gefragt, was darin war; aber ich dachte, er würde es vielleicht doch nicht sagen.

In Loosdrecht stiegen wir aus und gingen, bis wir an das Wasser kamen. Dort öffnete mein Onkel Alexander das Köfferchen und nahm ein Stück altes Segeltuch heraus, das er über das Gras breitete, weil es so naß war.

Wir setzten uns dem Monde zu, der vor uns grünlich im Wasser schwankte, und hörten das Schlurfen der Kühe auf der Wiese jenseits des Deiches. Es waren auch Nebelfetzen und kleine Dunstschleier über dem Wasser und seltsame kleine Geräusche in der Nacht, so daß ich zuerst nicht merkte, daß mein Onkel anscheinend leise weinte.

Ich sagte: »Weinst du, Onkel?«

»Nein, ich weine nicht«, entgegnete mein Onkel; und nun wußte ich sicher, daß er weinte. Und ich fragte ihn: »Warum bist du nicht verheiratet?« Aber er erklärte: »Ich bin ja verheiratet. Ich habe mich selbst geheiratet.« Und er trank etwas aus einer kleinen flachen Flasche, die er in seiner Innentasche hatte; Courvoisier stand darauf, aber das konnte ich damals nicht aussprechen. Dann fuhr er fort: »Ich bin ja verheiratet. Hast du vielleicht schon von den Metamorphosen des Ovid gehört?«

Ich hatte noch nie etwas davon gehört; doch er meinte, das sei kein Unglück, denn eigentlich hätten sie gar nicht soviel damit zu tun.

»Ich habe mich selbst geheiratet«, wiederholte er. »Nicht mich selber, wie ich damals war, sondern eine Erinnerung, die zu meinem Ich geworden ist. Verstehst du das?« fragte er.

»Nein, Onkel«, gestand ich.

»Gut«, sagte mein Onkel Alexander. Und er erkundigte sich, ob ich Schokolade gern hätte. Aber ich machte mir nichts aus Schokolade, so daß er die Tafeln, die er für mich mitgenommen hatte, selbst aufaß.

Dann falteten wir gemeinsam das Segeltuch wieder zu einem kleinen rechteckigen Päckchen und taten es in den Koffer. Über den Deich schlenderten wir zurück zur Autobushaltestelle; und als wir zu den Häusern der Menschen kamen, rochen wir den Jasmin, und wir hörten, wie das Wasser leise gegen die kleinen Ruderboote am Landeplatz schlug. An der Haltestelle sahen wir ein Mädchen in rotem Kleid; die Kleine verabschiedete sich von ihrem Freund. Ich sah, wie sie ihm mit rascher Geste die Hand an den Nacken legte und seinen Kopf zu ihren Lippen zog. Sie küßte ihn auf den Mund, aber ganz kurz, und stieg dann eilends in den Bus. Als wir in den Wagen kamen, war sie schon ein anderer Mensch geworden.

Mein Onkel Alexander setzte sich neben mich; und daran erkannte ich, daß nun das Fest zu Ende war. In Hilversum half der Schaffner ihm aussteigen; denn er war sehr müde geworden, und er sah ganz, ganz alt aus.

»Heute nacht spiele ich für dich«, sagte er. Es war nämlich Nacht geworden, und auf der Straße herrschte tiefe Stille.

»Wie meinst du das, spielen?« fragte ich; aber er gab keine Antwort. Eigentlich achtete er nicht mehr so recht auf mich, auch nicht, als wir wieder zu Hause waren im Zimmer.

Er setzte sich an das Cembalo, und ich stellte mich hinter ihn und schaute ihm auf die Hände, die das Schlüsselchen zweimal umdrehten und dann den Deckel öffneten.

»Partita«, sagte er, »Sinfonia.« Und er begann zu spielen.

Ich hatte das nie zuvor gehört, und ich dachte, nur mein Onkel Alexander könnte so etwas. Es klang wie sehr lange vergangen; und als ich mich wieder auf mein Sofa legte, rückte es ganz weit weg.

Ich konnte im Garten allerlei Dinge sehen; und es war, als gehörte das alles zu der Musik und zu dem leisen Schnauben meines Onkels Alexander.

Ab und zu sagte er unvermittelt etwas.

»Sarabande«, rief er, »Sarabande.« Und später: »Menuett.«

Der Raum füllte sich mit den Klängen; und weil ich spürte, daß es fast zu Ende war, wünschte ich mir, der Onkel sollte nie mehr aufhören. Als er den letzten Ton angeschlagen hatte, hörte ich, wie er keuchte; er war ja schon ein alter Mann. Eine kleine Weile blieb er so sitzen; dann aber stand er auf und wandte sich zu mir. Seine Augen leuchteten, und sie waren ganz groß und dunkelgrün; und er gestikulierte lebhaft mit den großen weißen Händen.

»Warum stehst du nicht auf?« sagte er. »Du mußt aufstehen.«

Ich stand auf und ging zu meinem Onkel hin.

»Das ist Herr Bach«, stellte er vor.

Ich sah niemanden; aber der Onkel mußte wohl ganz bestimmt jemanden sehen, denn er lachte so merkwürdig und sagte: »Und das ist Philipp, Philipp Emanuel.«

Ich wußte nicht, daß ich auch den Vornamen Emanuel trug; aber später erzählte man mir, mein Onkel Alexander habe bei meiner Geburt darauf gedrungen, weil einer von Bachs Söhnen so hieß.

»Gib Herrn Bach die Hand«, befahl mein Onkel. »Geschwind, gib ihm doch die Hand!«

Ich glaube nicht, daß ich Angst hatte – ich streckte den Arm in die Luft und tat, als schüttelte ich eine Hand. Da erblickte ich plötzlich an der Wand einen Stich: ein dicker Mann mit einer Menge Locken, der mich freundlich, aber von sehr weit her ansah.

›Johann Sebastian Bach‹ stand darunter.

»So ist's recht«, sagte mein Onkel. »So ist's recht.«

»Darf ich jetzt schlafen gehen, Onkel?« fragte ich; ich war sehr müde.

»Schlafen gehen? Ja, natürlich – wir müssen zu Bett«, sagte er. Und er führte mich in eine kleine Kammer mit gelber, kleingeblümter Tapete und einer alten eisernen Bettstelle mit Messingknaufen.

»In dem grauen Schränkchen ist ein Nachtgeschirr«, sagte er und ging fort. Ich fiel sofort in Schlaf.

Am Morgen erwachte ich, weil die Sonne durch die Fensterscheiben wärmte. Ich rührte mich nicht; denn da gab es viele merkwürdige Dinge.

Neben mir auf dem grauen Schränkchen standen die Azaleen, die ich am Abend für meinen Onkel Alexander gepflückt hatte. Beim Schlafengehen waren sie nicht da gewesen, das wußte ich bestimmt – also mußte er sie in der Nacht, während ich schlief, hingestellt haben.

An der Wand hingen vier Sachen. Ein Stück Zeitung, sorgsam ausgeschnitten und mit vier Messingzwecken befestigt. Das Papier war ganz vergilbt, aber ich konnte es noch gut lesen. Es trug die Überschrift »Schiffsabfahrten und -standorte 12. September 1910«. Daneben hing ein alter Farbdruck unter Glas, in schwarzlackiertem Rahmen. Zwischen Bild und Glas hatte sich viel Staub abgesetzt, so daß die Farben matt geworden waren. »Return from School« stand darauf, und ein Junge in Kniehose und mit breitkrempigem Hut sprang aus einer zweispännigen Kutsche und lief rasch auf seine Mutter zu, die an der Tür mit ausgebreiteten Armen auf ihn wartete. Im Garten des Hauses blühten große gelbe und blaue Blumen, die ich noch nie in Wirklichkeit gesehen hatte.

An der anderen Wand hing ein Schwimmdiplom A, Brust- und Rückenschwimmen; und mit dünnen, spitzen Buchstaben stand darauf: »Inhaber Paul Sweeloo«. Knapp darüber hing, auf Pappe aufgezogen, ein großes, vergilbtes Foto eines indonesischen Jungen mit klaren, großen Augen und Ponyfransen in der Stirn, wie ich sie habe.

Ich stieg langsam aus dem Bett, um hinunterzugehen.

Die Kammer ging auf einen langen Korridor hinaus, auf den sich noch viele andere Zimmer öffneten. An allen Türen horchte ich, ob mein Onkel Alexander vielleicht irgendwo drinnen war; und ich versuchte, auch durch die Schlüssellöcher zu spähen, doch das gelang nicht.

Mit beiden Händen am Geländer lief ich die Treppe hinunter und blickte in die Diele. Es war ganz still im Haus, und mir wurde ein wenig bange, denn ich wußte nicht mehr, welche von den Türen die gestrige war.

Deshalb nahm ich mein Taschenmesser, klappte die Klinge heraus und legte es flach auf das Parkett der Diele.

Dann versetzte ich es in rasche Umdrehung und wartete, bis es stillstand. Überall waren Türen, und die Tür, auf welche die Spitze meines Taschenmessers wies, wollte ich öffnen. Es war die Tür des Zimmers mit den Sofas; denn als ich ganz sachte die Klinke gedrückt hatte und die Tür einen Spalt offenstand, hörte ich meinen Onkel Alexander schlafen. Er lag noch angekleidet auf dem Sofa, den Mund offen und die Knie ein wenig angezogen. Die Arme hingen ihm schlaff hinunter, so daß die Hände den Boden berührten. Ich konnte den Onkel jetzt sehr genau sehen und bemerkte, daß er einen schwarzen Rock trug und eine Hose ohne Umschlag – »gestreifte Hose« sagt man dazu; die Männer tragen sie, wenn sie heiraten oder wenn sie zu einem Begräbnis gehen oder wenn sie sehr alt geworden sind wie mein Onkel Antonin Alexander.

Weil ich fürchtete, er könnte aufwachen, schloß ich wieder behutsam die Tür, damit das Schloß nicht klickte; und ich ging wieder in meine Kammer hinauf.

Und jetzt sah ich die Bücher – Paul Sweeloos Bücher. Es waren nicht viele; und bei den meisten konnte ich damals die Titel noch nicht lesen; aber sechs Jahre später, als ich in der gleichen Kammer schlief, habe ich sie mir einmal aufgeschrieben. Das erste in der Reihe hieß *Deutsches Jahrbüchlein für Zahnärzte 1909*.

Darinnen stand: »Für Paul Sweeloo, von...«; doch das konnte ich nicht entziffern. Dann ein Band der Gesammelten Werke von Bilderdijk – »Für Paul Sweeloo, von Alexander, Deinem Freunde«. Ich verstand damals nicht recht, wie das Buch hierherkam; wenn man, so dachte ich, ein Buch verschenkt, behält man es doch nicht selbst?

Das nächste war Immanuel Kants *Kritik der reinen Vernunft* – »Für Paul Sweeloo, von Deinem Dir zugetanen...«; und wieder konnte ich den Namen nicht lesen.

So ging es weiter: *Histoire de la Révolution Française* in sieben Bänden von Michelet; *Die Architektur und ihre Hauptperioden* von Henri Eevers; *Le Rouge et le Noir* von Stendhal; *C. Busken Huets Briefe*, herausgegeben von seiner Frau und seinem Sohn; und schließlich ein ganz kleines altes Büchlein *Dell' Imitazione di Cristo. Di Tommaso da Kempis*.

In allen Büchern stand gleichlautend: »Für Paul Sweeloo, von...«; aber die Namen dahinter waren unleserlich.

Zwischendurch warf ich, gleichsam hilfesuchend, einen Blick auf das Porträt; aber der indonesische Junge sah mich seltsam an, und plötzlich wurde mir klar, daß ich in seinen Büchern blätterte. »Bist du Paul Sweeloo?« dachte ich; und ich stellte die Bücher wieder in den Schrank zurück, so daß sie mit ihren Rücken scharf ausgerichtet standen. Als ich das getan hatte, bemerkte ich, daß meine Hände voll dichten grauen Staubes waren.

Auf dem untersten Regal des Bücherschranks stand eine große Kiste; und da ich in meiner hockenden Stellung das Porträt mit seinen großen Augen doch nicht sehen konnte, hob ich vorsichtig den Deckel. Es war ein Grammophon.

Es war noch eine Platte aufgelegt, die Gralserzählung aus Lohengrin von Richard Wagner. Neben der Platte lag eine Handkurbel, die man draußen in den Kasten stecken und mit der man drehen mußte, um Musik zu bekommen. Ich fächelte mit meinem Taschentuch den Staub von der Platte und begann zu drehen. Die Musik war laut, und mißgünstig nahm sie von dem Raum Besitz, als wäre ich nicht mehr vorhanden.

Weil die Platte so laut spielte, hörte ich meinen Onkel Alexander erst, als er in der Tür stand: Er war gelaufen, keuchte und schrie: »Abstellen – du mußt die Platte abstellen.«

Er schob mich zur Seite, und in einer wilden oder vielleicht auch angstvollen Gebärde riß er den schweren Tonarm mit der Nadel von der Platte, so daß sie einen tiefen Kratzer abbekam und die Musik mit einem Aufkreischen abbrach, ganz plötzlich.

Mein Onkel Alexander wartete, bis er nicht mehr so keuchte; dann hob er behutsam, fast scheu, die Platte ab und ging mit ihr in eine Ecke des Zimmers.

»Ein Kratzer!« murmelte er. »Ein Kratzer auf der Platte!« Und als wäre es Staub, versuchte er, den Kratzer mit einer Manschette seines weißen Hemdes wegzuwischen. Ich zog die Kurbel aus dem Loch und legte sie in den Grammophonkasten zurück. Dann ging ich hinunter.

Draußen spielten Kinder. Von der Terrasse her hörte ich sie rufen:

»Wer spielt mit uns Zauberhexe?
Wer spielt mit uns Zauberhexe?«

Durch die Sträucher hinter dem Gitter konnte ich die Kinder gut sehen. Es war ein braunes Mädchen mit sehr langem hellblondem Haar in einem lichtblauen, ärmellosen Kleid. Der Junge war klein und hatte ein schmales, altkluges Gesicht mit grauen Augen. Er hinkte ein wenig.

Als das Mädchen dicht an die Stelle des Gitters kam, wo ich stand, trat ich aus dem Gebüsch und sagte: »Ich möchte gern mitspielen, aber ich weiß nicht, wie es geht.«

»Wer bist du?« fragte die Kleine.

»Ich bin Philipp Emanuel.«

»Das ist ein dummer Name«, erklärte der Junge, der auch hinzugetreten war. »Und du darfst nicht mitspielen, weil du Mädchenhaare hast.«

»Das ist nicht wahr«, widersprach ich. »Ich bin ein Junge.«

»Das ist schon wahr«, beharrte er und begann in quengelndem Tone zu singen:

»Philipp hat Mädchenhaare
Philipp ist du-umm
Philipp darf nicht mitspielen.«

»Gib Ruhe«, rief das Mädchen, »hör auf! Er kann schon mitspielen.«

»Er darf nicht.«

»Geh fort!« befahl sie. Und zu mir: »Kommst du mit?«

»Wohin?« fragte ich. Aber die Kleine zog die Brauen ganz hoch, so daß ihre Augen riesengroß wurden, und antwortete: »Nach Afrika natürlich.«

»Aber das ist doch viel zu weit.«

»Ach, du Idiot!« schrie der Junge. »Afrika ist doch überhaupt nicht weit. Es ist um die Ecke – in der nächsten Straße.«

»Halt den Mund!« sagte die Kleine. »Halt dein großes Dreckmaul!«

»Kommst du mit?« fragte sie mich wieder. Und ich kletterte über das Gitter und ging mit ihr, der Straße nach.

»Wenn er mitkommt, komm ich nicht wieder«, zeterte der Junge erbost, »weil er Mädchenhaare hat und nicht einmal weiß, wo Afrika liegt.«

Ich habe keine Mädchenhaare, wollte ich widersprechen, und ich weiß genau, wo Afrika liegt: um die Ecke, in der nächsten Straße; aber sie sagte: »Er kommt wieder.« Und wir zogen miteinander davon, während der Junge am Gitter stehenblieb und plötzlich zu schreien begann: »Philipp geht mit Ingrid. Ingrid geht mit Philipp.«

Wir sahen uns nicht um, und ich sagte zu ihr: »Stimmt das?«

»Ich weiß nicht«, entgegnete sie. »Ich muß noch darüber nachdenken. Hier um die Ecke ist Afrika.«

Es war ein Stück freies Gelände, auf dem in nächster Zeit Häuser gebaut werden sollten; es stand dort nämlich eine große Tafel: »Bauvorhaben. Häuser nach Fertigstellung zu verkaufen«.

Ingrid spuckte auf die Tafel. »Drecktafel!« sagte sie.

Der Boden war voll Löcher, und an einer Stelle stand eine große Pfütze, die ganz mit glitschigen, hellgrünen Wasserpflanzen überzogen war. Ferner gab es da und dort Flecken grauweißen, harten Sandes und einen kleinen Hügel aus fettiger, gelber Erde – Lehm, denke ich. Aber es standen auch Sträucher auf dem Platz und scharfkantiges hohes Gras mit etwas Bärenklau und Hahnenfuß dazwischen.

Ingrid durchquerte, vor mir her, Afrika auf einem schmalen Pfade und schlug mit einem Stock gegen die trockenen Blätter der Sträucher, so daß große Fliegen summend aufflogen.

Auf einem kahlen, offenen Fleck setzten wir uns hin.

»Hast du Proviant?« fragte sie. Aber ich hatte natürlich nichts.

»Dann müssen wir uns erst mit Proviant versorgen«, beschloß sie; und wir verfolgten wieder einen anderen Pfad, bis wir zu den Häusern kamen.

»In diesem Geschäft dort«, erklärte Ingrid, »haben sie keine losen Pfefferminztabletten, nur in Rollen. Du mußt da fragen: ›Haben Sie auch lose Plätzchen?‹«

»Warum?« fragte ich. »Wenn sie ja doch keine haben?«

»Ich sag dir's nicht«, erklärte sie. »Sonst traust du dich nicht mehr.«

»Und ob ich mich traue!« beteuerte ich. »Wenn ich es tue, bin ich dann dein Freund?«

Sie nickte bejahend.

Wir gingen hinein; und als die Glocke ausgeklingelt hatte, kam eine dicke Frau in glänzendschwarzem Kleid hervor.

»Haben Sie, bitte, lose Pfefferminzplätzchen, Frau Krämerin?« fragte ich. Aber sie hatte keine.

Draußen begann Ingrid plötzlich zu laufen, bis wir wieder um die Ecke bogen.

»Schau!« sagte sie, als wir stehenblieben. Und sie machte vorsichtig eine Hand ein wenig auf, und ich sah, daß sie die Hände voll Korinthen hatte, die sie jetzt behutsam in ihre Kleidertaschen gleiten ließ.

»Jetzt bin ich dein Freund«, erinnerte ich sie; und ich gab meiner Freundin die Hand, und wir gingen nach Afrika zurück. Und auf dem gelben Hügel, von dem aus wir ganz Afrika, bis an die Grenzen, sehen konnten, aßen wir die Korinthen. Meine Freundin Ingrid sagte nichts mehr und begann mich zu mustern.

Sie bewegte ganz langsam den Kopf, so daß ihr Haar die Arme entlang hin und her schwang. Aber es war, als bewegten sich ihre Augen nicht mehr. Während auch ich sie ständig betrachtete, zeigte ich mit der Hand nach rechts und sagte: »Diese Blumen dort, das ist Wiesenschaumkraut.«

Aber meine Freundin Ingrid schwieg und blickte mich bloß an.

So kam es, daß wir beide aus weiter Ferne eine Glocke hörten. Ingrid stand auf und ich auch. »Das ist die Glocke von unserem Haus«, sagte sie – und dann: »Ich will gern mit dir gehen.« Und mit noch offenem Munde küßte meine Freundin mich ganz rasch, so daß meine Lippen naß wurden und ich ihre Zähne spürte. Dann lief sie eilends davon. Ich ging erst später; und ich fand den Weg leicht, weil Ingrid überall Blätter von den Sträuchern und den Gartenhecken abgerissen hatte.

Beim Hause meines Onkels Alexander stak ein Briefchen an einer Spitze des Gitters. Ich öffnete das Schreiben und las: »Dein Onkel ist ein warmer Bruder.« In diesem Augenblick kam mein Onkel Alexander den Gartenweg heran, und ich knüllte das Papier in meine Tasche. »Wo warst du?« fragte er. »In Afrika, Onkel«, antwortete ich. »Mit meiner Freundin Ingrid.«

»Es ist Zeit für deinen Zug«, meinte er. »Hier ist dein Köfferchen.« Und er verschwand wieder in den Garten.

Es war wiederum die gleiche Jahreszeit, aber sechs Jahre später, als ich das zweite Mal zu meinem Onkel Antonin Alexander kam, jetzt, um bei ihm zu bleiben. Ich reichte nun leicht zur Glocke; aber da ich dachte, er würde wohl auf der Terrasse sitzen, ging ich um das Haus herum. Zuerst sah ich die Hände.

»Bist du es, Philipp?« fragte er.

»Ja, Onkel«, erwiderte ich.

»Hast du mir etwas mitgebracht?«

Ich gab ihm die Azaleen, die ich im Nebengarten abgeschnitten hatte.

»Das rechne ich dir besonders hoch an«, sagte er; und sitzend – er war jetzt noch älter geworden – machte er eine kleine Verbeugung, so daß sein Kopf für einen Augenblick ins Licht kam.

»Setz dich«, lud er mich ein. Aber es war kein Stuhl da, und so setzte ich mich zu seinen Füßen auf eine der Holzstufen zur Terrasse, mit dem Rücken zu ihm.

»Dieser Junge, der gesagt hat, daß du Mädchenhaare hast, war im Recht«, begann die Stimme hinter mir. »Daß der Junge es sagte, war eine Geste der Verteidigung – bring dir das wohl zu Bewußtsein! Die Menschen müssen sich gegen alles Fremdartige zur Wehr setzen.« Er hielt einen Augenblick inne; und der Garten und der Abend regten sich rings um uns.

»Sie ist alt, die Geschichte vom Paradies. Wir kennen sie alle sehr gut; und das ist nicht verwunderlich, denn die einzige wirkliche Begründung für unser Dasein ist die Hoffnung, wiederum in dieses Paradies zu kommen, obwohl das nicht möglich ist.« Er keuchte ganz leise. »Doch wir können ihm ganz nahe kommen, Philipp, näher, als die Leute glauben. Aber sobald jemand sich diesem nichtvorhandenen Paradies nähert, beginnen die Menschen sich dagegen zur Wehr zu setzen. Das Merkwürdige ist nämlich folgendes: die Augen der Menschen stehen verkehrt, die Linsen sind verkehrt geschliffen. Je mehr man sich deshalb jenem unerreichbaren Zustand der Vollendung nähert, desto kleiner wird man zwar – aber in den Augen der Menschen wird man dabei größer; und dagegen müssen sie sich zwangsweise zur Wehr setzen, weil sie immer die verkehrten Schlüsse ziehen.«

»Wenn ich Ringe trage« – und er hob die Hände mit den Ringen, von denen ich jetzt wußte, daß sie aus Kupfer und Glas waren –, »dann sagen die Leute, das sei Eitelkeit und ich hätte meiner Eitelkeit Zugeständnisse gemacht. Aber es gibt nichts dergleichen, wie der Eitelkeit Zugeständnisse machen – es gibt nur so etwas wie vor dieser Eitelkeit das Feld räumen; und das bedeutet ein Abbröckeln. Ich bröckele ab, weil ich meiner Eitelkeit Teile meines Selbst aufopfere; und dadurch werde ich kleiner. Für die Leute werde ich fremdartig und deshalb größer – vor mir selber jedoch werde ich im Laufe der Zeit immer gewöhnlicher und dadurch kleiner. Es ist so wie mit Inseln. Je kleiner die Insel, desto größer die Ausschließlichkeit – aber die kleinste Insel ist fast schon Meer. Und nicht die Menschen unserer Umgebung sind das Meer, sondern der Gott, der wir werden wollen, den wir vor uns sehen und der unseren Namen trägt, der ist das Meer: Wir leben ständig der eigenen Göttlichkeit entgegen. Das darfst du nie vergessen. Verstehst du, was ich meine?« fragte er.

»Nicht ganz, Onkel«, antwortete ich.

»Ich bin sehr müde«, sagte er. Und er fuhr fort, nun jedoch

sehr langsam: »Wir sind geboren, um Götter zu werden, und zugleich, um zu sterben; das ist verrückt. Das zweite ist nur für uns schrecklich, weil wir dadurch das erste nie erreichen können. Aber das erste ist für die anderen etwas Furchtbares. Ein Gott ist etwas Furchtbares, weil er vollkommen ist. Und vor nichts hat der Mensch solche Angst wie vor dem Vollkommenen und vor dem Fremdartigen, das ein Abglanz der Göttlichkeit ist, jener unendlichen Stufenleiter von Möglichkeiten, darunter der fremdartigsten. Und doch bleiben wir stets irgendwo stecken; es fällt schwer, das zugeben zu müssen.«

Er hielt inne, weil er nicht mehr sprechen konnte. Aber nach einer kleinen Weile sagte er ganz deutlich: »Und dann gibt es noch so etwas wie die Ekstase.«

»Verstehst du das«, fragte er, »was ich eben gesagt habe?«

Ich glaube nicht, dachte ich; und ich antwortete: »Ein wenig.«

Er nahm die Blumen aus seinem Schoß und stand auf. »Komm«, sprach er, »wir wollen ein Fest feiern.« Ich legte mich auf mein Sofa und er sich auf das seine.

»Ach, zum Teufel«, hörte ich ihn murmeln, »du bist so sterblich, mein Lieber. Aber du darfst nicht aufhören – versprich mir das! –, du darfst nicht aufhören – wahnwitzig zu sein und zu versuchen, ein Gott zu werden.«

Ich hörte, wie er lachte und dann leise zu singen begann:

»›Où allez-vous?‹
›Au Paradis!‹
›Si vous allez au Paradis, je vais aussi.‹«

»Sag das zu mir!« rief er. »Sag es schon!« Und ich sang:

»Où allez-vous?«

Und er antwortete voll drängenden Eifers:

»Au Paradis!«
»Si vous allez au Paradis, je vais aussi«,

versprach ich.

Und dann holte mein Onkel Alexander das Köfferchen, und wir nahmen den Bus nach Loenen und von dort nach Loosdrecht. Das Tiefland lag ruhig da, so wie immer des Abends. Und nachdem wir das Segeltuch über das Gras gebreitet hatten, weil es so naß war, tranken wir von dem Courvoisier und redeten nichts mehr.

Später, als es Nacht war, gingen wir zur Autobushaltestelle auf dem Deich; und diesmal war kein Mädchen in rotem Kleid dort.

Im Bus setzte sich mein Onkel Alexander neben mich. Und er sagte: »Dieses Mädchen, das den Jungen auf den Mund geküßt hat, war jetzt nicht da. Aber für uns ist es noch da, glaube ich; denn die Dinge, die uns umgeben, bleiben erfüllt von unseren Erinnerungen.«

»Übrigens ist der Mund nicht das Wichtigste – sondern die Hände. Hände sind das Schönste.«

Auf der Straße, nachdem wir ausgestiegen waren, sagte er: »Heute nacht spiele ich für dich.« Und als wir heimgekommen waren und er sich hinter das Cembalo setzte, war es, als wäre er nicht mehr müde.

»Partita Nummer zwei«, rief er. »Sinfonia.« Und während er sich wie ein großer, zerzauster Vogel über die Tasten duckte, flüsterte er: »Adagio grave.«

Ich lag auf meinem Sofa, den Kopf meinem Onkel zugekehrt, und lauschte dem kleinen, wehmütigen Klang der Kielfedern gegen die Saiten und dem Schnauben meines Onkels Alexander.

»Allemande«, sagte er. »Allemande, Courante, Sarabande – siehst du sie tanzen? Schön! Schön!«

Plötzlich wurde mir klar, daß ich niemanden unter den Menschen so liebhatte wie meinen Onkel Antonin Alexander, wenn ich zusah, wie er das Rondo spielte und für einen Augenblick den Kopf mit den großen grünen Augen zu mir wandte und flüsterte: »Vivace! Siehst du das? Oh!«

Nach dem letzten Teil, dem ungestümen Capriccio, blieb mein Onkel mit gesenkten Armen sitzen. »Ich sollte weiterspielen, aber ich kann nicht mehr«, erklärte er. Nach einer kleinen Weile stand er auf, und auch ich erhob mich von meinem Sofa. Seine Augen glänzten wieder und waren tief wie Wasser, als er sagte: »Das ist Herr Bach, Johann Sebastian Bach.«

Ich verbeugte mich und tat, als schüttelte ich eine Hand.

»Und das hier ist Vivaldi«, zeigte mein Onkel ins Zimmer, »Antonio Vivaldi... Domenico Scarlatti.« Und er nannte all die anderen Namen: »Geminiani, Bonporti, Corelli.« Und ich verbeugte mich und sagte: »Sono tanto felice... Philipp, Philipp Emanuel Vanderley. Es ist mir eine Ehre... Es ist mir ein Vergnügen.«

Nachdem ich ihnen allen die Hand gegeben hatte, fragte ich, ob ich schlafen gehen könne. »Ja«, erwiderte mein Onkel Alexander. »Du mußt ins Bett. Es ist spät geworden, weil sie alle gekommen sind. Geh nur hinauf; es ist die vierte Tür im Gang.«

Die Kammer war noch ganz unverändert. Und als ich in der Frühe erwachte, sah ich die Bücher noch so stehen, wie ich sie zurückgelassen hatte, und ich sah auch wieder die Azaleen neben meinem Bett. Und ich überlegte, wie es gewesen sein mochte, wenn mein Onkel Alexander nachts, während ich schlief, mich ansah; aber dann fiel mir ein, daß der Junge auf dem Porträt doch auch die ganze Nacht dagewesen war, an der Wand.

Er war nämlich noch da; nur fand ich, daß er vielleicht schöner geworden war.

Und plötzlich schien es, als sagte er zu mir: »Ich habe ein Geheimnis.«

Ich blickte ihn nochmals an. Aber er war wieder fremd geworden und sehr fern – und doch war mir gewesen, als hätte er sich eben mit der Hand durch das Haar gestrichen.

Ich hob den Deckel des Grammophons und nahm die Handkurbel heraus. Dann zog ich die Feder auf, und nachdem ich die Nadel auf die Platte gesetzt hatte, ging ich zur Tür, um meinen Onkel Alexander kommen zu hören. Seine raschen Schritte auf der Treppe wurden nun – durch das verzerrte Schreien des Tenors und das ärgerliche Knacken des Kratzers hindurch – vernehmbar.

Der Onkel riß die Tür auf. Rote Flecken waren in sein Gesicht getreten, und ich sah, daß seine Handflächen naß waren. Ja, und seine Lippen standen offen, und an den Mundwinkeln hing Speichel.

Aber mein Onkel Alexander zeterte nicht; und als ich die Platte abgestellt hatte, sagte er: »Ich werde dir alles erzählen.«

Der Junge an der Wand bewegte vielleicht den Mund; aber das kann ich mir auch nur eingebildet haben. Auf alle Fälle gingen wir hinunter in den Garten; und wir setzten uns auf eine Bank, mit den Füßen im nassen, hohen Gras.

»Er hieß Paul Sweeloo«, begann mein Onkel Alexander. »Und er war hier mit seinem Vater auf langem Urlaub aus Indonesien. Seine Mutter war eine Eingeborene; aber sie lebte, glaube ich, nicht mehr – jedenfalls war sie nicht dabei, und Paul sprach nie von ihr.

Er hat in diesem Hause gewohnt. Aber der Garten war damals viel größer und grenzte an den meinen, der dort lag, wo jetzt die neuen Häuser stehen. Ich sah den Jungen oft umhergehen; und weil er niemanden vermutete, sprach er immer laut. Ich konnte seine Worte nicht verstehen, da er nicht nahe genug zum Gitter kam. Wohl aber merkte ich, daß er nie lachte und daß er immer irgend etwas zwischen den Fingern zerknüllte oder Blätter abriß. Ich habe nie gewagt, ihn anzurufen; einmal jedoch kam er so dicht an meinem Garten vorbei, daß ich seine Worte verstand. ›Es ist niemand da‹, sagte er, ›überhaupt niemand.‹«

Mein Onkel Alexander schob sich auf der Bank hin und her und schlenkerte mit den Füßen durch das Gras, daß es raschelte.

»Ja«, sagte er, »und weil ich damals doch etwas gesprochen habe, sitze ich vielleicht jetzt hier auf seiner Bank. Ich habe nämlich gesagt: ›Das stimmt nicht. Ich bin da.‹ Der Junge hat sich umgedreht, und ich sah, daß er die Augen eines Tieres hatte, eines Raubtieres – es waren schwarze Augen, und als sie mich in meinem Garten gefunden hatten, ließen sie mich nicht mehr los. Er verzog den Mund und schüttelte wild den Kopf. ›Wer bist du denn?‹ fragte er und kam näher. ›Ich kenne dich ja gar nicht.‹

›Ich bin von dem Hause nebenan‹, antwortete ich und kletterte über das Gitter. Er half mir auf den Boden; ich konnte nämlich nicht besonders gut klettern.

›Du bist schon ein alter Mann‹, meinte er. ›Du hast ja schon ein bißchen graue Haare. Warum redest du mit mir?‹

›Du solltest nicht barfuß gehen‹, erklärte ich. ›Das Gras ist viel zu naß.‹

›Das ist mir gleich. Schau!‹ – und er ließ mich seine harten Fußsohlen sehen – ›In Indonesien gehe ich immer barfuß.‹ Und plötzlich stampfte er mit dem Fuß auf. ›Geh fort aus meinem Garten – du bist ein alter Mann!‹

Das ist jetzt schon vierzig Jahre her; aber er war damals zehn Jahre alt, und ich bin also viel älter gewesen.

›Dann hilf mir über das Gitter‹, forderte ich ihn auf.

›Nein‹, sagte er. ›Du kannst es selber sehr gut.‹ Aber es war ein hohes Gitter, und ich hatte Angst, ich könnte fallen und er würde dann lachen. Und darum erklärte ich: ›Ich habe etwas an meinem Bein.‹

Er trat vor, um mir zu helfen; und als er die Hände zu einem Auftritt für meine Füße verschränkte, spürte ich, wie stark er war.

›Deine Hände werden schmutzig werden von meinen Schuhen‹, warnte ich.

›Dann zieh sie eben aus‹, meinte er ungeduldig. ›Oder hast du vielleicht Angst, daß du nasse Füße kriegst?‹ Das war es nicht; aber ich dachte, meine Füße würden lächerlich alt und weiß aussehen im Vergleich zu den seinen.

›Laß nur!‹ lehnte ich ab. ›Ich bringe es schon allein zuwege.‹ Natürlich fiel ich hin, an meiner Seite des Gitters; als ich jedoch aufblickte, ob er wohl lache, bemerkte ich, daß er verschwunden war. ›He!‹ rief ich. ›Komm hervor, ich sehe dich ja doch.‹ Aber ich hatte nichts gesehen, und in seinem Garten rührte sich nichts. ›Ich bleibe hier stehen, bis du herauskommst‹, rief ich wieder. ›Ich bleibe hier die ganze Zeit stehen.‹«

»Ja«, sagte mein Onkel Alexander, »ich bin dort stehengeblieben und habe mir vorgestellt, wie lächerlich ich dem Knaben erscheinen mußte, der irgendwo nach mir spähte wie ein Jäger im Gebüsch. Meine Hose war zerrissen; und es hatte sachte zu regnen begonnen, so daß mir bald Kälte und Nässe zusetzten.

Plötzlich erhob sich auch noch ein Wind, wodurch der Baum, unter dem ich stand, seine Tropfen über mich versprühte. Aber die Bäume in dem Garten des Jungen regten sich nicht; und als ich ringsumher blickte, sah ich, daß auch die Bäume meines Gartens unter dem leise niederschleiernden Regen unbewegt dastanden. Und der Junge begann über meinem Kopf zu lachen und schüttelte die Äste noch stärker.

›Komm herunter!‹ rief ich. ›Du wirst gleich fallen.‹

›Ich falle nie‹, behauptete er. Und er ließ sich herabgleiten wie ein geschmeidiges Tier.

›Du mußt essen gehen‹, meinte er. ›Ich habe in deinem Haus einen Gong gehört.‹

›Willst du mitkommen und bei mir essen?‹ fragte ich; und ich dachte, er würde es nicht tun. Aber er antwortete: ›Eigentlich ja.‹ Und wir gingen in mein Haus essen. Bei Tisch sprach er nichts, und auch ich wußte nicht recht, was ich mit ihm reden sollte. Und mitten während des Essens stand er plötzlich auf und sagte: ›Jetzt muß ich zu mir essen gehen. Leb wohl.‹ Und er ging und zog die Tür hinter sich zu.

Am nächsten Tag saß ich in meiner Laube, die nahe dem Rande seines Gartens stand. Aber ich bekam den Knaben nicht zu Gesicht; auch an den folgenden Tagen nicht, so daß ich dachte, er wäre vielleicht heimgefahren nach Indonesien. Aber eine Woche später tauchte er plötzlich wieder auf. Ich saß in meinem Gartenhäuschen, als ich ihn rufen hörte. ›Hu-uh-hoi!‹ rief er und ließ die Stimme überschlagen, wie Kinder es tun, wenn sie einander rufen. ›Hu-uh! He, wo bist du?‹

Ich war erstaunt über seine äußere Erscheinung: er trug glänzend geputzte hohe Schuhe, lange schwarze Strümpfe und einen neuen, gestärkten Matrosenanzug.

›Warum bist du so schön?‹ fragte ich.

Er zuckte die Achseln. ›Ich möchte Geburtstag haben, heute.‹

›Hast du denn Geburtstag?‹

›Nein, natürlich nicht, Dämling. Ich sage doch: Ich möchte Geburtstag haben. Du mußt auch kommen, heute nachmittag;

und du mußt alle möglichen Leute mitnehmen. Mein Vater ist nicht zu Hause; und du mußt mit allen diesen Leuten kommen. An einem Geburtstag gibt es doch immer sehr viele Menschen, und die bringen dann Sachen mit.‹

›Wen soll ich denn mitnehmen?‹ fragte ich ihn.

›Deine Freunde natürlich. Du hast doch Freunde, und die kommen dann mit; und die sind genauso alt wie du.‹

›Aber ich habe keine Freunde‹ – ich war ganz verzweifelt.

›Lügner!‹ rief er und stampfte zornig mit dem Fuß auf. Jetzt war er sehr schön, weil seine Augen groß und weit aufgerissen waren. ›Du lügst. Bestimmt hast du Freunde.‹«

Mein Onkel Alexander seufzte. »Es war sehr peinlich«, erzählte er weiter, »aber ich habe ihm gesagt, daß ich zwar vielleicht ein paar Freunde hätte, daß die aber an einem gewöhnlichen Wochentag nicht würden kommen können.

Da hättest du ihn sehen sollen. Er wurde immer schöner vor lauter Zorn und schrie: ›Dann krieg ich nur von dir allein was!‹

›Nein, natürlich nicht‹, beschwichtigte ich ihn rasch. ›Meine Freunde geben mir doch etwas mit, wenn sie selbst nicht kommen können.‹

Er hielt den Kopf schief und kniff die Lippen zusammen.

›Ist das dein Ernst?‹ fragte er.

›Mein voller Ernst.‹

›Was geben sie dir denn mit? Ich möchte gern Bücher haben, in denen vorn drinnen steht, daß sie für mich sind.‹

›Was für Bücher?‹ erkundigte ich mich. Aber er zuckte die Achseln: ›Das ist mir gleich ... Nein‹ – und er überlegte einen Augenblick – ›am liebsten große oder, eh, deutsche.‹

›Kannst du denn die lesen?‹ fragte ich.

›Ach, hol dich der Kuckuck!‹ rief er und ging auf sein Haus zu. Unterwegs drehte er sich um und schrie: ›Um halb vier!‹

›Ja, um halb vier!‹ rief ich zurück.

Nachmittags hatte er seinen Matrosenanzug wieder abgelegt. ›Er tut mir am Hals weh, und er kitzelt überall. Und du kommst ja doch allein ... Was ist denn in diesem Koffer?‹

›Die Geschenke meiner Freunde.‹

›Ist es viel?‹ fragte er. ›Es ist ein großer Koffer, aber der ist natürlich nicht voll.‹

Ich ließ das Schloß aufspringen. Der Koffer war voll von Büchern – den Büchern, die du oben gesehen hast.

Er fuhr mit seiner Hand darüber hin.

›Die alle‹, flüsterte er. ›Die alle!‹ Und er wippte auf seinen Beinen hin und her und wiederholte dann zu mir: ›Die alle?‹

Er begann sie herauszunehmen und stellte sie in eine Reihe. ›Wer hat die alle hergegeben?‹ fragte er. Und ich ersann die Freunde, die ich nicht hatte, und betonte, es hätte ihnen schrecklich leid getan, daß sie nicht selbst kommen konnten.

Inzwischen zählte er die Bücher. ›Mein Gott!‹ rief er. ›Es sind viele. Aber das hier sind sieben gleiche, diese deutschen.‹

›Es sind französische‹, erklärte ich. ›Und sie sind nicht alle gleich; es sind verschiedene Bände von einem Werk.‹

›Wirklich?‹ fragte er.«

Mein Onkel Alexander blickte mich an, als erwartete er irgendeine Bemerkung von mir. Aber ich machte keine, weil ich Angst hatte, er würde dann nichts mehr von dem Grammophon erzählen. So blieb es still, bis er sagte: »Die Geschichte ist aus.«

»Und das Grammophon?« fragte ich.

»Nein«, wehrte mein Onkel Alexander ab.

Erst viel später nahm er seine Erzählung wieder auf.

»An diesem Nachmittag feierten wir sein Geburtstagsfest. Ich saß in einem Stuhl am Fenster, weil ich ihm nicht helfen durfte. Er war nämlich dabei, die Seitenzahlen seiner Bücher zusammenzuzählen; und er fürchtete, ich könnte vielleicht einen Fehler machen, und dann wüßte er es nicht genau. Und so sah ich ihn sitzen – ich glaube, er hatte mich vergessen; denn er biß sich auf die Unterlippe, und von Zeit zu Zeit murmelte er leise und stieß mit den Füßen gegen den Tisch.

Einen Monat später war das Haus zu verkaufen, weil sie wieder nach Indonesien zurückkehrten, sein Vater und er. Ich habe es gekauft; und als er fort war, habe ich die Bücher gefunden, zusammen mit den anderen Sachen in der Kammer.«

»Und das Grammophon?« fragte ich.

»Nein«, wehrte mein Onkel Alexander ab.

»Und er?«

»Das weiß ich nicht«, erklärte mein Onkel Alexander und

stand auf und ging hinein. Er schloß die Terrassentüren hinter sich.

Ich blieb zwei Jahre bei meinem Onkel Alexander; und ich lernte viel von ihm, weil er so alt war. Und dann, nach zwei Jahren, an einem Maiabend, fragte ich ihn, ob ich fort dürfte nach Frankreich.

An dem Abend, bevor ich verreisen sollte, sah ich plötzlich, daß das Cembalo verschwunden war.

»Wo ist das Cembalo?« fragte ich.

Mein Onkel Alexander stand an der Stelle, wo das Instrument gewesen war.

»Manchmal bin ich sehr müde geworden, wenn ich gespielt habe«, erklärte er, »ganz arg müde. Und ich bin jetzt alt geworden. Du bleibst lange weg. Vielleicht bin ich noch da, wenn du zurückkommst. Schlaf gut!«

Am nächsten Morgen fand ich wieder Azaleen an meinem Bett, und sie waren violett; und daneben lag auch ein Hundertguldenschein. Ja, und als ich durch das Zimmer im Erdgeschoß ging, um den ersten Zug nach Breda zu erreichen, sah ich, daß mein Onkel Alexander auf dem Sofa schlief, mit halboffenem Munde und die Knie hochgezogen; und ich sah, daß seine Hand über dem Fußboden gestikulierte.

Draußen war es kalt und neblig über den Dingen, und das Haus stand hoch und häßlich mitten in dem allen.

Und ich ging nicht an den Häusern vorbei, die man über Afrika erbaut hatte.

S. Montag

Das Leben der Häuser

Kaum einer mag drüber reden, aber allgemein ist bekannt, daß in jedem Haus alle Menschen, die dort je gewohnt haben, noch mehr oder weniger anwesend sind. Das läßt sich nicht ungeschehen machen. Nur ein Haus, das zum erstenmal bezogen wird, in dem der Zementgeruch die Bewohner auf Schritt und Tritt noch umwabert wie eine zähe Suppe, wo scharfer Farbenduft und grauer Baustaub noch den Atem lähmen, ist *ein Haus ohne Mitbewohner*. (Obwohl auch hier schon ein paar Dutzend Menschen sich mit Tausenden von Handgriffen verewigt haben. In der Hochzeitssuite des Hotel Cocagne in Eindhoven zum Beispiel befindet sich ein Spiegel – sagt man –, dessen Rückseite vollgeschrieben ist mit einem ganzen Brockhaus voller Obszönitäten. Niemand wird dies je erfahren, bis das Gebäude zusammenkracht oder vielleicht ein unglücklicher Bräutigam oder seine Braut mit einem wohlgezielten Schuhwurf das Geheimnis dieses Spiegels entschleiern. Solch eine Überraschung könnte eine schlecht begonnene Ehe eventuell noch retten.)

Es gibt Geheimnisse, schrieb Edgar Allan Poe, die man nicht aussprechen kann, *mysteries, which will not suffer themselves to be revealed*, sie sind zu schrecklich. Aber durch die Mauern und die verschlossenen Luken und Türen eines Hauses kommen sie heraus: das ist der osmotische Druck, der überall herrscht, wo vier Wände, ein Dach und eine Vergangenheit existieren.

Vor Jahren gingen wir durch ein Dorf, und ein einziges leerstehendes Haus in einer ärmlichen und verfallenen Häuserzeile fiel uns auf, nicht wegen seiner Verschlossenheit oder extremen Verwahrlosung, nein, wegen einer Art Unverschämtheit in seinem ganzen Bestehen, einem schweigenden Terrorismus.

Jeder von uns stellte dies unabhängig von den anderen fast im gleichen Moment fest, und der Schreck darüber war so groß, daß wir das nächste Gasthaus betraten, übrigens eine verlassene säuerliche Kneipe, deren hintere Hälfte als Wohnzimmer diente für eine dunkelrot angelaufene Frau von zirka sechzig Jahren mit geäderter Mopsnase und geschwollenen Händen. Sie war die Besitzerin. Auf unsere Frage erzählte sie, daß die letzten drei Bewohner des bewußten Hauses elendiglich ums Leben gekommen waren. Ich erspare dem Leser die Details, die uns die Frau großzügig mitteilte.

Das Haus, das in dieser Geschichte eine besondere Rolle spielt, ist noch gar nicht so alt. Es wurde 1933 gebaut und von einer intellektuellen Familie bezogen. Der Mann verschwand kurz darauf bei Nacht und Nebel, was an sich nicht so schlimm war, denn die Frau hatte genug Geld, um sich, ihre drei Töchter, einen Butler und einen Dienstboten ohne größere Probleme zu ernähren. Aber irgendwann heiratete auch die jüngste Tochter, und nachdem sie wider besseres Wissen noch ein Jahr lang in ihren unbenützten Zimmern herumgelungert war und nicht mehr die Kraft hatte, dem stummen Mitleid und der schweigenden Kritik des Personals die Stirn zu bieten, ließ sie das Haus zum Verkauf anbieten.

Es wurde von einem gewissen Herman van Leur gekauft, einem damals vielversprechenden Burschen mit einer gehörigen Portion Selbstvertrauen. Das ist jetzt auch schon wieder rund fünfzehn Jahre her. Als er dieses Anwesen zum erstenmal besichtigte, war seine vorige Bewohnerin schon ausgezogen, aber der Butler wohnte noch drin, in einer Dachkammer an einem kleinen Treppenabsatz – oben am Ende eines großen dämmrigen, höhlenartigen Treppenhauses. Der Butler öffnete, er trug einen verschossenen Frack, und unmittelbar darauf war er auch schon wieder verschwunden, ohne daß unser Herman sich erinnern konnte, welche Tür er benützt hatte. Aber schon bald wurde seine Aufmerksamkeit von all dem Unbekannten in Anspruch genommen: von der überraschenden Einteilung des Hauses, den Wänden mit verblaßten Tapeten und dunklen Vierecken, von einem gruseligen Fettfleck, wo früher einmal das Kopfende eines Bettes gestanden hatte, von der blasigen Oberfläche auf zu oft überstrichenem Holz, vom Sprung in der granitenen Spüle, einem schwarzen Kästchen mit Summer in der Küche, ähnlich wie man ihn in Hotels findet. Ertönt der Summer, erscheint eine Zahl: Zimmer sechs hat geläutet.

Während er im Kopf überschlug, was ihn die Renovierung des Hauses kosten würde, machte van Leur, dennoch zufrieden mit dem Vorgefundenen, Anstalten, das Haus wieder zu verlassen. An der Eingangstür schaute er sich noch einmal prüfend um, auch nach oben, und dort, im Dachgeschoß des Treppenhauses, sah er das käsige Gesicht des alten Dieners. Es war von absoluter Feindseligkeit erfüllt.

Die junge Familie bezog ihr neues Heim, der Butler ward nicht mehr gesehen. Im Lauf der nächsten Jahre wurde van Leur immer weniger vielversprechend, er begann unter Schlaflosigkeit zu leiden, und immer, wenn ihn dieses Übel heimsuchte, ging er die Treppe hinunter in die Küche, wo er anfing zu saufen und im Radio ferne Sender abzuhören, am liebsten mit Meldungen über Staus und Unfälle auf ausländischen Autobahnen, um sich auf diese Art davon zu überzeugen, daß noch Leben auf Erden war. Manchmal warf er einen kurzen Blick auf das schwarze Kästchen mit dem Summer, und das war für die weitere Nacht dann fatal, denn in diesem Moment lebte der Butler wieder auf, und er wußte genau, daß er es nicht aushalten würde, beim Treppensteigen nach oben zu schauen und wieder dieses Gesicht mit dem Ausdruck von unvermischtem Haß zu sehen. Deshalb blieb er unten, bis es hell wurde.

Natürlich wollen wir die Bedeutung einer solchen Geschichte nicht übertreiben, obwohl sie wirklich passiert ist. Es gab wahrscheinlich noch andere und gravierendere Ursachen dafür, daß dieser van Leur es auf die Dauer nicht schaffte und gezwungen war, das bewußte Haus wieder aufzugeben.

Was daraus jedenfalls hervorgeht, ist dieses: Wer sich seiner selbst nicht absolut sicher ist, tut gut daran, nicht umzuziehen. Und außerdem stellt sich noch eine Frage: Wie soll ein Mensch sein Haus bewohnen, damit diejenigen, die nach ihm kommen, mit ihm nicht allzu viele Scherereien haben? Wie kann er verhindern, daß später Unschuldige zu sehr unter ihm leiden?

Manchmal, wenn ich sehe, wie noch leere Wohnkästen aufeinandergestapelt werden, wie bei den Mietskasernen, die jetzt in Bijlmermeer gebaut werden, dann denke ich, das könnte die Lösung sein: Wohnungen ohne Vergangenheit und mit höchstens einer Generation Zukunft. Aber es steht auch fest: Damit hat man wieder anderen Ärger.

Lévi Weemoedt

Braune Milch

Eines Tages zogen neue Leute ins Eckhaus schräg gegenüber von uns, in ein Haus, das nur halb zu unsrer Straße gehörte. Mit der Vorderseite gehörte es nämlich zu den besseren und größeren Häusern, die eine Gracht vor der Tür hatten und einen Baum im Vorgarten. Aber was die Seitenfront und den Hintergarten anging, da gehörte es wieder zu uns, deshalb nahm sich unsere Straße auch das Recht heraus, über die neuen Bewohner ein Urteil zu fällen. Dieses Urteil war nicht günstig.

Den Mann sahen wir kaum, und seine Abwesenheit schien einen triftigen Grund zu haben. Seine Frau zögerte nicht, uns davon in Kenntnis zu setzen, daß er einen aufreibenden Beruf habe, Ingenieur sei und im Augenblick an einer großen Entdeckung arbeite, einer echten Erfindung!

Ein Ingenieur in unserer Straße war an sich schon etwas Besonderes, und gar noch einer, der Erfindungen machte! Er schien ein echter Gewinn für unser Viertel zu sein, jedenfalls meinte dies unsere neue Nachbarin, Frau Berger. Sie gehörte zu den Frauen, die beim Milchmann und beim Bäcker nicht aufhören, ihren bedeutenden Mann zu loben, ohne den es so viel schlechter bestellt wäre um diese Welt. Meist ist dieser hochgerühmte Gatte ein überarbeitetes, mageres Männchen, das unter der Dusche hin und her springen muß, um überhaupt naß zu werden, aber seine Frau weiß eben mehr daraus zu machen.

Die Straße sagte es nicht laut, fand aber, daß Frau Berger die Nase ziemlich hoch trug und immerfort den Eindruck erweckte, die Gegend sei nicht gut genug für sie. Und schon gar nicht für einen Mann, der an der Schwelle einer bahnbrechenden Entdeckung stand.

Was für eine Entdeckung war das eigentlich?

Das Viertel hoffte im stillen, es wäre etwas gegen den hinterhältigen Schäferhund, der im Kielwasser der Familie Berger in unsere Straße eingedrungen war, eine bösartige Kreatur, die jedem Fahrradfahrer, der durch unsere Straße fuhr, nach den Knöcheln schnappte.

Aber das war es nicht. Es war etwas vollkommen anderes.

Ingenieur Berger hatte die braune Milchflasche erfunden! Seit Menschengedenken waren Milchflaschen weiß, aber Ingenieur Berger erfand die braune. Was dies genau für Vorteile haben sollte, weiß ich nicht mehr, aber wenn ich mich richtig erinnere, hatte es etwas mit der Haltbarkeit zu tun.

Der Tag brach an, an dem die Welt von dieser Erfindung in Kenntnis gesetzt wurde, und Ingenieur Berger war mit seiner berühmten Entdeckung genau dreißig Sekunden lang im Journal zu sehen. In den Fernsehnachrichten! Und Frau Berger hatte für weitere dreißig Jahre Stoff, in ihrer affektierten Ausdrucksweise damit anzugeben. Dies wurde der Straße schmerzlich bewußt, sobald sie die Bilder sah.

Eine Zeitlang sonnten sich die beiden Eckhausbewohner in ihrem Fernsehruhm, und jedesmal, wenn Frau Berger darauf zu sprechen kam, wurde die Zeitspanne, die ihr Mann im Bild erschienen war, etwas länger, so daß er zum Schluß eine Art eigene Fernsehshow gehabt zu haben schien, und zwar eine abendfüllende. Aber auf die Dauer blieb der Ruhm der beiden doch an die Haltbarkeit der neuen Erfindung gekoppelt, der braunen Milchflasche.

Und die war ein Reinfall. Sie ging unter wie ein Backstein. Anfangs nahmen die Leute sie noch mit nach Hause, weil sie neu war. Aber dann ließen sie die Flasche fallen. Für alle Zeiten.

Der Grund hierfür ist einfacher als man denkt. Milch ist nicht braun, sondern weiß. Die Leuten glaubten einfach nicht, daß in dieser dunklen, schokofarbenen Flasche Milch sein kann. Vor allem die Leute in unserer Straße glaubten es nicht. War Frau Berger in der Nähe, hielten sie sich noch zurück, aber wenn sie nicht in der Nähe war, schimpften sie am lautesten über diese neumodische Flasche. »Man sieht jetzt überhaupt nicht mehr, ob die Milch schon alle ist«, jammerte eine Nachbarin der anderen vor. »Jedesmal hab ich doch wieder eine leere Flasche in der Hand. Ich kann mich einfach nicht dran gewöhnen. Und du?« Die Straße lehnte diese Neuheit einhellig ab. Das war verständlich.

Der Unterschied zwischen jener Energie und Lebenskraft, die man der Milch immer andichtet, und dieser trübsinnigen stumpfbraunen Verpackung war einfach zu groß. Wie man es auch dreht und wendet, braun bleibt die Farbe von Herbst und Stuhlgang. Die Leute sprachen deshalb von einer Kackfarbe. Auch das menschliche Farbempfinden hat Regeln und Archetypen. In der Abgeschiedenheit seines Labors mag der Wissenschaftler Erfindungen machen, die gut und nützlich sind, aber so funktioniert es nicht. Braun ist und bleibt die Kackfarbe. Und Milch ist an sich schon so fies. Um dieses Produkt überhaupt zu verkaufen, ist das gesunde Image lebenswichtig. Milch braucht ihr weißes Westchen.

Ein paar Monate hielt die braune Milchflasche durch. Dann war es um sie geschehen.

Und dieser Sturz soll der Hauptgrund gewesen sein für den schnellen Auszug, der bei uns gegenüber stattfand. Das Erfinderpaar zog um.

Das fand niemand wirklich schlimm. Natürlich sprachen die Leute im Viertel unter sich noch lange über Ingenieur Berger und seine Erfindung. Immer kichernd. Hämisch. Und als einige Zeit nach der braunen Milchflasche der Plastikmilchbeutel aufkam, eine kaum zu benutzende, schlappende, schwappende Mutterbrust in Form einer Tüte, die man in einen blauen Halter stecken mußte, in eine Art »Milch-BH«, ja, da wußten die Leute bei uns in der Straße, wem sie diese neue Erfindung zu verdanken hatten!

Diese Erfindung *war* auch eine Katastrophe und brachte manch wohlmeinende Hausfrau mit dem Kopf in den Gasherd. Schnitt man von diesem Beutel ein Eckchen ab, dann spritzte die Milch nach allen Seiten, nur nicht in den Stieltopf. Verglichen damit war die braune Milchflasche eine Wohltat, ein Segen. Aber sie kam nie wieder. Genau wie Ingenieur Berger. Wo sind doch all die Leute geblieben, die ich jemals gekannt habe?

Armando,
Still

Das Haus ist einsam gelegen, das Haus hat ein stures Gesicht. Man muß eine Stunde laufen, um in die nächste kleine Stadt zu kommen. Und weil ich nur irgendeiner bin, ohne Auto, laufe ich eben. Um Essen zu holen oder um zu essen.

Freunde hatten gesagt: Zieh doch ein Weilchen dorthin, unser Haus steht dir zur Verfügung. Gut. Das sind wenigstens Freunde.

Der Künstler in seiner Rolle als *Parasit*. Mein großes Vorbild in dieser Hinsicht ist der Dichter Rainer Maria Rilke. Der besaß auch nichts, das heißt sowenig wie möglich, brauchte sich nicht um ein eigenes Haus zu kümmern, keine abscheulichen Abzahlungen. Nein. Lieber plötzlich der Bescheid, ach, Herr Rilke, unser Schloß steht ein Jahr leer, wenn Sie wollen, können Sie da wohnen, es ist Personal anwesend. Nach einigem Hin- und Herschreiben begab sich der Dichter dann auf den Weg. So will ich es auch. Man melde sich.

Aber ich bedenke auf einmal: Personal anwesend? Personal gibt es kaum noch, und wenn es noch da ist, schleppt es ein tragbares Radio mit sich herum. Also lieber kein Personal.

Es ist still auf diesem ehemaligen Bauernhof, es ist hier gut warten auf den fürchterlichen Vorfall. Das Haus ist zum Teil fünfhundert Jahre alt. Bevor es ein Bauernhaus war, hat es als Ausguckposten gedient, damals schon mußte man den Mitmenschen sehr genau im Auge behalten, sonst schnitt er einem den Hals ab.

Es ist hier vollkommen still. Ganz eben, sehr weit weg, ist eine Schaufelmaschine am Werk, eine, die mit ihrem großen Maul Sand futtert und ihn anderswo ausspuckt. Wenn du ein wunderschönes, einsames Hotel in Italien weißt und du kommst voller Erwartung wieder hin, dann ist dort so eine Maschine in Betrieb. Immer vorher anfragen, ob die nicht am Graben sind in der Gegend. Aber hier ist es vollkommen still, der Bagger ist schon lang wieder weg.

Wenn die Vögel kurz ihren Mund halten, ist es, ich wiederhole und wiederhole, vollkommen still. Komisch eigentlich, daß ich das *still* nenne. Die Vögel rufen drauflos, und doch ist es still. Von mir aus sollen sie ruhig, manchmal pfeife ich ein bißchen mit, ich bin also nicht immer finster.

Die Hummeln machen auch einen höllischen Lärm, und doch ist es still. Alles ist laut. Abends machen die Frösche Krach am Weg entlang. Und wenn es dunkel wird, die Nachtigallen, auch herzlich willkommen. Andernorts werden Kriege geplant, und hier ist es totenstill.

Man hört also nur Geschrei von kleinen Tieren, und das nennen wir *Stille*. Bis an den Horizont, und vielleicht noch weiter, ist es ein einziges großes Geschrei und Geklage, vergiß das nicht. Mittlerweile lacht der Mensch über seine selbstgemachten Scherze, und einige Kilometer weiter wurde wieder mal einer von einem Idealisten durch die Knie geschossen.

Es gibt hier viele Eidechsen, die hab ich gern. Sie haben lange Zehen und rennen rum. Ab und zu strecken sie ihre Ärmchen und Beinchen, sie glauben dann, daß sie aufrecht stehen, aber das ist nicht so, ihr kleiner Bauch hebt sich eben vom Boden, mehr nicht. Sie rascheln und klettern. Eidechsen tragen keinen Hut.

Es gibt auch Schlangen und Skorpione, aber die habe ich lieber nicht gesehen.

Und nachts wird in diesem barschen Haus leise gesungen. Denn, wer weiß, wer hier alles gewohnt hat, wer weiß, ob die wohl alle wieder weggezogen sind.

Nachts dauernd Geraschel auf dem Dach. Tiere. Irgendein Vogel. Ich höre ihn landen, ich höre Gescharre, er tritt sich wohl die Füße ab, und dann einen Plumps, als ob er sein Fernglas neben sich stellt.

Und nachts die Himmelskörper.

Nachts gehe ich nach Hause, alles ist schwarz. Auf einem Hügel fängt ein Hund an zu bellen, und ein Lichtstrahl blitzt nach unten, eine Lampe wird auf mich gerichtet. Nein, ich habe nichts Böses im Sinn, ich gehe einfach vorbei, während die Wolken kreisen. Es sind Burgen, die Bauernhöfe hier.

Nachts dies, nachts das. Stets komme ich wieder auf die Nacht zurück. Weil die Nacht den Tag verpachtet? Das wird es sein.

Abends ist es noch kalt. Hat ein Holzscheit erst Feuer gefangen, so ist es nicht mehr zu retten. Ich sitze da und starre ein bißchen ins Feuer, und unweigerlich denke ich dann an ein Bild in einem Jules-Verne-Buch: Einer der am Kaminfeuer sitzenden Herren redete so aufgeregt, daß sein Holzbein beinah Feuer fing. In der Zeit, als ich Jules Verne zum erstenmal las, lange her, konnte ich mir kein schöneres Interieur denken als das der Nautilus. Vielleicht bin ich noch immer dieser Meinung, ich werde mich mal erkundigen.

Weißt du, wann ich auch an Jules Verne denken muß? Wenn nachts die Wolken vor dem Mond vorbeigehen.

Warum Jules Verne? Erstens, weil so ein Bild zweifellos auf einem der würdigen Stiche vorkam, zweitens und vor allem, weil Jules Verne die Himmelskörper so vertraut gemacht hat. Sie waren weit weg, aber ach so nah. Ihm zufolge reiste man zum Mond, als ob nichts dabei wäre, und sie machten alles mögliche im Weltall. Das tun sie jetzt auch, aber das sagt mir viel weniger.

Die Stadt ist arg klein, aber dennoch ein Bollwerk. Die Städtchen oder Dörfchen liegen wie eine Schraube auf ihren Berg geklemmt, den Kopf zwischen den Schultern, bis auf einige freche Türmchen.

Da nähert sich ein buckliger Zwerg, ich sehe mir gerade den Giebel des Kirchleins an, denn da gibt es was zu sehen. Wissen Sie, ruft er und kneift mich in den Arm, daß diese Kirche nachts zittert und bebt?

Warum zittert sie denn, wenn ich fragen darf. Das zu sagen weigert sich der Bucklige, neinnein, er schweigt, er sagt »eh«, er sagt nichts. Ein paar Meter weiter stehen zwei junge Bekannte von ihm. Den einen wirft er um, dem andern gibt er einen Tritt. Er erinnert mich an den buckligen Zwerg auf einer kleinen portugiesischen Insel, der summend in die Bar des Orts zu kommen pflegte, um anschließend diesem oder jenem das Glas aus der Hand zu schlagen, hopp, alles über deine Kleider, die Leute schubsen, an den Haaren zu ziehen, spottend zu lachen. Niemand wagte ihm Böses zu tun, das darf man nicht.

Es ist hier immer noch so still wie nur was.

Hunde

Weil ich am Rande eines großen Waldes wohne, begegnen mir oft Hunde. Die gehen dort spazieren. Meistens haben sie eine Person bei sich.

Mir ist einer begegnet, der hieß Wilhelm. Was daran bemerkenswert sein soll? Nun, der Hund ging in dem Wald spazieren mit einer Frau, der Spaziergang war zu Ende, die Frau wollte in ihr Auto steigen, der Hund hatte noch das eine oder andere zu tun, die Frau rief immer lauter: »Wilhelm komm!«, aber der Hund wollte nicht hören, die Frau verzweifelte fast, und Wilhelm sah sich nicht mal nach ihr um.

Was nun?

Da schrie die Frau: »Wilhelm, auf Wiedersehn«, und sie betonte jede Silbe. Wilhelm kam sofort. Ich weiß, daß es nicht angeht, einem Hund zu begegnen, der Wilhelm heißt, während rundum so viel Elend herrscht, aber es traf mich doch kurz.

Ich kenne auch einen Hund, der Anton heißt. Weil er ziemlich klein ist, wird er Antonchen genannt. Er ist tapfer und fröhlich, dieser Antonchen. Er hat einen Schnurrbart.

Und ich kenne einen Hund, der Jacques heißt. Er trägt ein Pelzmäntelchen mit einem Astrachankrägelchen. Er scheint mal gesagt zu haben, daß ihm kalt sei, und seitdem läuft er in diesem kleidsamen Anzug herum. Dennoch tut er alles, was andere Hunde auch tun, obschon ich ihn nie habe lachen sehen.

Ich finde Hunde nicht widerlich. Hunde sind meistenteils lustige Wesen. Hunde haben Ohren.

Ich habe selber auch einen Hund. Oder sie hat mich, das kann auch sein. Sie rennt schon über zehn Jahre mit mir, oder ich mit ihr, das kann auch sein. Wenn ich in ein Geschäft muß, wartet sie draußen. Geh du nur rein, ich warte schon. Ich brauche sie nicht anzubinden, das wäre eine Beleidigung. Sie wartet und reckt den Hals, um mich im Auge zu behalten, denn Menschen soll man nie ganz trauen, das scheine ich ihr mal gesagt zu haben.

Sie geht nicht zur Schule, sie ist nie in der Schule gewesen. Doch haben wir einander so viel gelehrt, daß sie nie an die Leine braucht, auch in den belebtesten Straßen nicht. Ich auch nicht, übrigens. Und ich brauche sie nie anzuschreien, das findet sie nicht nötig.

Sie bellt nur, wenn es an der Tür klingelt, sonst nie. Sie läßt schon mal einen Rülpser. Sie hat Wimpern, und sie schnarcht. Wenn sie Wasser trinkt, schlürft und schlabbert sie. Und wenn sie gähnt, kringelt sich ihre Zunge .

Das erste Mal, als ich sie mitnahm in die große, wilde Stadt, hat sie den ganzen Tag beim Laufen geröchelt und geprustet. Eine Beschwerde gegen die Luftverschmutzung, vermute ich. Sie macht das noch immer, wenn ein Automobil zufällig in ihrer Nähe Anlauf nimmt.

Sie wird nie über meine Zeichnungen laufen, nie. Es wurde mal geschellt, sie lief bellend zur Tür, bremste aber plötzlich ab: da lagen drei Zeichnungen auf dem Boden. Über eine Zeitung läuft sie, aber nie über eine Zeichnung. Sie weiß, daß es einen Unterschied zwischen einer Zeitung und einem Kunstwerk gibt.

Wenn ich abends durch die Stadt gestreift bin und nach Hause komme, liegt sie da und wartet auf mich. Sie ist schon etwas älter, daher kommt sie nicht mehr so angerannt, manchmal ist sie noch in tiefem Schlaf, sie blinzelt mit den Augen ins Licht: bist du wieder da, laß uns noch kurz rausgehen, bitte. Wir gehen, nichts ist schöner als die Nacht in dieser bedachtsamen Gegend.

In einer Allee etwas weiter von hier steht ein schwerbewachtes Haus, da ist immer eine Lampe an. Der Mann sitzt in einem hölzernen Wachthaus, er steht auf und guckt um die Ecke, alles, was hier jüdisch oder amerikanisch ist, muß sorgfältig bewacht werden. Der Mann kennt mich, wir grüßen einander ein bißchen, ich habe keine bösartigen Pläne, denn ich bin zu dumm, eine Bombe zu machen, und der Hund will nichts von Idealen welcher Art auch immer wissen.

Sie hat es gern, daß ich abends weggehe. Das merke ich an allem. Warum hat sie das gern? Was macht sie, wenn sie allein ist?

Liest sie? Ich glaube kaum; aber wie kommt es dann, daß immer ein paar Bücher anders liegen? Singt sie abgeschmackte Lieder? Hört sie Schallplatten? Wie kommt es, daß die Telefonrechnung so hoch ist? Ich kann sie nicht befragen, man bekommt keine Antwort. Sie ist aber schon elf Jahre.

Was ist passiert, wenn ich nach Hause komme? Es kommt mir manchmal vor, als ob sie soeben etwas getan hat, das ich nicht wissen darf, als ob sie schnell ein Buch zugeschlagen hat. Sie trommelt mit den Fingern, und sie pfeift leise: Was soll denn los sein, ich bin ein Hund. Gut.

Der Wind jagt durch den Raum, die Gardinen flattern, sie hat das Fenster aufgemacht, sie wollte frische Luft haben. Gut.

Können Hunde reden? Vielleicht. Ich glaube, daß sie es wohl können, aber nicht wollen. Denn wenn sie reden könnten, könnten sie sich auch eine Stelle suchen, und das wollen sie nicht. Sie wollen versorgt werden. Und ab und zu eine kleine Gegenleistung. Etwas tragen oder ziehen oder den Weg zeigen.

Ich bin mal nach Mitternacht so tief in den Wald eingedrungen, daß ich mich verirrt habe, was mir nicht so leicht passiert, aber es ist ein komplizierter Wald mit vielen schwarzen Zimmern. Ich habe »Geh nur nach Hause« zum Hund gesagt, und sie hat mich nach Hause gebracht. Sie läuft dann ein paar Meter vor mir her, so daß ich sie gut sehen kann, sie guckt sich ständig um, ob ich noch da bin, sie schnuppert nicht im Gesträuch, nein, sie zeigt den Weg, sie hat eine Aufgabe zu erfüllen, und sie bringt mich bis vors Haus. Ich spreche einige Dankesworte, und sie macht ein Tänzchen, weil es geklappt hat, obwohl sie das schon lange vorher wußte.

Ja, der weichherzige Mitteleuropäer mit seinen freundschaftlichen Gefühlen den Tieren gegenüber. Er weiß, daß die meisten Kinder nicht lieb sind, sondern grausam, also schon die Neigung haben, Tieren gegenüber ungehörig zu sein. In diesem

Fall weist er das Kind darauf hin, daß es alle Tiere, ausgenommen den Floh und die Mistfliege, liebhaben soll. Ich habe mich vor kurzem geraume Zeit in Italien auf dem Lande aufgehalten und da war es anders.

Die Kinder des Bauern, der im nächsten Tal wohnte, sind sehr lebhaft, man nennt solche Kinder, glaub ich, nette Bengel, aber ihren Hund treten sie halbtot. Die Eltern stehen dabei und nicken freundlich, ja, die Kinder.

Und Mario, sanft, behilflich, ehrlich wie Gold, ich kann es nicht anders sagen, sah einen Hasen auf der Straße, ich saß neben ihm im Auto, er gab sich alle Mühe, den Hasen zu überfahren, nicht aus Sadismus, o nein, nur so, er sah ihn schon in der Pfanne, glaube ich. Zum Glück hat er es nicht geschafft, obwohl es ein etwas dicker Hase war. Er fand es schade, ich fand es schon gut so. Er schien mir ganz nett zu sein, dieser Hase.

Das ist hier anders. In der Nähe des Kurfürstendamms sitze ich in einem Restaurant und lese und warte auf mein Essen. In der Küche wird gekichert, die Köche albern herum. Es sind noch nicht so viele Leute im Restaurant, daher haben die Köche noch nicht einmal ihre hohen Mützen auf. Da, jetzt setzen sie sie auf. Ein Hund, ein gelber Hund kommt herein, er setzt seine Vorderpfoten auf die Holzwand, die den Speisesaal von der Küche trennt, der Hund fragt, ob es für ihn was zu essen gibt. Die Köche antworten ihm freundlich, sie sagen, daß es noch zu früh ist, in einer Stunde oder so soll er noch mal wiederkommen. Der Hund macht mir den Eindruck, daß er ein bißchen beleidigt ist, er sagt nichts mehr, er dreht sich um und verläßt den Speisesaal. Ich bin von meinem Tischchen aufgestanden, um zu sehen, wohin er ging.

Die alte Frau steht draußen und wartet auf den Hund, auf dem Breitscheidplatz bei der Gedächtniskirche, da steht sie oft, denn das ist die Stelle, wo der Kaiser und die Kaiserin und die Hofdamen seinerzeit die alte Frau gegrüßt haben, das dachte sie wenigstens, das denkt sie noch immer, sie erzählt es jedem, der es hören will, sie hat es auch mir erzählt. Sie hatte sich hingekniet, und sie hatte den Kopf gebeugt, es ist zu hoffen, daß die hochgestellten Personen das gesehen haben. Sie haben es gesehen, sagt die alte Frau, sie haben es gesehen, und dann haben sie wiedergegrüßt. Woher weiß sie das? Sie weiß es nicht, sie will es gern, sie haben sie gesehen. Und gegrüßt? Und gegrüßt.

Jetzt geht sie mit dem großen gelben Hund Arm in Arm über den Kurfürstendamm. Der Hund kann reden und lachen und denken, das sieht man.

Dorinde van Oort
Die Nachbarn von oben

»Ich reiche einfach Plätzchen, oder? Keinen Kuchen. Oder vielleicht doch?« sagte Elza. Sie hatte Teetassen bereitgestellt, zögerte aber mit den Kuchentellern.

»Ha!« Barend lachte freudlos, das bärtige Kinn gehoben. »Plätzchen, Kuchen! Du immer mit deinen bürgerlichen Gewohnheiten. Am Ende meinen die noch, wir hätten sie zum gemütlichen Beisammensein eingeladen.«

»Aber Tee mit nichts dazu, das können wir nicht machen«, sagte Elza. »Ich muß doch etwas anbieten. Warte mal. Still. Das werden sie sein.«

Leicht gedämpft durch die Wand, die ihren Flur von der Treppe nebenan trennte, aber deutlich wahrnehmbar, erklang von oben ein sich näherndes Rumpeln, das von Ermutigungen und Hilferufen begleitet wurde.

»Mann, halt mich fest. Mann, bitte! O Gott, ich falle!«

»Jaja, Ja, ja. Ruhig, ganz langsam, Mien. Komm. Und paß auf, denn die Treppenstange ist locker.«

»Oooooh...«

Allmählich erreichten die Sprechenden das Erdgeschoß. Die Haustür neben der ihren schlug zu. Es blieb eine Weile still. Dann wurde, Punkt drei, geklingelt.

»Bitte, Barend. Geh du«, sagte Elza, und Barend sagte: »Bist du verrückt? Geh du«, so daß sie schließlich genau zugleich und einander vor den Füßen in den Flur stolperten. Hinter dem länglichen Fenster in der Vordertür wartete geduldig ein Strauß Chrysanthemen.

»Lieber Himmel«, murmelte Elza. »Barend! Auch das noch. Sie haben Blumen mitgebracht.« Einträchtig öffneten sie die Tür, um die Nachbarn von oben hereinzulassen.

Sie wohnten noch keinen Monat in der neuen Wohnung. Es war eine bequeme Erdgeschoßwohnung an der Peripherie von Amsterdam-Süd, dort, wo das Viertel plötzlich volkstümlicher wird. Viele junge Familien mit Katzen und Zitronengeranien vor dem Fenster und Lundia-Regalen in den offenen ineinander übergehenden Zimmern; aber auch Witwen und betagte Menschen.

Sie hatten vergeblich nach einer Mietwohnung gesucht. Der Markt gegen Ende der siebziger Jahre war eng. Barend hatte etwas Kapital – eine kleine Erbschaft –, aber weil seine Stelle unsicher war und er eine Zeitlang sogar arbeitslos wurde, hatte er an einen Kauf nicht zu denken gewagt. Ein Großteil seines Arbeitslosengeldes ging für Unterhaltszahlungen drauf, und Elza verdiente einfach nicht sehr viel.

Also hatten sie sich in Elzas hellhöriger Wohnung im Hochhaus eingerichtet, wo die Bücher sogar auf der Toilette gestapelt lagen, und Elzas Klavier, auf dem sie schon lange nicht mehr spielte, unter Barends historischen Zeitschriften ächzte. Sie hatten sich mit Müh und Not jeweils ihre eigene Arbeitsecke geschaffen, wo Barend schrieb und Elza übersetzte. Sie schliefen im Wohnzimmer auf Elzas schmaler Matratze. Es gab keinen Platz für ein vernünftiges Doppelbett.

Barends Anstellung als Dozent am Institut für Sozialgeschichte brachte die willkommene Veränderung. Die Zeiten, sagte Barend, hätten sich geändert. Ihre gemeinsame Zukunft könne jetzt beginnen.

Der sorgfältig ausgewählte Makler, ein jugendlicher Mann mit gesunder Gesichtsfarbe, Zigarre und Fliege und einem hypermodernen Büro in Amsterdam-Süd hatte sie auf ihr Forderungspaket hin überraschend schnell bedient. Die Wohnung war großzügig, die Einteilung ideal für ein berufstätiges intellektuelles Paar, das auch innerhalb der Beziehung Wert auf eine gewisse Privatsphäre legt. Das Viertel war, wenn auch nicht schick, so doch ruhig, die Lage war gut, es gab Geschäfte in der Nähe und schräg gegenüber einen sehr anständigen Friseur.

Nicht, daß sie sich Hals über Kopf entschieden hätten. So begeistert Barend, so entzückt Elza auch war – ihre Augen füllten sich mit Tränen, als sie den verwilderten Garten sah, wo, wer weiß, einmal ihr Kind spielen würde – sie hatten nach der Besichtigung nicht ohne weiteres ja gesagt. Wieder im Maklerbüro, wo das herbstliche Nachmittagslicht durch weiße Lamellen gefiltert wurde, hatten sie noch einige gezielte Fragen gestellt. Wie lange stand das Haus schon leer? Warum waren die vorigen Bewohner ausgezogen? Wer waren sie und wie lange hatten sie dort gewohnt? Warum, fragte Elza schlau, zogen Leute überhaupt aus einem Haus aus, das nicht nur ideal, sondern auch erschwinglich war?

»Tja«, sagte der Makler, die Hände bedauernd gespreizt, sein permanentes Lächeln wie einen falschen Schnurrbart unter die Nasenspitze geklebt. »Ihre Vorgänger haben leider nur kurz Freude daran gehabt. Das Paar trennte sich. Der Mann war ein medizinischer Spezialist – ein erstklassiger Kunde. Aber seine Freundin ist durchgebrannt. Allein war dem Kunden die Wohnung zu groß – verständlich, natürlich. Tja. Das ist traurig, aber es kommt in den besten Familien vor.«

»Ja«, sagte Barend und dachte an seine eigene Scheidung. Er gab seinen Standardscherz zum besten: »Gerade in den besten Familien.«

Sie hatten noch mehr Fragen. Die Nachbarn oben. Wie viele waren es, und war das Haus nicht hellhörig? Elza und Barend waren gegen Nachbarschaftsgeräusche allergisch geworden. Sie wollten nie, aber dann auch nie mehr unter einer Familie mit kleinen Kindern wohnen.

»Das kann ich voll und ganz verstehen«, sagte der Makler, der schon angefangen hatte zu nicken, bevor sie ausgesprochen hatten. »Voll und ganz. Ich habe selbst eine junge Familie, und« (errötende Wangen, das Lachen kletterte bis zur Nasenspitze) »ich weiß: da geht es nicht immer ruhig zu.« Aber was die obere Wohnung betreffe: darüber müßten sie sich keine Gedanken machen. Sie sei an ein ruhiges Ehepaar von Ende Fünfzig vermietet. Sie wohnten bereits seit dem Krieg in dem Haus, und die Chance, daß sie in ihrem Leben noch einmal umziehen würden, erachte er als gleich Null.

»Obwohl der Hausbesitzer sie am liebsten heraushaben würde«, vertraute er ihnen an. »Wenn man bedenkt, was diese

Leute an Miete zahlen! Lächerliche 162 Gulden im Monat. Für zwei geräumige Stockwerke plus Dachboden. Zu zweit! Weder Kind noch Kegel! Tja, das kann man sich von einer Rente gerade noch leisten, nicht wahr?«

»Das ist ja ein starkes Stück!« sagte Barend. »Hörst du das, Elza? Das nenne ich asozial. Wenn ich mir überlege, was wir für dein winziges Appartement bezahlen. Fast das Dreifache und dann noch die sogenannten Nebenkosten!«

Der Makler nickte zustimmend. »Weggeworfenes Geld, nicht wahr? Für eine derartige Summe tilgen Sie schon eine erhebliche Hypothek, und Sie stehen mit einer eigenen Wohnung viel sicherer und großzügiger da. Kurzum, wenn ich die Reaktionen richtig bewertet habe«, sagte er mit leuchtenden Augen, »dann glaube ich, daß Sie beide den Kauf bestimmt nicht bereuen werden.«

Sie bereuten nichts, die Wochen, in denen sie zusammen putzten und malten, jeden Abend und am Wochenende. Nichts, an den sonnigen Nachmittagen, an denen sie bereits ihren Garten genossen. Nichts, als sie zufrieden mit Käse und Wein an einem Klapptisch im leeren geweißelten Wohnzimmer saßen, wo Elza die neuen Vorhänge schon aufgehängt hatte. Nichts, als sie am Samstag vor ihrem Umzug ihren neuen Nachbarn trafen, der mit Einkäufen beladen in seine Wohnung gehen wollte. Er war ein freundlicher, sehr buckliger kleiner Mann mit einem großen schiefen Mund, der sich begierig öffnete, als er begriff, daß sie die neuen Bewohner waren. Er stellte eine volle Tasche mit Proviant auf seine Schwelle, um eine Hand frei zu machen, wonach er sich als »Herr Stoof« vorstellte. Er sagte, er freue sich auf eine nähere Bekanntschaft.

Barend machte sein soziales Gesicht und murmelte etwas über einen baldigen Besuch. Herr Stoof reagierte begeistert, obwohl Elza wußte, daß es, wenn es nach Barend ginge, sicher nie dazu kommen würde.

Der Umzug fand an einem Montagvormittag statt. In nicht einmal vier Stunden war alles vorbei, so daß sie den ganzen restlichen Tag zum Auspacken hatten. Abends konnten sie ganz gemütlich am neuen Eßtisch essen, und als sie in dieser

Nacht gegen drei Uhr in ihr neues, breites Doppelbett sanken, war das Wohnzimmer so gut wie eingerichtet und oben in ihren Arbeitszimmern standen die Bücherregale schon.

Aber trotz Müdigkeit und Zufriedenheit war Elzas Schlaf unruhig. Sie träumte ständig vom Umzug. Immer neue Kartons wurden angeschleppt, voll mit unbekanntem, altem Zeug, von dem sie nicht wußte, wohin. Ihr Klavier paßte nicht durch die Tür, und über ihrem Kopf hantierte Barend mit einer Kiste herum, die immer wieder kippte. Die Wände zitterten vor Lärm.

Als durch das noch gardinenlose Schlafzimmerfenster das erste Licht auf ihre Augenlider fiel, hatte der Lärm noch nicht aufgehört. Genau über ihrem Kopf wurden Möbelstücke geschleppt. Es erklangen schwere Schritte, Schieben und Rumpeln von Gegenständen, die umfielen.

Elza nahm den Wecker vom Boden. Es war fast halb sieben. Barend, blaß, mit schwarzen Ringen unter den Augen, lag auf der anderen Seite des Bettes und las, während er sich auf den Ellbogen stützte. Demonstrativ, als sei sie an dieser Störung schuld. Sobald er sah, daß Elza aufgewacht war, legte er los.

»Du schläfst da also offenbar durch«, sagte er. »Ich liege schon seit einer Dreiviertelstunde wach. Um Viertel vor sechs hat es angefangen. Gott weiß, was die da oben treiben. Hört sich an wie eine Völkerwanderung!«

Sie lauschten zusammen. Es wurde geschoben. Dann folgten schwere Schläge, als würden Stühle umgeworfen und rauh wieder hingestellt. Etwas Schweres wurde angeschleppt – ein vorsintflutlicher Staubsauger? –, und es wurde ohrenbetäubend Staub gesaugt.

»Großreinemachen vielleicht«, sagte Elza. »Oder sie verändern etwas an der Einrichtung.«

»Ha!« sagte Barend. »Einrichtung! Hier drüber muß ihre Küche sein; ich habe die Baupläne gesehen. Als ob es da etwas einzurichten gibt!«

»Ist ja schon gut«, sagte Elza. »War nur so eine Idee, ich weiß es doch auch nicht. Vielleicht ein Umbau, ein ... oder eine ...«

Erschöpft schlief sie wieder ein.

Um halb acht fuhren beide aus dem Schlaf, weil geklingelt

wurde. Nicht bei ihnen, sondern bei den Nachbarn, was laut und ungeniert durch ihren Flur hallte. Begrüßungen durchkreuzten das angrenzende Treppenhaus, und eine munter rufende Frau kletterte in aller Ruhe die Treppe hinauf, während sie vom Ehepaar Stoof lauthals angefeuert wurde. Mit ihrer wohlbehaltenen Ankunft schien Ruhe einzukehren. Kaum eine Viertelstunde später wurde das Rumpeln über ihrem Kopf gleichwohl wiederaufgenommen, begleitet von lauten Zurufen quer durch die Wohnung. Auf dem Flur wurden Telefonate geführt, von denen ganze Passagen wörtlich zu verfolgen waren.

Elza und Barend waren inzwischen aufgestanden. Das erste Frühstück fand in bedrückter Stimmung statt. Barend hatte gewaltig schlechte Laune. »Diese asozialen Nichtsnutze! Die haben den ganzen Tag Zeit. Die brauchen für ihr Geld keinen Finger zu rühren; und dann berufstätige Leute mitten in der Nacht aus dem Schlaf reißen. Eine Schande! Das ganze obere Haus zur Verfügung haben, aber genau über unseren Köpfen Lärm machen!«

»Vielleicht haben sie heute etwas vor«, sagte Elza. »Einen Geburtstag. Ein Fest. Ein Familientreffen«, aber es gelang ihr nicht, ihre eigene Beunruhigung wegzuplaudern; und schon gar nicht die von Barend, der wütend in sein Institut ging.

Beklommen blieb Elza im Haus zurück, das jetzt, da sie zum erstenmal allein war, trotz ihrer Möbel und vielen Bücher hohl und leer schien. Erst gegen elf, als der Lärm abgeklungen war, stieg Elzas Stimmung ein wenig. Sie richtete ihr Arbeitszimmer ein und empfing an diesem Nachmittag den ersten Nachhilfeschüler. Danach setzte sie sich nach Jahren endlich wieder einmal ans Klavier. Mit steifen Fingern übte sie eine Sonate von Haydn, die sie früher auswendig gespielt hatte. Die Klänge des nicht einmal sehr verstimmten Instrumentes füllten das Haus, wie sie hoffte, ganz bis oben. Ansonsten blieb an diesem Tag alles ruhig; kein Zeichen von obernachbarlicher Festlichkeit.

Am nächsten Morgen jedoch begann der Lärm erneut; wenn nicht um Viertel vor sechs, so doch um Viertel vor sieben, so daß Barend sich lange vor dem Weckerklingeln in übertriebene Wut hineingesteigert hatte.

Die ganze Woche über hielt der morgendliche Lärm an, der nur zum Teil mit Ohropax zu dämpfen war. Am Wochenende zwar eine Stunde später, aber montags wieder um halb sieben und dienstags, zu Elzas Panik und Barends Wut, wieder um Viertel vor sechs. Wortwechsel und Wutanfälle konnten den Lärm nicht vermindern, so daß Barend mit Decken und Kissen in sein Arbeitszimmer stürmte, um weiterzuschlafen, und Elza in ihrer Verzweiflung unten auf dem Sofa Zuflucht nahm.

Was tun? fragten sie sich an diesem Morgen beim angespannten Frühstück. »Was hältst du denn von diesem Makler«, sagte Elza. »Wir haben uns noch extra nach der Hellhörigkeit erkundigt. Das muß er vom vorigen Besitzer gewußt haben.«

»Was würdest du tun, wenn du ein Haus verkaufen willst?« sagte Barend grimmig. »Überleg doch mal. Dann erzählst du doch so etwas einem Makler nicht. Das wäre ja verrückt.«

Elza sagte: »Du redest, als wolltest du es selbst wieder loswerden«, aber Barend begriff nicht, wie ihr so etwas einfallen konnte.

Sie überlegten sich eine andere Einteilung der oberen Räume, scheuten aber so kurz nach dem Umzug die erneute Schlepperei. Außerdem war das jetzige Schlafzimmer mit Waschtisch und eingebautem Kleiderschrank nun gerade als *Schlaf*zimmer so gut geeignet.

»Bekanntschaft schließen; mal mit denen da oben reden«, schlug Elza vor, aber Barend war dagegen.

»Dachtest du, daß diese Asozialen mit sich reden lassen? Ha, von denen brauchst du mir nichts zu erzählen, diese Absahner, Parasiten!«

»Aber *was denn sonst*«, sagte Elza, die der Verzweiflung nahe war. Nicht nur wegen der Nachbarn, sondern auch wegen Barends ständiger Gereiztheit. Er war seit dem Umzug noch keinen Tag er selbst gewesen. Es stimmte, früher hatte er auch seine Launen gehabt. Aber es hatte sich immer wieder eingerenkt. Sie hatten die Spannungen der engen Behausung zugeschrieben; der Tatsache, daß beide zu Hause arbeiteten; der Hellhörigkeit. Und hinten im Wohnzimmer, wo man wenigstens nachts von Geräuschen wenig gestört wurde, lag die schmale Matratze. Dort schliefen sie, aneinandergeschmiegt und warm in ihren Armen. Jede Nacht. Seit dem Umzug, überlegte sich Elza, hatten sie sich kaum noch berührt.

»Du bist öfter zu Hause als ich«, sagte Barend. »Du wirst der Frau doch irgendwann beim Einkaufen begegnen. Dabei könntest du sie leicht beiläufig mal fragen, was sie *in Gottes Namen* um diese Uhrzeit treiben.«

»Wenn ich zu Hause bin, *arbeite* ich meistens, wie du weißt«, sagte Elza gekränkt. »Übrigens, ich habe die Frau noch nie auf der Straße gesehen.«

Was stimmte. Auf dem Balkon allerdings schon mehrere Male: eine gesetzte Gestalt in einem rosa Morgenmantel; einem graublonden Lockenkopf, der aus einer Kulisse von trocknender Wäsche hervorlugte. Elza spürte ihre Augen, wenn sie draußen etwas machte. Einmal hatte sie einen rosa gewandeten Arm Abfall über den Balkon in den seit langem verwahrlosten Garten werfen sehen, womit die Herkunft der täglich frischen Essensreste zwischen den Lupinen und Hahnenfüßen enträtselt war. Rouladenscheiben, Wurst, Schwarte, Brot, Käserinde und sogar Lachsstückchen, alles von Vögeln höchst geschätzt, allerdings auch von Ungeziefer. Es wimmelte vor Ameisen und Kellerasseln, und Elza hatte in der Küche verdächtig fette Mäuse gefunden.

»Haben *Sie* das vielleicht hier hingeworfen?« rief Elza nach oben, wo die rosa Gestalt sich hinter Geschirrhandtücher zurückgezogen hatte.

Frau Stoof trat ohne eine Spur von Schuldbewußtsein aus der Wäsche vor. »Für die Vögel«, erklärte sie mit einem beschwichtigenden Lächeln, das ebenso den Vögeln als auch ihr gelten konnte. »Es ist doch ewig schade, das wegzuwerfen.«

Elza wies sie auf die Gefahr von Ratten hin. Daran hatte die Nachbarin noch nie gedacht. Die kleine Unterhaltung erwies sich als wirksam; Elza hatte keine neuen Reste im Garten gefunden. Sie hatte Barend aus Angst vor einer neuen Entladung von Nachbarhaß den Vorfall lieber nicht erzählt. Aber ob es auch noch ihre Aufgabe war, diese rosa Tussi zu fragen, was sie da jeden Morgen so trieb...

An diesem Nachmittag traf Elza eine kräftige Frau, die gerade mit Einkäufen beladen in die Nachbarwohnung hineingehen wollte. Wenn das nicht der lauthals willkommen geheißene Besuch war! Wieder hatte er an diesem Morgen gegen halb acht unter Ermutigung der beiden Stoofs die Nachbartreppe bestiegen. Elza hatte die ganze Unternehmung vom Sofa aus verfolgt.

Sie entschied sich für einen Überraschungsangriff.

»Guten Tag«, sagte sie höflich. »Sie sind nun Frau Stoof?«

»Aber nein«, sagte die Frau aufgeräumt, »ich bin Truus Leursen, angenehm. Ich bin die Haushaltshilfe von oben.«

Ach! Sie hätte es sich denken können. Genau wie eine Woche zuvor hatte das Stampfen und Rumpeln sich im Laufe des Vormittags von der Küche in den Flur verlagert, um sich dann in höheren Regionen aufzulösen.

Dort oben wurde radikal saubergemacht.

Blieb das Rätsel der zwei Stunden Lärm vor dem Eintreffen der willkommenen Putzfrau; und dem sonstigen frühmorgendlichen Toben. Aber Elza konnte Truus Leursen doch schlecht danach fragen.

Eine Weile versuchten sie, den nachbarlichen Lärm in ihren Tagesrhythmus zu integrieren. Barend ging abends in sein Arbeitszimmer, während Elza mit Vorräten an Ohropax dem Lärm im großen Bett die Stirn bot. Es war keine befriedigende Lösung, und schon gar keine Dauerlösung. Aber so schliefen sie zumindest, und sie brauchten ihre Nachtruhe. Barend hatte alle Hände voll zu tun mit einer Arbeitsgruppe zum Thema »Niederländische Arbeiterbewegung während der Besatzungszeit«; Elza hatte eine Übersetzung, die unbedingt fertig werden mußte, und drei neue Nachhilfeschüler. Sie war schon froh, wenn sie am Nachmittag eine Stunde für Haydn hatte. Es mußte eben eine Weile so gehen.

Bis Barend an einem frühen Sonntagmorgen sogar in seinem Arbeitszimmer aus dem Schlaf gestampft wurde. Elza wurde durch donnerndes Türenschlagen geweckt. Sie fuhr hoch aus dem Bett, schlaftrunken, irritiert, wütend, daß Barend sie geweckt hatte, obwohl sie selbst durch den Lärm geschlafen hatte.

Barend, in flatterndem Morgenmantel, die ergrauenden Haare in alle Richtungen gesträubt, war außer sich; bleich vor Wut und Müdigkeit. Aber auch, unerklärlicherweise, wütend auf sie; auf Elza.

»Sag mal, was ist denn mit dir los?« fragte sie gereizt. »Kann *ich* vielleicht etwas dafür?« Aber das trug auch nicht gerade zur Besserung seiner Laune bei. Minutenlang standen sie sich gegenüber, zitternd vor Wut, Haß in den Augen.

Das ist verrückt, dachte Elza. Was ist denn in uns gefahren?

Sie verbrachten das sonntägliche Frühstück mit Ausbrüchen von Beinahe-Krächen, mit dem Ausdenken einer Lösung. Es kam ein Schlachtplan zustande.

Barend würde einen Bauunternehmer anrufen. Der sollte die Situation in Augenschein nehmen und die Möglichkeiten für eine Isolierschicht zwischen Küchenboden oben und ihrer Schlafzimmerdecke untersuchen. Barend würde ihn um einen Kostenvoranschlag bitten.

Elza würde ihrerseits die Nachbarn anrufen und einen Termin in allernächster Zeit ausmachen. Sie würden ein ernstes Wort mit den Stoofs reden. Ihnen zu verstehen geben, daß sie die untere Haushälfte nahezu unbewohnbar gemacht hätten. So war es doch? sagte Barend. Zehn zu eins, daß sie auch die vorigen Bewohner hinausgeekelt hatten. War die Unhaltbarkeit des Zustandes dann bis zu den Stoofs durchgedrungen, sollten sie dazu bewogen werden, einem Besuch des Bauunternehmers und eventuellen Bauarbeiten zuzustimmen. Schließlich wollte Barend, obwohl Elza sich wenig davon versprach – aber sie habe leicht reden, sagte er, schließlich habe sie selbst ja auch keinen Pfennig –, auf ein finanzielles Entgegenkommen von seiten der beiden Stoofs drängen. Es sei doch allzu absurd, wenn die Krachmacher sich nicht selbst an den Kosten beteiligen würden.

»Das scheint dir nicht klar zu sein, aber dieser Spaß könnte mich durchaus weitere fünf Mille kosten. Und das ist noch eher niedrig geschätzt«, sagte Barend. »Nur wegen diesem Pack, diesen asozialen ...«

»Ja, das habe ich jetzt gehört. Du sagst es ihnen am besten selbst«, sagte Elza.

Und so war es doch noch zu einem baldigen Besuch gekommen.

Elza hatte frischen Tee gekocht und ein zweites Stück Kuchen angeboten. Frau Stoof saß in einem festlich gepunkteten Kleid neben ihr auf dem Sofa, eine frische Dauerwelle im blondierten grauen Haar. Elza hatte sie am Tag zuvor nach einem ebenso mühsamen wie geräuschvollen Treppenabstieg an Herrn Stoofs Arm Kurs auf den Friseur nehmen sehen. Wacklig, war Elza aufgefallen. Als ob sie statt der schmalen Straße das Deck eines sturmgepeitschten Schiffs überqueren müßte. Elza hatte ihnen trotz allem recht neugierig hinter der Gardine nachgesehen. Der Mann, gedrungen und bucklig, ging schief auf ungleichen Beinen: ein unansehnlicher Gnom. Die Frau war untersetzt, um nicht zu sagen vollgefressen, und fast einen Kopf größer als er. Ihren linken Arm hatte sie unter seinen geschoben; der rechte, mit der Tasche am Ellbogen, durchschnitt die Luft, als würde er verzweifelt Halt suchen.

Lieber Himmel, was für ein Paar. Wartet nur, wir werden euch morgen was erzählen, hatte Elza noch gedacht.

Jetzt saß Herr Stoof, hinter Zigarrenrauch verschanzt, tief versunken in Barends Lehnsessel. Barend saß kerzengerade neben ihm auf einem herbeigeschleppten Küchenhocker. Die Herren unterhielten sich über dies und das.

Der Besuch war völlig falsch gelaufen. Die Chrysanthemen hatten schon von vornherein den kühlen Empfang ausgeschlossen, den Barend und Elza ihnen zugedacht hatten. Danach hatten die Stoofs keine einzige Ermutigung mehr gebraucht. Allein schon die Einteilung der unteren Haushälfte und deren Einrichtung (»So viele Bücher. Siehst du das, Frau?«) reichte für eine Viertelstunde Konversation.

»Nett, dieses Zimmer, so offen. Nett, nicht wahr, Mann«, sagte Frau Stoof. »Doch ganz anders als bei uns. Oh, und Sie sind die Pianistin? Also, das finden wir sehr gemütlich, müssen Sie wissen. Das stört uns überhaupt nicht«, sagte Frau Stoof.

»Ganz anders als bei uns«, sagte Herr Stoof zu Barend. »Eine ganz andere Idee. Oh, und dort steht das Klavier also. So, also die Dame war die Pianistin.«

Allen Absichten zum Trotz herrschte schon bald eine ziemlich angeregte Stimmung. Aber Elza wußte, wie hoch oben diese Art von Gemütlichkeit auf Barends schwarzer Liste der Bürgerlichkeiten stand. Er trug das starre Lächeln, das sie so gut kannte: die freudlose Entblößung der Zähne, den gnädig erhobenen Bart. Gleich würde es passieren. Dann war plötzlich seine Geduld am Ende, und er würde losbrechen. Unruhig und ängstlich verfolgte sie mit einem halben Ohr das Gespräch der Herren, während sie mit höflichen »Achs« und »Tatsächlichs« auf Frau Stoofs unbekümmerten Wortfluß reagierte.

Das Ehepaar ergänzte sich nahezu nahtlos.

»Ich wollte nicht anrufen«, sagte Frau Stoof zu Elza. »Ich dachte mir: Wir warten auf Ihre Initiative.«

»Sie sagte noch: Soll ich anrufen, aber ich habe gesagt: Mensch, die Initiative liegt bei ihnen. Sie haben damit angefangen«, vertraute Herr Stoof Barend an.

»Also habe ich gewartet. Ja, ich habe schon einmal gedacht, wissen Sie, wenn ich Sie im Garten beschäftigt sah: soll ich das Frauchen vielleicht einladen. Aber ich dachte: Sie haben schließlich damit angefangen. Ich dachte mir: Sie haben viel zu tun.«

»Und Sie haben natürlich auch viel zu tun«, sagte Herr Stoof verständnisvoll zu Barend. »Ich sagte noch: Mien, sagte ich, diese Leute haben viel zu tun. Warte einfach ruhig ab. Aufgeschoben ist nicht aufgehoben. Und jetzt sind wir da.« Mit einer energischen Geste, für die er seinen ganzen verwachsenen Körper verrücken mußte, reichte er zum Aschenbecher und tippte die Asche von seiner Zigarre.

In der kurzen Pause, die folgte, mahlte sein künstliches Gebiß deutlich vernehmbar.

»Wir gehen nicht so viel aus, müssen Sie wissen«, sagte Frau Stoof, während sie das letzte Stück Kuchen an die prüfend gespitzten Lippen brachte. »Aber ich sage zu Wim, ich sage: Mein Kleid hängt bereit. An mir soll es nicht liegen.«

Herr Stoof, halb vornübergeneigt in dem niedrigen Lehnsessel, zeigte mit der Zigarre auf seine Frau, den kahl werdenden Kopf schräg in einer vertraulichen Männer-unter-sich-Bewegung zu Barend erhoben. »Die Frau war extra beim Friseur. Sie ist kein Ausgehtyp, müssen Sie wissen.«

Barend nickte steif, ohne Verständnis; er ahnte nichts von der mühsamen Straßenüberquerung, die Elza beobachtet, jedoch keinen Augenblick mit dem Besuch in Zusammenhang gebracht hatte.

Wie peinlich war dies alles jetzt. Obwohl Elza keineswegs vergessen hatte, daß das hier ihre Quälgeister waren, hatten die Stoofs mit ihren gelben Chrysanthemen und ihrem kleinkarierten Geplapper ein unerklärliches Mitgefühl in ihr hervorgerufen; eine Mischung aus Rührung und Scheu. Sie fand die Stoofs ergreifend. Sie mußte sie vor Barends Wut schützen.

Elzas Blick kreuzte den von Barend, und sie spitzte die Lippen: einen Drink. Jetzt, da aus dem ernsten Wort, dem formellen Gespräch, doch nichts mehr werden würde, mußten sie die Vertraulichkeit steigern und dann nachher das schwierige Thema quasi beiläufig zur Sprache bringen. Barend sah auf die Uhr und machte eine beruhigende Geste. Oh, *Mann*, dachte Elza ärgerlich. Es war erst halb fünf; es war Barend noch zu früh für einen Drink. Mehr als bürgerlich gesprochen!

»Noch keine Kinder?« fragte Frau Stoof. »Ich denke: die Frau ist viel zu Hause. Es ist schon still so, ohne Kinder.«

»Noch keine Kinder, nein«, sagte Elza ausweichend. Trotzig stand sie auf, um Gläser aus dem Schrank zu holen. Hinter Frau Stoofs gepunktetem Kleid warf sie Barend einen Blick zu – der Schnaps war sein Metier. Als er mit deutlichem Widerwillen fragte, ob die Gäste etwas trinken wollten, rückte Herr Stoof seinen schiefen Körper erfreut ein Stückchen gerade. Einen reifen Klaren, ja; ein reifer Klarer würde schon reinpassen, so am Ende des Nachmittags. Frau Stoofs gespitzte Lippen schienen nach Sherry zu gelüsten.

Es lief, wie Elza gedacht hatte. Die Stimmung stieg. In aller Eile gefüllte Schälchen mit Paprikachips fanden so reißenden Absatz, daß es Elza leid tat, daß sie nicht für etwas Deftigeres gesorgt hatte. Die Stoofs gediehen prächtig auf ihrem siamesischen Gesprächsstuhl, mit kleinen Meinungsverschiedenheiten hier und da unter dem Einfluß des Alkohols.

Frau Stoof erzählte von ihren früheren Nachbarn unten, mit denen sie zu ihrem Leidwesen so wenig Kontakt gehabt hätten. Die Frau, so erzählte sie, sei eben auch berufstätig gewesen.

Elza erklärte, daß sie ebenfalls arbeite, wenn auch zu Hause; und schnappte inzwischen auf, daß Herr Stoof, oder Barend, vom Krieg angefangen hatte. Nun, das war auf jeden Fall ein Bereich, der sich Barends beruflichen Interessen erfreuen konnte. Und erst recht, als sich herausstellte, daß Herr Stoof seinerzeit Fabrikarbeiter gewesen war. Es fielen Namen, die Elza aus Barends Manuskripten X, Y, Z kannte: führende Persönlichkeiten aus der Arbeiterbewegung und aus dem Widerstand.

»Aha! Sie wissen ziemlich gut Bescheid«, sagte Barend anerkennend. Als hätte er Herrn Stoof examiniert, dachte Elza. Wie kam er eigentlich dazu, sich wildfremden Leuten gegenüber zu verhalten, als seien sie Studenten?

»Möchte jemand noch ein Gläschen?« fragte sie übermütig mitten in das Herrengespräch hinein, das in eine Vorlesung von Barend über den Nachkriegssozialismus ausgeufert war.

Aber als jedem nachgeschenkt worden war, trat eine Stille ein, in der nur das träge Mahlen von Herrn Stoofs Gebiß zu hören war.

Barend, sah Elza, war beleidigt. Sie hatte ihn mutwillig unterbrochen; das hatte er sehr wohl bemerkt. Darüber würde sie nachher einiges zu hören bekommen.

Jetzt oder nie, dachte Elza; bevor Barend den Moment benützte, um selbst das Heft in die Hand zu nehmen und die Stoofs vielleicht mit taktlosem Benehmen noch unnötig in Harnisch brachte.

»Ach ja, Frau Stoof, bevor ich es vergesse«, begann Elza betont leicht. »Das wollte ich noch sagen. Sie sind morgens schon ziemlich früh auf den Beinen, und es ist so – wir schlafen nämlich direkt unter Ihrer Küche ...«

»Früh auf den Beinen, ja – immer«, sagte Herr Stoof. »Wir sind keine Langschläfer, wissen Sie. Sechs Uhr meistens, nicht wahr, Frau? Ja, sie ist immer als erste draußen«, sagte er und gestikulierte mit seiner Zigarre, während eine gutmütige

Schnapsröte auf seinen Wangen erschien. »Die Frau. Ich drehe mich an sich ganz gern noch mal um, vor allem im Winter.«

Seine Frau kicherte geschmeichelt; sie nahm mit abgespreiztem kleinen Finger einen Schluck von ihrem Sherry.

»Die Sache ist die«, sagte Elza, »daß das Haus leider schrecklich hellhörig ist. Sie merken davon wahrscheinlich nichts, aber wir hören hier unten wirklich alles.«

»Das ist doch nicht möglich«, sagte Frau Stoof perplex. »Wir sind immer so leise, stimmt's, Mann?«

»Immer leise«, pflichtete Herr Stoof ihr bei.

Elza stand auf, um Herrn Stoof einen neuen Schnaps einzuschenken. Ein bescheidener kleiner Schrei von Frau Stoof lenkte die Aufmerksamkeit auf ihr leeres Glas. Elza schenkte auch ihr nach.

Barend räusperte sich. »Wenn ich fragen darf«, sagte er eisig, »was machen Sie beide denn da alles, so früh am Morgen?«

»Noch etwas zum Knabbern?« sagte Elza.

»Saubermachen«, sagte Frau Stoof und griff gierig in die Schale mit Paprikachips. »Zuerst alles wegräumen. Vorher kann der Tag für mich nicht beginnen.«

»Meine Frau ist sehr reinlich im Haus«, sagte Herr Stoof hinter seiner frischen Zigarre.

»Ja«, sagte Elza. »Das haben wir uns schon gedacht. Wir hören Sie morgens so eifrig staubsaugen.«

Frau Stoof lächelte nachsichtig. Ihr Mann sagte: »Versuchen Sie es ihr mal auszureden«, woraufhin Elza und Barend gleichzeitig fragten: »Wieso denn?«

»Krankhafte Furcht vor Schmutz«, sagte Herr Stoof.

»Noch vom Krieg her«, sagte seine Frau.

»Ach, und wenn das nur das Schlimmste wäre«, sagte Herr Stoof. Er schnaubte, den Mund einen Spalt offen. Sein Gebiß klapperte unheilvoll.

In der darauffolgenden Stunde erzählten die Stoofs; gierig, als ob sie nun endlich ihre Chance wahrnehmen konnten, eigentlich hierfür gekommen waren. Abwechselnd, manchmal gleichzeitig, mit einträchtigen Pausen.

1943 seien sie von den Deutschen aus ihrem Haus verschleppt worden. Aus diesem Haus, in dem sie seit ihrer Heirat gelebt hätten: »Wir könnten nie mehr woanders heimisch werden.«

Sie seien nach Amersfoort transportiert worden; den Transport habe ihr vierjähriger Sohn nicht überlebt. Später nach Westerbork, wo sie bis zum Ende des Krieges gesessen hätten. Getrennt natürlich; sie hätten bis zur Befreiung nicht gewußt, ob der andere noch lebte. Frau Stoof, Mutter und hochschwanger, als sie weggeführt wurde, war kinderlos aus dem Lager zurückgekehrt.

»Ein Dutzend Frauen in einem Raum so groß wie ein Badezimmer«, sagte Frau Stoof. »Da kann man sich schon vorstellen, wie das mit der Hygiene war. Dort habe ich mein Baby verloren. Morgens wurde es vom Wachmann weggekehrt. Einfach so.« Sie machte eine fegende Bewegung mit beiden Händen.

Herr Stoof sagte: »Sie ist nie darüber hinweggekommen.«

Frau Stoof lächelte. Nein, sagte sie auf Elzas Frage hin. Mehr Kinder konnten nicht kommen, dafür hätten die Moffen schon gesorgt... Einzelheiten folgten, die Herr Stoof für Barend noch einmal wiederholte. Daraufhin berichtete er von seinen eigenen Mißhandlungen... »...meine Zähne«, hörte Elza.

»Und seine Zähne«, bestätigte Frau Stoof. »Sie haben ihm alle Zähne aus dem Mund geschlagen.«

»Und mein Rücken...«, sagte Herr Stoof.

»Und seinen Rücken haben sie kaputtgetreten«, sagte Frau Stoof.

In der darauffolgenden Stille war nur Herrn Stoofs Gebiß zu hören.

»Ja«, sagte Frau Stoof. »Es ist ein Wunder, daß er noch gehen kann.«

»Und es ist auch gut so«, sagte Herr Stoof. »Sonst würden wir beide keinen Schritt mehr vor die Tür machen.«

Frau Stoof sei, so erzählte ihr Mann, seit dem Krieg kaum noch auf der Straße gewesen. Der Arzt nenne es Platzangst. Gestern habe sie zum ersten Mal seit drei Jahren wieder einen Versuch gewagt – die lächerliche Strecke zum Friseur gegenüber. Sie wollte für den Besuch gepflegt aussehen, aber der

Friseur hatte so kurzfristig keine Zeit gehabt, sie wie sonst zu Hause zu frisieren.

»Aber das mache ich nie mehr. Mann! Hörst du. Mich kriegst du nicht mehr auf die Straße.« Waschen, Schneiden, Dauerwelle legen sei noch gut gegangen, aber unter der Haube sei sie von Panik befallen worden. Der Friseur habe Herrn Stoof angerufen. Mit vereinten Kräften hätten sie sie wieder über die Straße bugsiert.

In dieser Stimmung von Verständnis und Verbrüderung, die entstanden war, ließen die Stoofs zu Elzas Erleichterung und Barends Verwunderung hinsichtlich des Problems der Hellhörigkeit sehr wohl mit sich reden.

Sie gingen auf Barends Vorschlag hin zu einer Demonstration über. Elza und Herr Stoof würden oben in der Küche ein wenig schieben und rumpeln. Barend würde Frau Stoof im Schlafzimmer den Effekt hören lassen.

Leicht angeheitert – es war inzwischen nach sechs – kletterte Elza hinter Herrn Stoofs schwer arbeitenden Rücken die Treppe zum Oberhaus hoch.

In der pieksauberen Küche war wenig zu sehen. Es lag fahles orangefarbenes Linoleum auf dem Boden, das ebenso häßlich wie verschlissen war. Ein Kunststofftisch wurde von zwei harmlosen Küchenstühlen flankiert. Herr Stoof machte hilfsbereit die Küchenschränke auf und zu. »Wir sind immer leise«, wiederholte er. »Aber wenn Sie umbauen wollen – von mir aus. Dann können wir hier gleich einen neuen Belag legen lassen.«

Wo waren die schweren Gegenstände, die jeden Morgen über ihrem Kopf umfielen? Elza schob halbherzig mit einem Stuhl, traute sich aber nicht, demonstrativ zu rumpeln und zu stampfen, wie die Stoofs das morgens taten. Sie schützte Interesse für den Balkon vor, der kahl und farblos Aussicht auf ihren eigenen unordentlichen, kaum angelegten Garten bot.

Danach winkte Herr Stoof Elza und ging ihr durch den peinlich sauberen Flur voran. An den Wänden hingen Bilder verschiedener Rosensorten. Im Wohnzimmer, links vom staublosen Kamin, war eine Art Nische, die schreinartig eingerichtet war. Bücherregale hinter Glas bargen die komplette Ausgabe von *De Tweede Wereldoorlog In Beeld.* Ferner De Jongs *Het*

Koninkrijk der Nederlanden, Pressers *Ondergang*; aber auch *Mein Kampf*, Briefe von Stalin und Biographien von Hitler, Goebbels und Göring.

Auf einem glänzend gewienerten Büfett standen vor einer Vase mit rosa Nelken zwei gerahmte Bilder. Eines zeigte einen ernsten, zarten Jungen von etwa drei Jahren, der auf einem Roller balancierte. Dies konnte niemand anders als der kleine Stoof von damals sein. Der Elza bekannte Bürgersteig und die Straße verloren sich herzförmig im vergilbten Passepartout.

»Ja«, sagte Herr Stoof auf Elzas Frage hin. »Das war Felix, unser Sohn.« Er nahm den Rahmen wie eine Reliquie in die Hände. »Und das«, sagte er und zeigte auf den zweiten Rahmen. »Das war bei unserer Hochzeit 1937.«

Elza konnte die heutigen Stoofs nur mit Mühe in dem Brautpaar erkennen. Die Frau, eine etwas derbe Schönheit, war eher schlank als mollig, das glatte Haar nicht blond, sondern schwarz; und der Mann, kräftig, mit einem breiten Zahnlachen und blondem Schopf, war gut einen halben Kopf größer als sie.

»Schön war sie, Ihre Frau«, sagte Elza gerührt. »Also ist sie eigentlich dunkelhaarig?«

»Sie ist jüdisch«, flüsterte Herr Stoof. »Aber davon hat sie nie mehr etwas wissen wollen.«

Es blieb eine Stille im Raum, nachdem sie die Stoofs zur Tür gebracht hatten.

Bis Barend sagte: »Das ist ja ein komisches Paar. Krankhaft, so wie die sich an die Vergangenheit klammern. Lieber Himmel. Es ist natürlich schrecklich, aber es ist gut dreißig Jahre her. Die ganze Zeit die Wunden lecken – sie sind nicht die einzigen, die etwas davon zurückbehalten haben.«

»Das stimmt, aber ...«, sagte Elza. Sie wollte von dem Hochzeitsfoto anfangen; sah, darin aufgelöst, das Bild des gebrochenen Paares, das zum Friseur gehumpelt war. Sie wollte Barend von dem kleinen Jungen in dem vergilbten Herz erzählen, von Herrn Stoofs Kriegsbibliothek, die Barend sicher interessieren würde. Aber sie wußte nicht, warum, sie konnte es nicht. Sie schwieg.

»Was habt ihr eigentlich gemacht?« fragte Barend. »Was genau habt ihr in der Küche gemacht? Fangen gespielt? Hast du es dem Alten mal gezeigt?«

»Nichts«, sagte Elza. »Nichts Besonderes. Dazu ist es – äh – gar nicht gekommen. Er hat die Küchenschränke auf- und zugemacht, und ich habe kurz einen Stuhl verrückt. Und ich bin auf dem Balkon gewesen.«

»Nicht gestampft?«

»Ganz normal gegangen.«

Sie sahen sich an. Barend blieb der Mund offenstehen. Elza begann nervös zu lachen.

Der Bauunternehmer sprach von einem akustischen Effekt. Es käme öfter in diesen Häusern vor. Ganz zu lösen sei es nie; das Treppenhaus würde weiterhin mehr oder weniger als Klangkörper fungieren. Der Bauunternehmer kratzte sich mit dem Zollstock den Oberschenkel durch den festen Stoff seiner Arbeitshose. Aber, sagte er, im Schlafzimmer könne die Belästigung mit einer Glasfaserschicht auf vierzig bis fünfzig Prozent reduziert werden. Der Preis sei nicht einmal so hoch. Für etwa zweieinhalb bis drei Mille könnten sie schon ein ganzes Stück weit kommen.

Abgemacht, sagte Barend.

Es kam eine Glasfaserschicht.

Die Hellhörigkeit war leicht zurückgegangen. Was sie jetzt noch hörten, ärgerte Barend nicht mehr so sehr. Vielleicht machte es einen Unterschied, daß sie die Stoofs inzwischen kannten; oder auch die Tatsache, daß alles Mögliche getan worden war. Barend schlief wieder im großen Bett, aber Elza kroch auf ihre eigene Seite. Sie lag nachts oft wach, und wenn dann morgens früh der Lärm begann, konnte sie nicht mehr einschlafen. Immer öfter flüchtete sie sich auf das Sofa unten.

Elza hielt es nicht aus im Bett, nicht im Haus, nicht mehr bei Barend. Auch wenn sie nichts hörte, war sie sich der unaufhörlichen Anwesenheit der Stoofs oben bewußt. Sie hatte noch immer nicht mit Barend darüber reden können. Wie konnte sie erklären, was sie so bedrückte? Es war nicht nur das Geräusch an sich. Es war eine Schwere, eine Stimmung; eine Säule von

Leid, die, selbst wenn sie nichts hörte, selbst wenn sie den schüchternen rosa Morgenmantel in der Novemberkälte jetzt schon lange nicht mehr auf dem Balkon gesehen hatte, bleischwer auf ihrem Haus lastete. Bilder verfolgten Elza. Das junge Paar auf dem Hochzeitsfoto; der Junge mit seinem Roller; die beiden verwüsteten, verwachsenen Leben von heute. Fetzen ihrer schrecklichen Geschichte. Herr Stoof sagte: »Sie hat es nie verwunden.« Frau Stoof, die hatte wissen wollen, warum sie, Elza, noch keine Kinder habe.

Warum konnte sie nicht mit Barend darüber reden?

Vielleicht, dachte sie, ist es unser Altersunterschied. Sie hatten eine andere Einstellung zu diesen Dingen. Sie war 1946 geboren, Barend hatte den Krieg als kleiner Junge selbst erlebt. Was für ihn Realität war, Erinnerung, Material für seine Arbeitsgruppe und seine feurigen Schriften, war für sie Überlieferung, Phantasie, Finsternis. Fotos: die Geschichten ihrer Eltern. Alpträume. Das Schlimmste. Das, was die Stoofs überlebt hatten und woran sie immer noch dachten.

Welches Leid erwartete sie, fragte sich Elza. Welches Glück? Welche Zukunft? Spektakulär würde es nicht werden; kein Krieg in Aussicht; nicht einmal eine Revolution. Die großen Dinge, die Barend bewegten und über die sie sich immer rührend einig gewesen waren; vielleicht würden sie nicht einmal die erreichen. Aber – diese Möglichkeit fiel ihr ein – vielleicht war es so, daß das, was Barend klein nannte, für sie Großes in sich barg. Das, was für ihn groß war, für sie letztlich ungreifbar blieb, unpersönlich, in gewisser Weise sogar unwichtig. Waren die Dinge des Lebens eigentlich für jeden dieselben?

Elza war fix und fertig. Sie war mit den Nerven am Ende, und aus irgendeinem Grund hielt sie es in dem Haus nicht mehr aus. Soweit konnte Barend es nachvollziehen; das waren Probleme, über die man reden konnte. Aber wie war sie plötzlich darauf gekommen, daß ihre Beziehung unwiderruflich gescheitert sei? Was hatte sie doch die ganze Zeit, schluchzend, über die Stoofs sagen wollen? Was hatten die um alles in der Welt mit ihrem Konflikt zu tun? – fragte Barend erstaunt.

Elza, schon wieder in Tränen, war nicht in der Lage, es ihm zu erklären.

Weißes, kühles Winterlicht fiel durch die Lamellen. Elza durfte sich setzen, aber der Makler hatte wenig Zeit. Er kramte in seinen Unterlagen und erledigte ein Telefonat. Eine blonde Sekretärin, die neu für Elza war, goß mit überlegener Ungeduld die üppigen Zimmerpflanzen.

Als der Makler soweit war, fragte Elza, ob er vielleicht ein Appartement für sie wisse. Zu mieten, nicht hellhörig (sagte sie mit Nachdruck), denn sie spiele Klavier; und am liebsten unter vierhundert Gulden.

»Ach«, begriff der Makler. »Sie trennen sich? Wie schade. Tja, Frau, Fräulein ... eh ... ich habe heute nachmittag wenig Zeit. Ich gebe Ihnen ehrlich gesagt auch keine große Chance in der Preisklasse, die Sie nennen. Tja. Nehmen Sie es mir nicht übel, ich habe gleich einen Termin. Der Klient hätte schon da sein müssen.« Er sah auf die Uhr und stand auf, um Elza zur Tür zu bringen.

Elza sah zu ihrer Befriedigung, daß sein Gesicht, so ganz ohne Lächeln, kaum zu erkennen war.

Philip Markus

Das Wunder

Mitten in Amsterdam steht ein Grachtenhaus. Am Eingang zum Souterrain hängt ein kleines Schild mit der Aufschrift »Generalsekretariat für Genauigkeit und Seele«. Es gibt Hobbys, die das Chaos bekämpfen, und Hobbys, die es heraufbeschwören.

Ich bin im Zweite-Welt-Laden gewesen wegen eines Plakates. Es war ein russisches Farbplakat mit der Abbildung einer strahlenden Mutter. Sie hatte ein Kopftuch um und ein rosiges Baby auf dem Arm. Mutter und Kind blickten über endlose wogende Getreidefelder der Zukunft entgegen. Die Sonne schien. Ich hatte dieses Plakat in der Auslage einer Zweigstelle von *De Waarheid* in Amsterdam-Oud-West hängen sehen. Es hing dort im Fenster, vermutlich, um die Sicht zu verwehren. Aber eines Tages war es verschwunden.

Das Mädchen, das im Zweite-Welt-Laden arbeitete, war ungewöhnlich schön. Sie hatte das Heimwehstadium schon hinter sich. Eine große Müdigkeit überschattete ihre Schönheit. Im Laden roch es nach einem Vervielfältigungsapparat, den man nicht sah. Ich fragte nach dem Plakat. Ich fange immer an zu stottern, mit den Armen zu rudern und auf den Boden zu schauen, wenn ich fremde Höfe betrete. Sie sagte, ich solle hier und dort und eventuell noch oben nachsehen. Sie stand auf der Stufe zur Küchentür mit einem Binsenkorb vor dem Bauch. Gänse drängten sich vor ihren Füßen. Sie stellte den Korb auf den Boden und verschwand.

Kurze Zeit später kam sie wieder mit ihrem Mann. Ob ich etwa eins von diesen altmodischen Plakaten meinte, fragte er. Er nannte sie »sozialrealistische Propagandazeichnungen« und verglich sie mit Nazi-Kunst, worauf er fast drohend sagte, so etwas verkauften sie nicht. Ich verstand nicht, warum er sich so aufregte. Ich sagte, ich sei ja gerade zu ihm ins Geschäft gekommen, weil ich dachte, er *habe* russische Plakate. Darauf ging er nicht ein. Er wollte nur wissen, ob ich diese Art von Kunst schön fände. Ich sagte, das tue hier nichts zur Sache.

Nun begann der Ladenbesitzer, mir kurzgefaßt zu erzählen, daß sich heute alles um Glasnost dreht, weil sich in der Sowjetunion etwas geändert hat. Er redete auf mich ein, als sei ich ein Idiot. Das Mädchen nickte. »Vielleicht«, sagte er, ohne dabei zu lachen, »sollten Sie sich bei der Sowjetplakatfabrik beschweren.« Unwillkürlich war ich zum Ausgang gegangen. »Vielleicht«, sagte das Mädchen hämisch, »müssen wir ja in die fünfziger Jahre zurück.« Ich hatte die Ladentür schon einen Spalt geöffnet. Die Geräusche von draußen drängten die Stimme des Mannes in den Hintergrund. Ich ging hinaus und an dem Haus vorbei, in dem René Descartes während seiner Amsterdamer Zeit einige Zeit gewohnt hatte. Der wahnsinnige Glockenspieler vom Westertoren hatte einen seiner endlosen Beatles-Zyklen begonnen.

Ich fühle mich verloren, wenn ich an die Welt denke, die in der Zeit vor meiner Geburt bestand. Wie damals vom naiven Optimismus profitiert wurde. Wie man Freude und Glück versprach. Wie man Dasein füllte mit lauter »Wenn dies einmal« und »Wenn das einmal«. Daher stammt all diese Verbitterung. Die Zivilisation ist ein Garten, in dem Meinungsfreiheit haufenweise auf den Müll gekippt wird. Ein Kunstverleih kommt unter die Ehrentribüne, ein Videoverleih unter die Stadtseite, ein Pornoladen unter die Familientribüne, und »Anruf für Herrn Waldheim« unter die *F-side*.* Schließlich warf

* September 1989 begegnete Ajax dem jüdischen Wiener Verein Austria Memphis in einem Spiel um den Europapokal. Ein Gastsprecher im Stadion, der Kabarettist Freek de Jonge, ließ ausrufen: »Anruf für Herrn Waldheim.« Ein fader Witz. Darauf reagierten die traditionell in der F-Kurve des Stadions plazierten jungen Supporter mit Sprechchören: »Nazi, Nazi.« Einer von ihnen warf einen eisernen Stab auf den Torwart von Austria Memphis, der dadurch ausgeschaltet wurde. Der Schiedsrichter brach das Spiel zwanzig Minuten vor

die Schwerindustrie einen Eisenbarren auf das Spielfeld, und der traf den Torhüter der Gegenpartei am Rücken. (»Nazi, Nazi.«) Es muß doch eine Zeit vor jener Zeit gegeben haben.

Gegenüber dem Hintereingang des Palastes verbergen ein paar Bäume mit ihrer Blätterdecke ein sehr merkwürdiges Gebäude. Es ist groß, viereckig, mit Backsteinen hochgezogen und vom verfluchtesten Braun, das es gibt. Das Gebäude hat fünf Stockwerke, die durch einen breit überkragenden Rand zum Teil der Sicht entzogen werden. Man kann vom dritten Stock an aufwärts nicht mehr durch die Fenster ins Innere schauen. Je höher das Gebäude aufragt, desto mehr scheinen die Stockwerke zurückzuweichen. Die breiten Ränder formen einen Stehkragen, der dicht unter dem Kinn schließt. Das Gebäude hat keinen auffallenden Eingang. Auf den ersten Blick hat es überhaupt keinen Eingang. Denn der Eingang liegt auf der Rückseite, wo eine kleine Steintreppe an einer blinden Mauer endet. Wer hier eintritt, verschwindet schnell.

Im ersten Stock ist nie ein Mensch. Manchmal sind die großen Metallrolläden nicht heruntergelassen. In einem halbdunklen Raum verstauben schwere reglose Konstruktionen. Gußeiserne Säulen stehen in Reih und Glied und tragen horizontale Balken, aus denen Tausende von Drähten ragen. Abends sind die Rolläden am ganzen Gebäude heruntergelassen. Hoch oben brennt hinter drei Fenstern Licht. Das Gebäude verwaltet sich selbst.

Eines Tages wird vielleicht jemand zurückkommen und seinen Besitz wieder einfordern, dann wird der Nieuwe Zijds Voorburgwal wieder zu einer breiten Gracht mit Brücken. Am 21. Juli 1897 sah man an dieser Stelle eines der ersten Automobile durch die Stadt fahren. Das Ding wurde umschrieben als eine Bettstatt auf Rädern, die sich »mit der Geschwindigkeit eines Pferdes in mäßigem Trab« fortbewegte. Auch heute ist hier kaum Verkehr. Seit Jahren wird hier gekehrt. Eiserne Straßenbahnschienen durchfurchen den breiten Asphaltstrei-

Schluß ab, und Ajax wurde von der weiteren Teilnahme am Turnier ausgeschlossen.

fen zwischen Palast und Gebäude. Es ist nicht klar, ob dies eine Straße ist oder ein Platz. Niemand weiß, wie er sich hier benehmen soll. So viel Raum, und doch kann man nirgendshin. Wer ihn diagonal überquert, fühlt sich vogelfrei. Hier war früher eine siebzig Meter breite Überwölbung namens Donkeresluis. Auf der Rückseite des Palastes stehen manchmal Soldaten der Königlichen Garde in Schilderhäuschen aus Pappkarton. Die Häuschen werden nach Benutzung morgens gegen sechs Uhr auf einen Lastwagen geladen und weggefahren.

Richtung Spui drehen dir die Häuser den Rücken zu. Das Historische Museum sitzt in seinem Campingstuhl. Es lädt weder ein, noch stößt es ab. In dieser Straße ist immer Samstag. Hier stehen Bäume. Eine Kunststudentin läßt ihre Bilder raus. Die Keller der Antiquare sind überschwemmt. Das Gebäude der Scientologysekte ist ein großer Plastikwäschekorb. Die davorgestellten Müllsäcke sehen aus wie über den Rand gefallene Socken.

Ich gehe in die andere Richtung. Es riecht nach Seifenlauge. Kaum sind die Betten ausgeklopft, wird der Bürgersteig jeden Morgen von Frauen mit fleischigen weißen Unterarmen geschrubbt. Früher hießen die Seitenstraßen und Gäßchen hinter diesem Abschnitt des Nieuwe Zijds Voorburgwal »het Hol«. Das Viertel war eine selbständige kleine Republik. Als sich gegen Ende des 19. Jahrhunderts einige Damen von zweifelhaftem Ruf in het Hol niederlassen wollten, wurden sie von den ansässigen Hausfrauen mit Eimern voller Asche und Kartoffelschalen aus ihren Wohnungen gejagt. Die Stühle, Blumentöpfe, Bratpfannen und Vogelkäfige wurden ihnen brav hinterhergetragen. Die Leute aus dem Viertel bildeten eine Kette, reichten die Sachen weiter und stapelten sie ordentlich am Ufer auf.

In jeder Zeit ohne klare Normen fällt Anstand auf dieses Niveau zurück. Man kann bei solchen Menschen untertauchen. Sie bleiben die ganze Zeit stur. Wenn man ihnen später noch einmal begegnet, grüßen sie, halten aber keinen Schwatz mit einem.

An der Martelaarsgracht sitzt der Hausmeister. Er hat einen *home computer*. Die Verwaltung der Straße interessiert ihn nicht. Er spekuliert an der Börse und sieht nicht, wie Berber und Junkies seine Hauseingänge vollpissen. Der Schmutz des Nieuwe Zijds wird vor seine Haustür gekehrt. Straßen und Gassen kriechen mühsam darunter zum Vorschein. Sie werden von schäbigen Menschen bevölkert, die nicht weiter gehen, als ihnen die Straße erlaubt. Auf dem Bürgersteig bleiben sie stehen. Ihre Schuhe haben sie aus der Gracht geangelt. Ein Stück Bindfaden hält ihre Hose zusammen. Hohläugig starren sie den Passanten nach. Manchmal halten sie jemanden an und bitten ihn um einen Gulden.

Ich biege rechts ab in die Fußgängerzone. Textil kriecht an mir hoch oder fällt von den Fassaden auf mich herunter. Dröhnende Musik verursacht eine peristaltische Bewegung. Man wird von dieser Straße vorwärtsgeknetet. Ladenschilder und über die Straße gespannte Reklametransparente ziehen die Häuser enger zusammen. Rechts und links stehen die Geschäfte in ihrem eigenen Erbrochenen. Hier flaniert die *F-Side*. Junge Pärchen aus der Provinz kaufen hier Mode. Ich weiß schon ein paar Minuten lang nicht mehr, wohin ich schauen soll und versuche, möglichst vielen Schlenderern auszuweichen. Auf einmal bin ich der Größte in einer Gesellschaft nervös lachender Fremder. Gerade ist ein Luxusreisebus mit Japanern angekommen. Ich stehe auf dem Dam.

Der Platz liegt vor mir in der Sonne. Die Königin ist nicht zu Hause. Die Tauben haben einen Fotoapparat um den Hals. Vor ein paar Jahren, als die englische Königin zu Besuch kam, wurde auf dem Dam ein Englischer Garten angelegt. Zu jedem Palast gehört schließlich ein Garten. Darin mußte die Königin der Niederlande mit der Königin von England spazierengehen. Der Garten bestand aus ein paar Blumenrabatten und einem halben Dutzend Bäumchen. Die Bäumchen vertrockneten schneller als vorgesehen. Zu beiden Seiten der Spazierwege hatte man niedrige Zäunchen angebracht, wie man sie aus englischen Parks kennt. So konnten sich die Hunde der englischen Königin nicht in den Blumenrabatten verirren. In der Mitte des Ganzen war eine Teelaube errichtet worden.

Nach diesem fürstlichen Spaziergang mußte der Palast abgestützt werden. Er drohte vor Lachen zusammenzubrechen. Am nächsten Morgen tauchten an den Mauern Tausende sich stützende und gegenseitig umklammernde Eisenrohre auf. Darauf lagen Bretter. Über diesen Aufbau wurde grüne Gaze gespannt. Manchmal gingen Männer in weißen Kitteln über die Bretter. Als die zeitliche Hülle entfernt wurde, kniete der Palast noch immer. Viel später zeigte mir jemand, daß der Balkon gestrichen worden war. Damals sah ich zum erstenmal, daß der Palast einen Balkon hat. Ein Goldton, wie man ihn auch auf Drehorgeln findet, deckte ihn zu.

In den Tagen der Gazeverhüllung brachen zwei junge Leute aus der autonomen Szene in den Palast ein. Sie waren an den Eisenrohren hochgeklettert und hatten ein paar Tage lang im Königlichen Schlafzimmer gewohnt. Verliebtheit kann schön sein.

Auf der anderen Seite des Palastes wartet schon das finstere Gebäude wieder auf mich. Auf dem Dach stehen gläserne Häuschen mit einer Reling drum herum. Dort oben ist es so leer wie an Deck eines Ozeandampfers. Ich gehe links am Gebäude vorbei. Die Straße, in die ich jetzt komme, hieß früher der Stilsteeg.

René Descartes war Mathematiker und Zwangsneurotiker. Er stellte das »Ich denke« auf das höchste Podest. Danach erst folgte die Welt des »Ich bin«. Dies bedeutete im Klartext, daß Ideologie den Anfang jeder Vorstellungswelt bildete. Hier war nur eine Schlußfolgerung möglich: Wollte man andere Ideen loswerden, mußte man zuerst die dazugehörende Welt verschwinden lassen.

Es klingt unglaublich, aber die schönste Gracht in Amsterdam, die Reguliersgracht, mußte im Jahr 1901 durch eine in aller Eile organisierte Privatinitiative und flammende Reden besorgter Bürgerherren aus den Händen der Hooligans gerettet werden. Am liebsten hätte man die Reguliersgracht im Rahmen des notwendigen Fortschritts zugeschüttet.

Verschwunden, unersetzlich und nie mehr zurückzubekommen: die Goudsbloemgracht (1856 zugeschüttet), die Anjeliersgracht (1861), der Leprozenburgwal (1861), der Nieuwe Zijds Achterburgwal (1867) und der Spui (1882). Verschwunden: die Leprozengracht (1882), wo drei Kaufhäuser des Kollegiums der Oudezijds Huiszittenmeesters standen, und die Houtgracht (1882), wo sich die Mozes-en-Aaron-Kirche nachmittags im Wasser spiegelte.

Unersetzlich, nie mehr wiederzubekommen: der Nieuwe Zijds Voorburgwal und die Martelaarsgracht (1884), die Rozengracht (1889), die Elandsgracht (1891), der Paulus Potterkard (1892), die Lindengracht (1895), die Palmgracht (1895), die Warmoesgracht (1895), der Overtoom (1902).

Abgerissen, verbaut, verunstaltet: die Haringpakkerij, der Texelse Kade, der Rapenburgwal, der Huidevetterssloot, die Markengracht, der Zaagmolensloot, der Deventer Houtmarkt, die Nieuwe Prinsengracht, die Achtergracht, die Vijzelgracht, der Begijnensloot. Die Gründe waren immer dieselben: die Grachten stanken, und der Verkehr mußte fließen. Heute stinkt der Verkehr.

Dem Fortschritt zuliebe wurden vernichtet: der halbe Rokin, der halbe Damrak, der Muntplein, ein Teil der Lijnbaansgracht, das Rottenest, der Westermarkt, der Nieuwe Zijds Kolk, die Hugo-de-Groot-Gracht, der Houtkopersburgwal, das Hekelveld, das Kattengat, der Kalkmarkt, die Waalseilandengracht, die Vijzelstraat. Ja, aber der Verkehr? Ist es denn wirklich so schlimm, daß ab und zu etwas dran glauben muß für eine bessere Durchfahrt? Ach nein. Das ist und bleibt Ermessenssache. Es ist nur insofern schlimm, als eine Stadt wie Amsterdam auf der Welt sonst nirgendwo existiert hat.

Die Grachten sind Gräber von niemals heimgekehrten Reisenden. Die Gemeinde verkauft deren Hausrat und schüttet die Gracht zu. Man schüttet sie zu, wie man Gräber räumt, weil sie nur für fünfzig Jahre bezahlt wurden. Wer zurückkehrt, kommt in ein anderes Land. Er kann sich hier nicht mehr verständigen.

Als Ferdinand, König von Spanien, im Jahr 1492 seine Juden verjagte, geschah dies wegen einer Schwarzgeldaffäre. Zu allen Zeiten vernichten die Füchse die Weinberge. Die spanischen und portugiesischen Juden fächerten sich über ganz Europa auf und wurden – außer in Antwerpen und Amsterdam – gezwungen, sich strengsten Bestimmungen zu unterwerfen. Im 19. und

20. Jahrhundert wurden die Judenviertel abgeschafft. Die Einwohner zogen ins Gelobte Land, das jetzt Amerika hieß, oder verschwanden in der Buchführung des Tausendjährigen Reiches. Die Abwesenheit wurde fast greifbar. Die Stadtverwaltung von Amsterdam, die nur zwischen 1941 und 1945 ein offizielles Ghetto kannte, räumte viele Jahre später die Trümmer fort. Man baute eine Schnellstraße quer durch die Stadt. Wo früher das Herz eines lebendigen Viertels schlug, liegen jetzt zwei übereinandergebaute Verkehrskreisel. Die große Synagoge schweigt. Der Verkehr läßt ihre Scheiben zittern.

Es hat ernsthafte Pläne gegeben, die Leprozengracht und die Houtgracht wieder auszugraben. Statt dessen fand die Stadtverwaltung es aber passender, an dieser Stelle eine Büro-Oper kombiniert mit einem ständig windigen Platz zu errichten, damit man sein Briefpapier mit der Anschrift »Amstel 1« schmücken konnte. Daneben liegt jetzt, wie ein schlechtes Gewissen, der Markt. Er ist gerade noch kein »Platz des 5. Mai« geworden, trägt aber schon unangenehme Züge davon. Auf diese Weise wurde Schuld buchstäblich eingeebnet. Es war doch bloß ein schmutziges, ärmliches Viertel gewesen.

In uns leben noch immer die dunklen Winkel, geheimnisvollen Gänge, blinden Fenster, schmutzigen Höfe, lärmenden Kneipen und verschlossenen Gasthäuser. Wir gehen durch die breiten Straßen der neuerbauten Stadt. Doch unsere Schritte und Blicke sind unsicher, und innerlich zittern wir noch so wie in den alten Gassen des Elends. Unser Herz weiß noch nichts von der durchgeführten Assanierung. Die ungesunde alte Judenstadt in uns ist viel wirklicher als die hygienische neue Stadt um uns. Wachend gehen wir durch einen Traum, selbst nur ein Spuk vergangener Zeit.

Abgesehen von den komischen Fieberträumen, die ich manchmal habe, wie diesem von der Nationalmannschaft eines nicht mehr in Erfahrung zu bringenden Landes – sie spielten im roten Trikot mit blaulila Schulterstücken, auf denen gelbe Sterne leuchteten –, gibt es *eine* Sache, die mich ernsthaft beunruhigt. Es gibt Pläne, in Amsterdam ein neues Stadion zu bauen. An sich spricht nichts dagegen. Aber in die Planung hat man stillschweigend eine Aschenbahn rund um das Spielfeld mit einbezogen. Sie sei aus Mehrzweckgründen notwendig. Falls diese Aschenbahn später doch nicht gebaut werde, dann nur, weil keine Subventionen dafür erteilt wurden, nicht etwa, weil die Klubverwaltung sie nicht gewollt hätte.

Pisa liegt in einem Land mit reicher Marschier- und Defiliertradition. Hier habe ich einmal vor dem Spiel Pisa gegen Fiorentina einen Aschenbahnexzeß gesehen. Vor dem Spiel fuhren vier knallrote Motorroller im Kreis herum. Auf ihnen saßen Schönheitsköniginnen aus benachbarten Dörfern. Alle vier trugen Fahnen, je zwei von Fiorentina und zwei von Pisa. Die Damen fuhren zahllose Runden. Das Publikum machte grobe Witze.

Im Stadion von Florenz, das keine Aschenbahn hat, tauchte eine Stunde vor dem Spiel Fiorentina gegen Sampdoria plötzlich ein Junge mit einer riesigen Fahne innerhalb der Absperrung auf. Er betrat das Spielfeld nicht, was von seiner guten Erziehung zeugte, sondern rannte an den Tribünen entlang. Er erntete Applaus. Auch die Anhänger des gegnerischen Sampdoria jubelten ihm zu. Kurz danach meldete sich jemand mit der blauen Fahne von Sampdoria am Tor. Der Wärter sperrte ihm auf. Beide Jungs rannten dann nebeneinander eine Runde um das Spielfeld. Überall, wo sie vorbeikamen, klatschten die Leute begeistert.

Der Unterschied zwischen der ersten und zweiten Form des Fahnenschwingens soll deutlich sein. Die erste war von Leuten ausgedacht, die es gut mit dem Publikum meinten. Die zweite kam aus dem Publikum selbst. Es ist ein unausrottbarer Irrtum, daß das Fußballpublikum mit etwas anderem als mit Fußball ins Stadion gelockt werden müsse.

Die niederländische Aschenbahnkultur wird uns traktieren mit Grizzlybären, die als Clowns verkleidet im Kreis herumfahren, mit einer Disco-Show auf Rädern, mit einer Parade von Oldtimern, mit der Ankunft der letzten Etappe der Nordhollandtour (nachdem man die Halbzeitpause wegen verspäteter Ankunft um zehn Minuten verlängert hat), mit einem Reklamemarsch des Zirkus' Knie, einer vier mal hundert Meter Rollstuhlstaffel, diversen Ehrenrunden von Fotografen, einem Blumenkorso, einem »Amsterdam 1945 bis 1995 ehrt seine Befreier«-Umzug, einem nationalen Topf- und Pfannentag, dem Einzug von Sankt Nikolaus, den Tambourkorpsweltmeisterschaften und der Fünfjahresfeier »Lkw-Fahrer für Rumänien« – dies alles natürlich moderiert von einem prominenten Fernsehniederländer, der anschließend auf einem Riesenbildschirm mit anderen bekannten Niederländern plaudert.

Sie halten diese Aufzählung für übertrieben? Wäre es doch nur so. Im Olympiastadion war ich während der Halbzeitpause des Spiels Ajax gegen Feyenoord schon einmal Zeuge eines Frisbeeländerspiels.

Im Jahrbuch des Niederländischen Fußballbundes Jahrgang 1907/08 wird beschrieben, wie man zum Ajaxstadion kommt: »Vom Zentralbahnhof mit der Straßenbahn (Linie 9) bis zum Ende der Linnaeusstraße. Von dort zu Fuß zum Gut Berckshoeve auf der linken Seite des Middenwegs. Von der Straßenbahnendstation bis zum Fußballgelände sind es fünfzehn Minuten zu gehen, falls man am Bahnübergang nicht warten muß. Umkleidemöglichkeiten schräg gegenüber vom Gut Berckhoeve im Café Brokelman.«

Anfangs gab es um dieses Gelände gegenüber den Bäumen von Frankendaal noch keine Tribünen. An einer Seite stand eine Reihe Stühle, und ansonsten hatte man Bretter ausgelegt, damit das Publikum keine nassen Füße bekam. Als das Interesse zunahm, wurden allmählich rund um das Spielfeld Tribünen errichtet. Im Lauf der Jahre wurden sie ständig ausgebaut. 1934 zog Ajax um, einen Kilometer den Middenweg hinunter in südöstliche Richtung. Dort wurde ein neues Stadion angelegt, und auch das wurde mit wachsendem Erfolg nach und nach modernisiert. Von einer Aschenbahn war jedoch nie die Rede.

»Regen! Und aus der Vergangenheit, einer Vergangenheit, die fünf Wochen zurückliegt, aber soo lange her scheint, aus dieser Vergangenheit steigen die Bäume von Frankendaal auf, blaue und rote Tropfen glitzern an den Ästen, ein weißer Tropfen funkelt grell, zittert und ist dann auf einmal zartblau. Die Bäume sind kahl, natürlich sind sie kahl, es ist Januar. Lange Lichtstreifen glitzern auf den Ästen, und wenn ich nach oben schaue, sehe ich all die feinen Zweige und kleinen Knospen gegen die sanftblaue Luft. Dort oben schauen sie dem Frühling schon entgegen, sie schauen weit in die Ferne, und unten führen die schweren Stämme ihr Eigenleben. Es könnte ein Reh dort stehen mit erhobenem Kopf und kindlichen Augen, und warum sehe ich nicht endlich mal tanzende Feen? Es ist doch fast Frühling. Ja, Grippe und Rheumatismus werde ich mir dabei holen. Aber die steinerne junge Dame dort steht doch auch so mit ihren entblößten Brüsten, und wie viele steinerne junge Damen haben nichts an und stehen im Januar in Gärten, die Beneidenswerten, und bleiben schon seit hundertfünfzig oder zweihundert Jahren gesund. Wie oft hab ich im Sommer dieselben Bäume betrachtet, voller Laub, mit Licht darauf und Schatten und der Dunkelheit unter den Wipfeln. Jeden Tag ging ich daran vorbei und schaute. Der Schatten der Bäume lag auf dem Gras, und das Licht dazwischen war kräftig golden. Damals war es, als ob die Bäume dort immer gestanden hätten und immer dort stehen würden. Wer denkt beim Anblick eines Freundes, daß er nicht mehr sein wird?«

Nescio, der halbwegs zwischen altem und neuem Ajaxstadion am Middenweg begraben ist, hat bestimmt einen Hut getragen gegen die Kälte. Mit Fußball hatte er nichts im Sinn. Auf seinem Spaziergang grübelt er noch weiter über die Müßigkeit der Dinge. Daß er mit Gottes Hilfe vielleicht noch seinen dritten Krieg erlebt. Daß der dumme Lauf der Dinge seinen dummen Lauf nimmt. Daß *sie* nicht anders können. Ich mache, also bin ich. Am gleichen Abend geht er noch einmal an Frankendaal vorbei. Es hat geschneit.

Ich hätte es gern gesehen, wenn unser Vorstand – so wie der Vorstand von Feyenoord in den dreißiger Jahren oder die PSV-Delegation damals vor dem Bau einer neuen Haupttribüne in den achtziger Jahren – eine Rundreise zu den europäischen Fußballstadien unternommen hätte, um sich Anregung zu holen, wie man es machen soll und wie man es lieber nicht machen sollte. Weil man zum Beispiel plötzlich dahinterkam, daß all die Architekten dieser verschiedenen Plazas und Bürozentren selbst in einem Grachtenhaus aus dem 17. Jahrhundert wohnen oder in einem Bauernhof aus dem 18. Arie van Eijden, der früher bei Shell beschäftigt war, darf ans Steuer. Bleibt die Frage, ob die Herren van Os und Coronel auf den Rücksitz müssen oder vielleicht unser Vorsitzender, der Herr van Praag, zusammen mit Herrn Coronel. Wer kennt den Weg?

Als der Feyenoordvorstand 1934 seine Studienreise antrat, machte man selbst Fotos zur besseren Anschauung. Man besuchte Stadien in Italien, in der Schweiz, in Deutschland, Frankreich und England. Bei Arsenal in London, wo Claude Waterlow Ferrier keine zwei Jahre zuvor eine Doppeldeckertribüne aufgestellt hatte, fand man das Vorbild für das, was man suchte. Der Vorstand reiste per Bahn.

Am Abend vor der Abreise des Ajaxvorstandes aus Amsterdam findet beim Vorsitzenden zu Hause ein gemütliches Beisammensein statt. Während die Damen über ihren Häppchen Neuigkeiten austauschen, drängen sich die Herren mit einem Glas in der Hand vor dem Fernseher, in dem eine kurze Zummenfassung eines Pokalspiels läuft. AFC gegen Vitesse. Eingeleitet wird sie vom Interview mit Trainer Pim van den Meent, der nicht reden kann. Dann folgt eine Vorlesung von Schiedsrichter Leo Horn, der nicht lesen kann. Er liest aus dem Buch *Die Jungs vom AFC* von J. B. Schuil, der nicht schreiben kann. Dies alles wird moderiert von Reporter Frank Snoecks, der überhaupt nichts kann. Der AFC muß seinen Ersatztorwart aufstellen, der schon am Vormittag mit der vierten Auswahl gespielt hat. Er vollbringt jene Rettungstaten, die er jeden Samstag in der unteren Liga zeigt, und ist einer der besten Spieler auf dem Platz.

Die erste Station auf der Reise ist Wien. Danach will man Prag, Budapest und Mailand anfahren, um über Frankreich und Belgien wieder heimzukehren. Aufgrund anderweitiger Verpflichtungen hat man sich entschlossen, die Orientierungsreise aufzuteilen. In einer späteren Phase wird man vielleicht noch nach England und Schottland fahren.

Nachdem der Vorstand in Wien, der Stadt von Happel und Dombi, ein etwas zu vornehmes Hotel bezogen hat, sucht er das Ehepaar Gasselich auf, für die er Heringe mitgenommen hat. Arie van Eijden führt mit Felix ein kurzes Gespräch unter vier Augen. Zehn Minuten später gesellen sich die beiden lächelnd wieder zu den anderen. Seit ein Kabarettist und Journalist in einer seiner Kolumnen daran erinnert hat, daß Gasselich »bei uns auf der Tribüne« schon nach einem halben Spiel »Gas und Licht« hieß, will ich über diesen Spieler kein böses Wort mehr hören. Felix Gasselich war ein hervorragender Fußballspieler, aber kein Ajaxmann. Viele hervorragende Fußballspieler sind keine Ajaxmannen. Möge es ihm wohlergehen.

Das Praterstadion ist eines der modernsten in Europa, ausgestattet mit einem schwebenden elliptischen Leichtdach, das die bestehenden Strukturen unter sich nicht veränderte. Die erste Version des Stadions war in den dreißiger Jahren von Professor Otto Ernst Schweizer gebaut worden, der auch das Nürnberger Stadion entworfen hatte. Jemand erzählt den Besuchern, daß die Juden im Krieg im Praterstadion zusammengetrieben wurden, wo sie auf ihren Abtransport warten mußten. Man beschließt, nicht weiter zu fragen.

Das Riesenrad, seit 1897 im Volksprater aufgestellt, symbolisiert den einzigen Verdienst, den die Stadt Wien außerdem vorweisen kann: die Psychoanalyse. Wer sich auf eines der Bänkchen setzt, unternimmt einen gefährlichen Höhenflug, um vom höchsten Punkt willenlos wieder zum Ausgang zurückzufallen. Das Riesenrad ist der unaufhörliche Versuch, sich selbst in den Nacken zu schauen. Besser, man schaut nur um sich herum. In der Lower East Side von Manhattan wohnte ein Mann namens Julius Auster, der sich keine Sorgen machen wollte. Er bezahlte seinen guten Freund Little Ike dafür, sich an seiner Stelle Sorgen zu machen. Von diesem Nebenverdienst rauchte Little Ike teure Zigarren.

Am nächsten Morgen beehren sie die Auswahl von Austria Memphis mit einem Überraschungsbesuch. Jeder bekommt einen Händedruck. Das Stadion ist benannt nach seinem Planer Gerhard Hanappi, der sechsundneunzig Mal in der österreichischen Nationalelf spielte. Die Haupttribüne fand großen Anklang. Vorstandsmitglied van Os registriert auf einmal komische Gedanken in seinem Kopf. Irgendwo müssen doch die zwanzig Minuten Wunderfußball geblieben sein, die Ajax noch gegen Austria Memphis zu spielen hatte? Hatten die Österreicher sie etwa mitgenommen? Einigermaßen schwindelig schaut er sich um. Austria Memphis ist der Name einer Truppe, die im Freilichttheater von Oklahoma auftritt. Das ist Teil eines Buches, das nie geschrieben wurde. Es lag eine Heilserwartung darin. Dies alles ist uns genommen worden. Fast zwei Jahre lang wird es wehen müssen. Die Tage der Erwartung kennen kein Ende. Nur die Erwartung selbst kennt ein Ende.

Jetzt wird es Zeit für etwas Kultur. Der Vorsitzende hätte nichts gegen Oper. Arie van Eijden erzählt, daß sie früher eine Platte mit dem *Zigeunerbaron* zu Hause hatten. Lieber erst was essen, sagte der Schatzmeister.

In Prag besucht die Reisegesellschaft ein Fußballgelände, auf dem sie sich unmittelbar heimisch fühlt. Kyril Mandel baute für Sparta Prag, einen Verein, der früher unter dem Namen »Der Weinberg des Königs« spielte, ein kompaktes, stimmungsvolles Stadion ohne Firlefanz. Fragt sich natürlich, ob man in so einem Stadion die Sponsoren und die Prinzen von Oranien empfangen könnte, aber der Vorstand denkt im Augenblick mal nicht daran. In diesem Stadion geht es ausschließlich um Fußball. Genau wie im De-Meer-Stadion befinden sich kleine Fenster hinter der obersten Sitzreihe. Die Ecken sind zugebaut. Dem Ausgang gegenüber liegt ein Park.

Das Duklastadion läßt einen am späteren Nachmittag erschauern. Alte Stalinwitze fallen einem ein, die man sich aber nicht erzählt. Jemand weiß noch, wie der Sänger Willy Alberti hier mit einem Fotoapparat hinter Viktors Tor stand. Opa Swart hatte am Vorabend geträumt, sein Enkel würde in dieses Tor hineintreffen. Das Gelände der Bohemians wurde nur aus sentimentalen Gründen besucht. Der Vorsitzende schlägt in heiterer Stimmung vor, nächstes Jahr während des Amsterdamturniers Sparta Prag, Dukla Prag, Bohemians Prag und Ajax Praag spielen zu lassen. Aber irgend etwas stimmt nicht. Es herrscht eine verwirrende Atmosphäre in dieser Stadt. Sie fahren im Taxi durch ein Viertel, wo früher das Ghetto gestanden haben muß. Zum ersten Mal haben sie einen Anflug von Heimweh nach Amsterdam.

Es wird berichtet, daß die Juden zur Zeit, als der berühmte Kabbalist Rabbi Leib in der Prager Altstadt amtierte, heftig verfolgt wurden. In dieser Zeit lebte ein Graf, der all seine Besitztümer verspielt hatte. Seine Frau starb darüber. Sie hinterließ ihre Juwelen ihrer kleinen Tochter, die die Preziosen bekommen sollte, sobald sie achtzehn war. Der Graf verlor danach in einer Nacht beim Spiel noch einmal fünfundsiebzigtausend Dukaten. Er wollte dieses Geld bei einem jüdischen Bankier leihen, der es ihm abschlug, weil er wußte, daß er es nie wiedersehen würde. Das versetzte den Grafen in Wut. Er ließ sein Töchterchen verschwinden und beschuldigte den Juden, er habe seine Tochter entführt, um mit ihrem Blut das Passahbrot zu backen. Auf diese Weise sollte der Jude bestraft werden und dem Grafen die Juwelen als Erbschaft zufallen. Rabbi Leib erkannte, daß dieser Vorfall zu einer Welle von Pogromen führen würde. Während er ins Gebet versunken war, erschien ihm ein Bote, der ihm die Fähigkeit verlieh, einen Golem zu machen. Der Golem, ein Mann aus Lehm, bekam vom Rabbi den Auftrag, das verschwundene Töchterchen zu suchen. Als das Urteil gegen den Bankier verkündet wurde, trat der Golem mit dem Kind in den Gerichtssaal.

Mit dem neuen Stadion befinden wir uns an einer Bruchstelle in der Geschichte von Ajax. Die Frau des Rabbi überredete ihren Mann, den Golem noch einmal zu benützen. Im Garten war ein Felsen, der entfernt werden sollte, weil darunter angeblich ein Topf mit Gold versteckt war. Das Gold sollte für einen guten Zweck verwendet werden. Sie wollte das Wunder erzwingen.

In Gustav Meyrinks Roman *Der Golem* ist der Held das Opfer einer Verwechslung. Er landet in der Altstadt, wo er sich nicht auskennt, verstrickt sich in Beziehungen und sucht nach etwas, das es in seinem Leben gegeben haben muß. Manchmal verliert er das Bewußtsein seiner geistigen Existenz und wird schließlich des Mordes angeklagt und gefangengesetzt.

Egal, in welche Stadt man kommt – immer scheinen die von

ihren ursprünglichen Erbauern längst verlassenen Häuser und Gebäude auf etwas oder jemanden zu warten. Moderne Entwürfe werden, kaum daß sie vom Reißbrett genommen und von den zuständigen Behörden genehmigt sind, von ihren Erfindern auch schon verlassen.

Wochenendhooligan
Rummelplatzhooligan
Kneipenhooligan
Strandhooligan
Pommes-frites-Buden-Hooligan
Kulturladenhooligan
Bahnhofshooligan
Trabantensiedlungshooligan
Park-und-Grünanlagen-Hooligan
Hardrockhooligan
Demonstrantenhooligan
Religionshooligan
Scheißhooligan
Museumshooligan
Friedhofshooligan
Reißbretthooligan

Jedesmal, wenn das Wort Fußballhooligan fällt, geht irgendwo in der Altstadt eine Schaufensterscheibe zu Bruch.

Budapest lebt. Aus Ungarn kommt Lois' Ballast. Seit einigen Jahren baut Bildhauer Viktor Lois dort mit dem Komponisten Huszthy Klangobjekte, die zwischen Sinn und Unsinn schweben. Es sind Instrumentenreihen mit Streich- und Blasinstrumenten und Industrieobjekten. Der Name verweist auf den Auftrag, den jeder Künstler ihrer Ansicht nach erfüllen muß, wenn er die »bürokratische Kultur ermüden will, so daß diese sich selber ausrottet«. Sie waren schon einmal im Amsterdamer Kulturzentrum »De Melkweg«. Die Gruppe von Sándor Bernáth(y) & Matuska Silver Sound wird als eine »transfatalist spiritual band« umschrieben, die Musik improvisiert unter der Leitung von Sándor Bernáth(y), dem Mitbegründer von Bizottság. Musik und Performance werden nach eigener Aussage von den herrschenden Umständen eingegeben und sind trendunabhängig. Endre Szkárosi & Konnektor Rt. – Konnektor Rt. dagegen ist eine künstlerische Gruppe um den Transpoeten Szkárosi. Seine Poesie verbindet Raum, Klang und Bild mit Hilfe von Performance, Audio- und Videokassetten, Platten, Skulpturen und Objekten.

Der Name Népstadion bedeutet Volksstadion. Daß für seine Konstrukteure alle Menschen gleich waren, geht schon aus der Tatsache hervor, daß die meisten Plätze nicht überdacht sind. Eine Aschenbahn unterstreicht den Gedanken, daß »Volk« immer Jubelvieh bedeutet. Das Stadion ist eindrucksvoll durch seine Größe, aber der Vorstand ist sich innerhalb von wenigen Minuten darüber einig, daß so etwas in Amsterdam nicht sein muß. Von Pál Fischers altem Verein erwartet man mehr. Aber die famose Burg von Ferencvaros enttäuscht. Fischer selbst hatte noch vorbeikommen wollen, taucht aber nicht auf. Später stellt sich heraus, daß er auf der Autobahn bei Regensburg mit einem gebrauchten VW-Bus eine Panne gehabt hatte.

Das Ullöi-Ut-Stadion von Ferencvaros ist geharkt, symmetrisch und kahl. Auch hier fällt die nicht vorhandene Überdachung auf. Und doch sieht alles nagelneu aus. Sollte der Besuch dieser Stadt ein Irrtum sein? Ungarn ist doch ein Fußball-Land mit Tradition? Das Stadion wurde nach einem Unglück wieder neu aufgebaut, sagt der Vorsitzende von Ferencvaros. Der jüdische Verein von Budapest, fügt er nach minutenlangem Schweigen unerwartet hinzu, heißt MTK. Am nächsten Tag kommt der Vorstand sich auf dem Fußballgelände dieses Vereins vor wie bei einem spanischen Drittligisten. Die pastellfarbenen Wohnblocks schauen den niedrigen offenen Tribünen über die Schulter. Hier und da hängt Wäsche aus den Fenstern.

Er ist ärmlich und stimmungsvoll. Die Leute vom Verein sind so liebenswürdig, daß die Besucher sich fast schämen, wenn sie daran denken, wie abwertend niederländische Journalisten immer über solche Fußballvereine und ihre Einrichtungen schreiben. »Sie haben keine Deutschen«, sagt jemand. »Wenn Deutschland nicht wäre, könnte man auch aus Rotterdam einen Yachthafen machen.« Nach drei Tagen merken sie, daß Budapest eine liebenswerte Stadt ist. Und gleichzeitig verstehen sie, warum Ungarn ihr Land verlassen. Manchmal ist Heimweh besser.

Richard Dombi war ein ungarischer Jude. Laut Angaben, die er bei seiner Eintragung als protestantischer Flüchtling im Personenstandregister von Rotterdam machte, wurde er im September 1888 in Wien geboren. Nichtsdestoweniger starb er 1963 als Zweiundsiebzigjähriger. Dombi spielte schon lange vor dem Krieg Profifußball. Er vertrat Österreich in der Nationalmannschaft und wurde später Trainer von (unter anderen) Hertha Berlin, 1860 München und FC Barcelona. Mit Uruguay wurde er 1924 Olympiasieger. Er machte Bayern München, damals noch ein unansehnlicher Verein, erstmals in der Geschichte zum deutschen Meister. Unter Richard Dombi wurde Feyenoord in den späten dreißiger Jahren zum prominentesten niederländischen Verein. Er brachte den Spielern das Kombinationsspiel auf engem Raum bei, bekannt als mitteleuropäischer Stil. Diese Art von Fußball – er kam in den zwanziger, dreißiger und fünfziger Jahren in Wien und Budapest zu großer Blüte – wird immer noch mit dem Begriff *Wunder* assoziiert. Hierin äußert sich Ghettokultur auf dem Fußballplatz.

Über Dombis Nomadenleben in Mitteleuropa ist fast nichts bekannt. Es kursieren lediglich nicht nachprüfbare und widersprüchliche Geschichten, die er früher einmal selbst in die Welt gesetzt hatte. Dombi war Trainer, Pfleger, Psychologe, Psychotherapeut, Masseur und Wunderheiler. Er instruierte seine Spieler im Gehrock oder im Regenmantel. Niemand wußte genau, ob er eigentlich je selbst Fußball gespielt hatte. Nie trug er Fußballschuhe auf dem Spielfeld. Privat war Dombi sanft und freundlich, bei der Arbeit aber knallhart. Verletzungen behandelte er selbst. Von Schmerzen wollte er nichts wissen. In den Katakomben des Feyenoordstadions roch es morgens nach Paraffin und flüssigem Gummi. Dort braute Dombi auf einem Spirituskocher in einem gußeisernen Töpfchen ein heilendes Mittel, dessen Zusammensetzung nie jemand herausgefunden hat. Neben Happel ist Dombi der größte ausländische Fußballtrainer, der je in Holland gearbeitet hat.

Arthur Koestler wurde 1905 in Budapest geboren und studierte an der Wiener Universität. Er entwickelte eine sensationelle Theorie, die darauf hinausläuft, daß die aschkenasischen Juden, die im Zweiten Weltkrieg und davor ermordet wurden, von den Chasaren abstammen, einem Volk aus Südrußland, das sich ungefähr um 740 zum Judentum bekehrte. Dieses Volk war mit den zwölf Stämmen Israels nicht blutsverwandt. Koestler nannte es den Dreizehnten Stamm. Dies würde bedeuten, daß die europäische Judenverfolgung, die sich auf Rassenunterschiede berief, ein gewaltiges ironisches Mißverständnis gewesen war. Außerdem berichtet Koestler offenbar gerne über mittelalterliche Grausamkeiten.

Die Bekehrung der Chasaren vollzog sich nach einer Begegnung am Hof ihres Fürsten. Er hatte einen islamischen, einen jüdischen und einen christlichen Schriftgelehrten eingeladen, um bei einer Art Podiumsdiskussion deren unterschiedliche Argumente kennenzulernen. Aufgrund des Gesagten wollte der Fürst dann im Namen seines Volkes eine Wahl treffen. Den christlichen Quellen zufolge fand dieses Treffen 861 statt; die Chasaren bekehrten sich danach zum byzantinischen Christentum. Islamische Historiker datieren die Diskussion auf das Jahr 740. In ihrer Fassung wurde sie vom islamischen Gelehrten mit Glanz und Gloria gewonnen, aber die Chasaren hatten sich schon 737 zum Islam bekehrt. Die hebräischen Quellen, die auch das Jahr 740 nennen, sind am ausführlichsten und erwähnen die meisten Einzelheiten über Sitten und Gebräuche der Chasaren. Koestler mißt ihnen den größten Wert bei. Die gleichen Quellen werden jedoch in verschiedenen Werken sehr unterschiedlich wiedergegeben. Der jüdische Teilnehmer an dieser Diskussion, Isaak Sangari, den Koestler nicht namentlich nennt, war laut *Chasarischem Wörterbuch* ein Kabbalaexperte. Der Autor dieses Wörterbuches, Milorad Pavić, nennt aber sein eigenes Werk einen Weinberg, der mit Wein begossen wird statt mit Wasser.

Venedig wurde aufgrund einer Erinnerung erbaut. Außenstehenden war zunächst nicht klar, warum der Vorstand von Ajax auch nach Venedig wollte. Aus dieser Stadt sind keine Fußballheldentaten bekannt. Aber man war übereingekommen, nach der ermüdenden ersten Woche hier eine kurze Ruhepause einzulegen. Und in Venedig, so hieß es bei der Ankunft im Hotel, gibt es auch einen richtigen Fußballplatz. Der Vorstand will ihn sich höflichkeitshalber doch mal eben anschauen. Man erreicht ihn mit einem rostigen Kahn, der Sitz- und Stehplätze enthält und darüber einen Baldachin aus Blech. Man sagt, die Fahrt ginge am schönsten Teil von Venedig entlang. Wer beim Park aussteigt, kommt, wenn er dem Uferweg folgt, nach ungefähr zwanzig Minuten in eine ruhige Gegend.

Die Deputation folgt dem Uferweg und kommt an einer kleinen Bank vorbei, auf der sich ein schätzungsweise siebzigjähriger Mann in der Badehose sonnt. Es ist bestimmt nicht wärmer als fünfzehn Grad. Sie vermuten, daß sie sich verlaufen haben und gehen quer durch die Anlagen in Richtung einer Bar. Sie folgen einem Zaun, auf dem steht, daß sich dahinter Militärgelände befindet. Kurz darauf sehen sie die Ausläufer eines Viertels, das sie an den Amsterdamer Stadtteil Bos en Lommer erinnert. Der Vorstand merkt plötzlich, daß auch in Venedig nicht alle Menschen in einem klassizistischen Baudenkmal wohnen können. Über ein Holzbrückchen gelangen sie auf einen gepflasterten Fußweg, der zu einer Kirche führt. Nun sehen sie, daß die verputzte Mauer zu ihrer Linken die Rückwand einer Stehtribüne bildet. Vor ihnen liegt der Kirchplatz, auf dem ein Grüppchen Kinder darauf wartet, als kleine Prozession ins Kircheninnere zu treten. Bei der zweiten Stehtribüne, um die sie herumgehen müssen, ist ein Yachthafen für die Leute aus dem Viertel. Nach einigem Suchen finden sie den Haupteingang des Stadions. Der Vorstand zögert noch kurz, betritt aber dann das Büro. Auf dem Spielfeld, das sie jetzt durchs Fenster sehen können, hält der lokale Profiverein sein Nachmittagstraining ab. Es ist hier schlampig und gemütlich. Allerlei Leute laufen herum und stecken den Kopf kurz zur Tür herein, um den hohen Besuch anzugucken. Die niederländischen Gäste bleiben länger als ursprünglich geplant. In architektonischer Hinsicht ist das Stadion als Studienobjekt völlig wertlos. Aber woher dann diese Stimmung?

In Venedig wurde 1516 das erste Ghetto gebildet. Der Name ist abgeleitet vom Verb »gettare« (gießen). Das Gebiet, das für die Juden ummauert wurde, war nämlich das frühere Gelände der Eisengießereien. Die venezianischen Juden sprachen selbst im örtlichen Dialekt von ihrem Viertel als »chazèr«.

Man versucht im Leben möglichst viele Dinge anschaulich zu machen. Je größer die Macht, desto grotesker die Metapher. Im Mittelalter wurde der christliche Glaube sehr körperlich erlebt. Die Sinnenlust wurde vom Teufel eingeflüstert. Dieses Wesen wurde versinnbildlicht von allem, was da kreucht, vom niedrigen Gewürm. Die großen Seuchen waren Strafen Gottes. An Christi Tod waren die Juden schuld. Die Juden waren an allem schuld. Sie vergifteten die Brunnen und tranken das Blut der Christenkinder. Die Juden mußten zusammen mit ihresgleichen wohnen und bildeten auf diese Art einen großen Ablaß für die christliche Gesellschaft. Die Menschen, die im Ghetto wohnten, sahen anders aus. Menschen, die anders aussahen, wirken oft, als ob sie mehr wüßten.

Als Zeichen für die Frömmigkeit der Christen wurden Juden gezwungen, sich als solche erkennbar zu machen, zum Beispiel durch das Tragen eines roten Hutes. Auch mußten sie sich mit Dingen abgeben, die ein zivilisierter Mensch meidet: mit Altkleiderhandel und mit Geld. Reichtum drückt sich aus in Gemälden oder Baudenkmälern. Die Menschen auf den Porträts unterscheiden sich durch die Vielzahl der Ornamente, mit denen sie abgebildet wurden. Das einzige, wodurch sich ein Jude ausdrücken konnte, war sein Ghetto. Das gleichnamige Gebiet war meist nicht größer als eine Westentasche. Die Grenzen waren deutlich markiert.

Die Bevölkerung wuchs. Wo sollte sie hin? Man vergrößerte die Wohnfläche, indem man Stockwerk auf Stockwerk setzte. Schließlich lehnten sich die Häuser aneinander wie müde Kiepenkrämer. Je höher man aufstockte, desto enger wurden die Gassen. In kleinen, dichtbesiedelten Vierteln, wo Häuser von Generation zu Generation die Eigenarten der Bewohner ausdrücken, entsteht eine besondere Stimmung. Im Ghetto war kein Platz für den körperlichen Ausdruck von Macht, Besitz oder Phantasie. Kein einziger Ghettobewohner konnte sich einen Lustgarten oder ein Jagdschloß bauen lassen. Deshalb fing man an, Geschichten zu erzählen. Wörter brauchen keinen Platz.

Seit die Ghettos abgebrochen sind, ist ihre Abwesenheit spürbar. Nur die Geschichten sind geblieben.

In der Ghettoatmosphäre blühte die Kabbala auf. Die erste aller Menschheitsgeschichten ist die Schöpfungsgeschichte. Die Schöpfungsgeschichte der Kabbala ist ziemlich kompliziert und zugleich wunderbar einfach. Das Universum entstand in dem Augenblick, da Gott sich zurückzog. In der so entstandenen Leere konnte die Schöpfung einen Anfang nehmen. Gott schwieg, so wie Dombi und Happel schwiegen. Auf vier Ebenen vollzog sich die Materialisation. Dies sind die vier Welten, woraus die Schöpfung besteht. Die erste ist die Welt der Ausstrahlung. Gott zeigt sich in dieser Welt in Form von Archetypen. Die Archetypen bilden das Modell für alle Dinge in der Welt. Dies ist eine Welt der Energie, nicht der Präsenz. Gott hat sie gerade verlassen. Dieses Gefühl hat man, wenn man ein Buch zuschlägt, das einen im Innersten getroffen hat. Die zweite Welt empfängt ihr Licht von der ersten. Hier wohnen die reinen Seelen, die dem Licht, der Inspiration Gestalt geben. Sie übertragen Energie in Gefühl. Die dritte Welt heißt Welt der Formgebung. Die Engel auf dieser Ebene sind dem Engel der Anwesenheit untergeordnet. Hier wird der Weg gewiesen. Aus der dritten Welt empfangen wir Anweisungen. Gefühl wird in Gedanken übertragen. Die vierte Welt ist die Welt des Exils. Hierin werden die Dinge sichtbar gemacht. Die Linien werden mit Kreide markiert, die Netze werden aufgehängt.

Die ersten Ausführungsversuche der Schöpfung sind mißglückt. Das Licht war zu stark für die, die es auffangen sollten. Sie hielten sich zum Schutz eine Schale vor die Augen. Die Schalen zerbrachen unter der Kraft des Lichtes. Die Scherben liegen überall verstreut. Sie haben alle eine Licht- und eine Schattenseite. Das ist die Metapher für Gut und Böse. Das Eine ohne das Andere existiert nicht. Man nimmt die Scherbe in die Hand und macht sich auf die Suche. Hier beginnt der Weg zurück.

Die wörtliche Übersetzung von »Kabbala« heißt »Tradition«. Man versuchte, zum Wesen Gottes ohne die Vermittlung von Geistlichen vorzudringen. In Mitteleuropa entwickelte sich eine praktische Form von Kabbala, die den mystischen Wert von hebräischen Wörtern und Buchstaben betonte. Dabei schüttelte man Bibeltexte durcheinander und rüttelte am Buch der Bücher, so daß Passagen willkürlich durcheinanderpurzelten. Man benützte das Alphabet von hinten nach vorn. Man las Texte verkehrt herum. Man folgte dem Wort Gottes im Rösselsprung oder auf anderen durch magische Berechnung entstandenen Wegen und versuchte, mit einer Art literarischer Alchemie den Namen Gottes herauszufinden. Der, den man ruft, kommt gewiß.

Zur gleichen Zeit entwickelte man in Spanien die spekulative Kabbala. Wären die Theorien nicht mit solch exotischen Namen durchsetzt gewesen, so hätte man vielleicht in dieser Strömung den Anfang der modernen Philosophie erkannt. Die spekulative Kabbala ließ den Gedanken große Freiheit. Andere können behaupten: »Marx sagte...« oder: »Der Papst sagte...«, aber die Anhänger dieser Strömung begannen jede Abhandlung mit: »Hier steht... und meines Erachtens bedeutet dies...« Die spekulativen Kabbalisten gingen davon aus, daß Gott zwar die Welt erschaffen hat, aber daß er auch nicht anders konnte. Daraus leiteten sie ihr Recht zu sprechen ab. Dies ist eine vollkommen logische Folgerung aus der Schöpfungsgeschichte, wie die Kabbala sie erzählt. Es ging nicht darum, was Gott alles hätte bedenken können. Auch Er wurde konfrontiert mit etwas, das nicht vorhanden war. Die Abwesenheit zwang ihn zum Handeln. Eine Abwesenheit ist nicht wie die andere.

In fast jeder Stadt gibt es einen Raum, worin viele tausend Menschen Platz haben, der aber nur selten benützt wird. Dieser Raum lebt in Phantasie und Erinnerung jener Tausende, die jemals dort waren. Er ist immer da und wartet. Während er leer ist, erzählt man sich viele Geschichten über ihn. Diese Geschichten führen zum Raum zurück. Dort finden Spiele statt, aber noch mehr Spiele finden dort nicht statt. Im Amsterdamer

Stadion werden die letzten zwanzig Minuten von Ajax gegen Austria Memphis noch immer zu Ende gespielt.

Wenn ich Kabbalist wäre, würde ich ein Buch über Johan Cruijff schreiben. Das Buch würde zehntausend Seiten umfassen, und noch wäre nicht alles gesagt. Denn, so sagen die Kabbalisten: »Es gibt im Universum Systeme und Konstellationen, die so geheim sind, daß sie bis auf den heutigen Tag noch nicht beschrieben sind.«

Iochan Kroiph. Dies ist Johan Cruijffs hebräischer Name. Der Buchstabenwert dieses Namens beträgt laut Kabbala 358. Das Wort »Messias« hat denselben Buchstabenwert.

Peter Handke beschreibt die Müdigkeit, die gleichzeitig Melancholie und Seelenfrieden des Vollbrachten ist. Auch Handke entstammt der mitteleuropäischen Tradition. Er beschreibt die vier Phasen, die zu seiner Müdigkeit führen. Im ersten Stadium ist er stumm und ausgeschlossen. Im zweiten hört er das *Stimmengewirr*, das Gerede, das in sein Inneres übergeht. Er bleibt stumm. Er kann sich höchstens auf primitive Weise äußern, durch Schreien. Im dritten Stadium wird er lebendig. Er fängt an, einer bestimmten Person gezielt etwas zu erzählen. Im vierten Stadium schließlich erfährt er eine Art Daseinsbefriedigung, worin die Welt sich lautlos und ohne Worte erzählt und erklärt.

Dies ist die Schöpfungsgeschichte der Kabbala zurückverfolgt.

Die vier Welten der Schöpfung werden gewöhnlich schematisch dargestellt. Dazu dient ein einziges Diagramm. Die vier Welten bestehen darin aus zehn Kreisen. Jeder dieser Kreise steht für eine Lichtstrahlung, die von der göttlichen Macht ausgeht. Jeder Kreis vertritt eine der im Universum wirksamen Kräfte. Die Schöpfung, so wie wir sie erfahren, überträgt ihre Kraft von der Strahlung des Lichtes aus den Kreisen. Nur die Wirkung des Lichtes ist faßbar. Das Licht selbst wird man nie ergründen können.

Der Kabbalist tut nichts anderes als Ordnen. Durch Ordnen versucht er, herauszufinden, was die Welt zu dem macht, was sie ist. Es gibt nur eine Schöpfung, aber Tausende von Kabbalisten. Sie unterscheiden sich in der Art, wie sie zum Göttlichen, zur Quelle der Schöpfung zurückzukehren versuchen. Die verschiedenen Auffassungen, die alle zum Ziel haben, den Weg zum Göttlichen zurückzufinden, können in diesem einen Diagramm dargestellt werden. Die Kreise werden dann mit Linien untereinander verbunden. So entsteht ein Netz, das Ähnlichkeit hat mit einer Darstellung von Kohlehydratverbindungen oder Molekularstrukturen. Jede Denkart ergibt auf diese Weise eine andere Vorstellung. Diese Schemata nennt man in der Kabbala »Bäume«. Denn auch ein Baum versucht, zum Licht zu wachsen.

In der Zeichnung, die »Lebensbaum« genannt wird, bilden die Linien zwischen den Kreisen ein festes Muster. Die Linien scheinen straff gezogen. Was wir hier dargestellt sehen, ist eine genaue schematische Wiedergabe des 4-3-3-Systems. Dies ist das System von Ajax.

In der Zeichnung, die »Baum des Weges zur Verwirklichung« heißt, bewirken die Linien zwischen den Kreisen einen anderen Effekt. Die Kreise scheinen jetzt, obwohl sie natürlich noch an derselben Stelle stehen, untereinander lockerer verbunden zu sein. Das Ganze ist noch immer festgefügt, aber die Kreise scheinen mehr Spielraum zu haben. Das Schema sieht leichter aus. Die Verbindungslinien sind so gezogen, daß einer der Kreise, der im »Baum des Lebens« noch zu den untersten vier gehört, eine Ebene höher gerutscht ist. Auch gibt es einen Kreis, der durch keine einzige Linie mit den anderen verbunden ist. Dieser Kreis befindet sich im obersten Teil der Zeichnung in zentraler Position zwischen sechs umgebenden Kreisen. Was wir hier sehen, ist eine Darstellung von 3-3-4, dem Ajaxsystem unter Cruijff.

In diesem letzten Schema bilden die sechs umgebenden Kreise die Eckpunkte eines Davidsterns. Der Kreis des höchsten Punktes hat unter vielen anderen den Beinamen »Der Alte«. Der göttliche hebräische Name des Alten ist Ehjeh, sprich Ajax. Das heißt »ich bin«.

Man sollte übrigens mit der Kabbala sehr vorsichtig umgehen.

Nach dem Venedigbesuch fahren die Vorstandsmitglieder über Mailand und Turin nach Frankreich. Die neuen Stadien in Mailand und Turin werden »architektonische Wunder« genannt. Aber sie lassen sie irgendwie kalt. Es ist mühsam, seinen Gedanken bei derart seelenlosen Bauwerken eine Richtung zu geben. In der Zeitung erscheint ein unscharfes Bild von den Vorstandsmitgliedern auf einem großen Platz. Sie stehen mit sichtlichem Unbehagen in der Sonne. Offenbar ist es noch früh. Sie sehen aus, als hätten sie unerlaubt ihren Hut abgesetzt. Ein kleiner breit lächelnder Italiener schaut direkt in die Linse. Das einzige, woran sie sich später aus Turin noch erinnern, ist, daß sie für die nächste Saison ein Freundschaftsspiel verabredet haben.

Dann erzählte ihnen jemand eine Geschichte ohne Pointe. Die Geschichte lautete folgendermaßen: Da gibt es einen Mann, der in einem Hochhaus am Ufer des Po wohnt. Zwischen Haus und Fluß führt ein Fußweg vorbei. Jeden Tag stehen dort Angler am Ufer. Eines Morgens sah der Hochhausbewohner, wie ein Mann mit unsicheren Schritten aus dem Flußnebel auftauchte. Er klappte gegenüber vom Hochhaus ein Stühlchen auf und fing an, Vorbereitungen zum Angeln zu treffen. Währenddessen nahm er ab und zu einen Schluck aus einer großen Chiantiflasche. Nach einiger Zeit hatte er sich vollkommen eingerichtet. Zusammengesunken saß er auf seinem Stühlchen und bewegte sich nur, wenn er wieder einen Schluck nahm. Der Schwimmer interessierte ihn nicht. So verging eine Dreiviertelstunde. Der Mann schien eingenickt. Plötzlich konnte man aber sehen, wie er aufschrak, weil ein Ei seine Angelrute traf. Er schaute sich um. Woher war dieses Wurfgeschoß gekommen? Den Werfer sah er nicht. Auch sah er keine Vögel vorüberfliegen. Damit war die Geschichte zu Ende. Der Vorstand amüsiert sich im Auto noch ein paarmal bei der Vorstellung, wie der Hausbewohner morgens um sechs Uhr in die Küche ging, um ein Ei zu holen.

Über Marseille, wo sie Kopfweh bekommen, und Paris, wo das Leben angeblich *oh la la* sein soll, wo sie aber um neun in einem ungemütlichen und teuren Restaurant landen, erreichen sie den Astridpark in Brüssel. Schöner Rasen, nicken sie. Das

Publikum sitzt dicht am Spielfeld. Anderlecht hat doch immer etwas Besonderes. Als sie am nächsten Tag wieder in Amsterdam ankommen, wollen sie nicht gleich nach Hause. Sie beschließen, zusammen noch einen letzten Kaffee in der Stadt zu trinken.

Die mitteleuropäischen Kaffeehäuser gibt es nicht mehr. Das heißt: es gibt sie noch, aber die Menschen, die dazugehören, nicht mehr. In Amsterdam war es Anfang der neunziger Jahre Mode, ein *Grand Café* zu eröffnen. Ob dieser Trend nun ein finanzieller Erfolg war oder nicht, er zeigte jedenfalls, daß schon wieder etwas verlorengegangen war. Selbst das öffentliche Leben verkommt zu einem Zitat der Vergangenheit.

Im Kaffeehaus saß man, bevor man auf Reisen ging, und dorthin kam man wieder zurück. Viele kamen überhaupt nur bis ins Kaffeehaus. Aus demselben Grund sind Bahnhöfe und Hafenkais so anziehend. Das Kaffeehaus war ein Bahnhof des Geistes. Hier wurden die Geschichten erzählt.

Ein Großteil der Psychoanalyse, der modernen Form von Kabbala, ist in Kaffeehäusern entstanden. Beim Fußball erkennt man die Pseudowissenschaftler unter den Trainern am ständig gezückten Notizbuch. Dadurch hält der Trainer Abstand. Er sieht die Elf als Patient. Das Wartezimmer ist voll. Überall, wo auf solche Weise Abstand geschaffen wird, entsteht Raum für die Einmischung von Leuten, die beim Fußball nichts zu suchen haben. Je breiter die Aschenbahn, desto mehr Leute dieser Art stehen darauf.

Noch einmal über Abwesenheit: Jeder Spieler, der einmal bei Ajax gespielt hat, ist in erster Linie Ex-Ajacide. Alles, was seit den sechziger Jahren in den Niederlanden im Zusammenhang mit Fußball getan oder unterlassen wurde, wird letztendlich gemessen werden an Cruijff.

Die Abwesenheit ist immer da. Sie ist vor allem zu spüren in der Melancholie. Melancholie ist der Stillstand der Sinne neben dem gewünschten Leben. Wenn man nicht mehr sehen will, in welche ideologische Unordnung das eigene Leben geraten ist, setzt man es registrierend fort. Bruce Chatwin wurde von dieser Melancholie beherrscht. Sein Leben vollzog sich neben dem von ihm gewünschten Leben. Die Reisen, die er machte, hatten keinen einzigen Nutzen. Er wollte in der Geschichte ankommen, die er sich vorher ausgedacht hatte. Seine Berichte waren nur die notwendige Kulisse. Er beschrieb Ansichtskarten. Das Thema der Entwurzelung entlieh er der postmodernen Kunstwelt, wo eine Zitatenreihe zum absoluten Bild führen soll. Wer reist, ist immer unterwegs zur Ruhe, sucht den Moment, da er sich am Wegrand auf einen Stein setzen kann. Peter Handke schreibt über diesen Augenblick, wenn er sagt, daß die Welt dann anfängt, sich selbst zu erzählen. Alles hat seinen Platz gefunden.

Ein- oder zweimal in der Woche, wenn ich keine Lust habe, Brot zu essen, das nach Yin-Yang-Rezepten gebacken ist, kaufe ich in einer kleinen Bäckerei vier ungesunde Brötchen aus der Fabrik. Der Laden liegt in einer Gasse zwischen Singel und Spuistraat. Morgens herrscht hier aufgeräumte Stimmung. Die Händler machen gute Geschäfte. Lachlustige Damen mit Perücken kaufen hier ein. Die Kundschaft wird beim Vornamen angesprochen. Die Rechnung wird auf einem speckigen Notizblock notiert und am Wochenende beglichen.

Der Laden ist wie alle Geschäfte in dieser Gasse in einem alten Gebäude untergebracht. Hinter einer Tür mit Sprossenfenster brennt den ganzen Tag gelbliches Licht. Das Holz ist dunkelbraun. Rollen mit Schiffszwieback liegen im Halbdunkel in den Regalen. Die Theke ist aus Holz und steht mitten im Geschäft. Innen müssen sich die Augen immer erst an die Dämmerung gewöhnen. Hinter dem ordentlichen Sektor der Theke steht eine junge Frau, die am Anfang immer ängstlich lächelnd nach meinem Wunsch fragte. Dieser Wunsch war immer derselbe. Vier fiese Brötchen. Nach einigen Wochen war klar, was ich wollte, und wir beide konnten ein paar Sätze ungesagt lassen. Die logische Entwicklung davon ist der Schwatz.

Aus dem vormaligen Stilsteeg kommend biege ich rechts ab und gehe an der Stelle vorbei, wo ein Ex-Mesner einen Heringsstand hat. Es ist Zeit für meinen Besuch beim Bäcker.

In der Zeitung las ich von einem Plan, epileptische Wohntürme zu bauen. Fünf Sekunden lang war ich glücklich, bis ich den Satz noch einmal las und sah, daß es sich um elliptische Wohntürme handelte.

Als ich die Tür zum Bäckerladen aufstoße, ist meine erste Reaktion eine Entschuldigung. Ich bin hier falsch. Das ganze Innere ist blitzsauber, blank poliert und weiß. Ich trete vor Unbehagen von einem Fuß auf den anderen. Aber das Mädchen ist dasselbe, also muß ich richtig sein. Auf dem Fußboden liegt nagelneues Linoleum, worin sich Neonlicht spiegelt. An den Wänden Sperrholzplatten. An den Rändern kann man das alte Holz noch sehen. Die Decke wurde abgehängt und besteht jetzt aus weißen Bürodeckenpaneelen.

Ich komme mir vor wie durch eine Falltür gefallen. Offenbar macht sich niemand klar, daß eine Metamorphose der Umgebung, selbst in kleinem Maßstab, unwiderruflich eine Metamorphose des Geisteszustands zur Folge hat. Kafka hat darüber geschrieben, wie erstaunt und erleichtert er morgens in seinem Zimmer aufwachen konnte, als er merkte, daß alles noch genauso lag wie im Augenblick des Einschlafens.

Ich will tun, was ich meist mechanisch tue, aber es gelingt mir nicht. Das Anfassen der Türklinke, das Öffnen der Tür und das Eintreten werden nächstes Mal nicht mehr von selbst geschehen. Alles muß neu definiert werden.

Ich habe meine Brötchen gekauft und bin gegangen.

An den Zufahrten nach Amsterdam sind Sabbatketten angebracht. Als die Festung Amsterdam im letzten Jahrhundert durch den Bau fester Brücken zur offenen Stadt wurde, stellte dies für ihre gläubigen jüdischen Bewohner ein Problem dar. Am Sabbat ist der Transport von Gegenständen von privatem zu öffentlichem Grund verboten. So steht es geschrieben bei Jeremia. Die ganze von Grachten und Ziehbrücken eingekreiste Stadt galt als Privatgrund, auch wenn die Brücken am Sabbat nicht hochgezogen wurden. Die eigene Haustür kann man schließlich auch offenstehen lassen. Die Sabbatgrenze wurde gebildet vom IJ, von Westerkanaal, Singelgracht, Kattensloot,

Kostverlorenvaart, Schinkel, Ringspoorbaan, Amstel, Weespertrekvaart, Ringvaart, Nieuwe Diep und dem Amsterdam-Rijnkanaal.

Wo die Sabbatgrenze von festen Brücken aufgehoben wurde, hat man Sabbatketten angebracht. Diese Ketten befinden sich in eigens aufgestellten Kästen am Straßenrand. Bei der Utrechter Brücke sind sie in die Zierpfeiler eingebaut. Die Ketten sind nicht dazu da, die Zugänge zur Stadt wirklich abzusperren. Sie haben nur symbolische Bedeutung. Das neue Stadion von Amsterdam wird außerhalb der Sabbatgrenzen gebaut.

Leon de Winter

Schwarzer Samstag

Ich mußte Jimmy Tschin anrufen, und der elektrische Wecker fing an zu quengeln.

Ich lag an Marias warmen Hintern gedrückt. Schläfrig drehte sie sich um, als sie merkte, daß ich aufstehen wollte. Sie schlang die Arme um mich und hing mit ihrem vollen Gewicht an meinem Hals. Das machte mir nicht so viel aus, denn mein Übergewicht hatte sich zum Teil an meinem Hals festgesetzt.

»Warte, Schätzchen«, sagte ich, »erst muß ich anrufen, dann leg ich mich wieder zu dir.«

Sie brummte mit geschlossenen Augen. Ihre schläfrige Hand suchte an meiner Schulter erfolglos nach meinem Geschlecht, und ich stand auf.

Der Anruf hatte mit einem verspäteten Transport zu tun. In Thailand ließen wir Hemden, Blusen, Röcke, Kostüme, Zweiteiler und alles mögliche von der Firma Golden Textiles zusammennähen und verkauften die Partien Mischkonfektion dann in diesem Teil Europas.

An den Kassen unsrer SuperTex-Läden wurden die Kleider in orange-grün bedruckte Plastiktaschen mit roten Henkeln geschoben. Die sparsame Einrichtung unserer Geschäfte und die relativ niedrigen Personalkosten sicherten uns eine ansehnliche Gewinnspanne, und so hatten wir uns einen festen Platz auf dem niederländischen Textilmarkt erobert.

Wir liefern ziemlich gute Ware zu Schleuderpreisen. Dafür tritt der Kunde immer gern über die niedrige Schwelle. Außer aus Thailand importieren wir auch Konfektion aus Sri Lanka, Südkorea, Hongkong und Indien, und wir beliefern ähnliche Ladenketten wie unsere eigene SuperTex, in Deutschland etwa Billighaus, oder Dufour in Frankreich.

Jimmy Tschin hatte es nicht geschafft, eine Sendung mit Winterware termingerecht abzuschicken, und dadurch konnten wir mit unseren deutschen Vertragspartnern womöglich Probleme bekommen. Die hatten in ihren Läden in Köln und Karlsruhe eine Großaktion geplant, und die Werbeaufträge dafür waren schon aus dem Haus. Die Regale warteten auf meine Jacken, Mäntel, Hosen, Hemden, Blusen und Pullover. Lieferte ich nicht rechtzeitig, zwang mich der unnachsichtige Vertrag, für die Kosten der Werbekampagne und den Umsatzverlust aufzukommen. Über Fernmeldesatellit hatte Jimmy mir geschworen, daß er die gesamte Partie noch vor dem Wochenende aus dem Haus schaffen würde. Er konnte sie nicht mehr per Schiffscontainer verschicken, hatte mir aber versichert, daß er sie per Flugzeug nach Europa bringen lassen würde. Für ihn vervielfachte das die Kosten, aber das war immer noch besser als der Schaden bei Billighaus, denn den würde ich, in welcher Form auch immer, auf ihn abwälzen.

Jimmys Sweatshops standen in einem Dorf nördlich von Bangkok, und der Strom war ausgefallen. Golden Textiles hatte vor drei Monaten eine Anzahl neuer Generatoren aus Singapur importiert, aber schon bald hatte die ganze Anlage Betriebsstörung, und die Produktion lag still. Aus Singapur wurden Monteure eingeflogen, die den Schaden reparierten, aber nach ungefähr drei Wochen wiederholte sich das Problem. Es wurde ein Leidensweg. Ich hatte Jimmy im Verdacht, die Generatoren gebraucht gekauft zu haben, aber er schwor hoch und heilig, sie wären fabrikneu gewesen. Und nun versicherte er mir ständig, die Brother-Nähmaschinen würden innerhalb von zwei Tagen wieder anfangen zu singen.

Es war von äußerster Wichtigkeit, daß er seine Produktion schnell wieder in Gang brachte, denn die thailändische Winterkollektion – »Kollektion« ist ein großes Wort für das, was bei uns im Laden liegt – mußte nicht allein die leeren Truhen bei Billighaus füllen. Wir liefern auch an Dutzende von Markthändlern, und in erster Linie brauchten wir die Ware aus Thailand für unsere eigenen Geschäfte. Jimmy wußte das, und meine Position zwang mich, ihn daran zu erinnern. Mein Vater hätte genau dasselbe getan.

»I have to deliver in time, Jimmy«, hatte ich gesagt, »und wenn ich nicht rechtzeitig liefere, dann muß ich eine Buße bezahlen. Und die ist nicht gelinde, lieber Freund.«

»Ich werde dafür sorgen«, sagte Jimmy so aufgeweckt wie möglich mit seinem chinesischen Zungenschlag, »don't you worry.«

»Ich mach mir aber Sorgen!«

»Beruhige dich, Max, ich bin dein Freund.«

»Das weiß ich, aber du lieferst nicht rechtzeitig. Und jemand, der nicht rechtzeitig liefert, den kann ich schwerlich weiter meinen Freund nennen.«

»Ich tu mein Bestes.«

»Das ist nicht genug, Jimmy.«

»Morgen früh weiß ich mehr.«

»Und dann will ich ganz genau wissen, wann du lieferst.«

»Mach dir keine Sorgen, Max.«

»So wenig wie möglich. Und weißt du warum? Wenn die Buße fällig wird, dann glaube ich nicht, daß *ich* sie bezahlen muß.«

»Don't you worry.«

Dies Gespräch fand am Freitagmorgen statt, am Samstag sollte ich ihn wieder anrufen.

In Thailand haben sie einen halben Werktag hinter sich, wenn wir morgens aufstehen. Ich hatte deshalb den Wecker gestellt, damit ich um halb sieben die Nummer von Jimmys Geschäft in Bangkok eintippen konnte. Er kannte den Stellenwert, den der Samstag bei mir hatte, und ein Anruf um diese Uhrzeit würde Eindruck machen.

Meine Sekretärin hatte mir ein Dossier mit den wichtigsten Unterlagen mitgegeben, die mir erlaubten, Jimmy notfalls die genauen Zahlen und Klauseln um die Ohren zu hauen. Ich ging in mein Arbeitszimmer und sah die Grachtenhäuser auf der anderen Seite der Amstel in sanftem Morgenlicht liegen. Die Grachten waren leer. Normalerweise blieben wir am Samstagmorgen etwas länger im Bett, kauften dann ein und lebten ruhig dem Montag entgegen. Ich zog eine Unterhose an, öffnete meine Tasche und holte das Dossier heraus.

Ich sah sofort, daß Yvonne mir die falschen Papiere mitgegeben hatte. Das mußte mich im Prinzip nicht davon abhalten, Jimmy anzurufen und meinen Zorn in den Hörer zu brüllen, falls in Bangkok irgend etwas schiefging, aber ich wollte die Verträge zwischen uns und Golden Textiles in der Hand haben, daraus zitieren, mahnen, zurechtweisen. Eine der Klauseln gestattete uns, nicht nur die Unkosten, sondern auch die Gewinnverluste auf Jimmy abzuwälzen, und die wollte ich ihm wörtlich unter die Nase reiben. Noch bedeutsamer war die Klausel über *Nichterfüllung*. Dies war bereits das dritte Mal hintereinander, daß mit den Lieferungen von Golden Textiles etwas nicht stimmte, und ich hatte einen möglichen Ersatzpartner in Polen gefunden. Die Anfahrtswege von Warschau und Danzig waren viel kürzer, die Aufsicht über die Sweatshops dort lag in den Händen abtrünniger Kommunisten, beinharter Sklaventreiber, die ihre unterbezahlten Landsleute bis aufs Blut aussaugten. Dieses *business* ist nichts für Samthände. Meine Verantwortung betrifft die Kontinuität unseres Betriebs, und wenn sie von einem neuen Lieferanten besser gewahrt wird, fühle ich mich gezwungen, die alten Bande zu kappen.

Mein Vater hatte den thailändischen Chinesen Fu Fai Tschin – Jimmys Vater – bei einer Textilmesse in Mailand im Jahr '67 oder '68 getroffen. Wahrscheinlich hatten sie sich die Einsamkeit des ewigen Flüchtlings gegenseitig von den Augen abgelesen. Die Wiege meines Vaters stand in Galizien, die von Tschin in Kanton. Sie hatten gute Geschäfte miteinander begonnen.

Mein Vater hatte eine Menge Geschäftsbeziehungen, aber ich glaube, ungeachtet der kulturellen Verschiedenheiten hätschelte er die mit Tschin am meisten. Als wir das eine Mal zusammen in Bangkok waren, konnte ich zusehen, wie er in aller Ruhe die Vertragsverlängerung mit Fu Fai Tschin besprach. Er saß entspannt am blankpolierten Mahagonitisch, der nach Bohnerwachs roch; ein paarmal beugte er sich vor und legte eine Hand auf den Arm von Fu Fai Tschin, der diese Freundschaftsgeste damit beantwortete, daß er seine Hand auf die meines Vaters drückte. Am späten Nachmittag machte Tschin auf dem Parkplatz des Hilton seine trägen Gymnastikübungen, gedehnte Bewegungen, die Konzentration und Körperbeherrschung erforderten, und mein Vater schaute wie ein liebevoller Bruder dabei zu. Wir schlossen einen schönen Vertrag.

Es war uns nicht verborgen geblieben, daß thailändische Mädchen mit wieselflinken Fingern unsere Kleider bei schlechtem Licht für einen Hungerlohn zusammennähten, aber auf diese Weise kam der gesamte wohlhabende Westen an preiswerte Textilien. Sollten wir, die Euro Textil International BV, die Holding unserer SuperTex-Ladenkette – ein Name, den sich mein Vater ausgedacht hatte, der aber zu lange im Mund herumrollte und ETI abgekürzt wurde – etwa tugendhafter sein als C & A? Wir machten munter mit auf dem Jahrmarkt des modernen Imperialismus.

Ich mußte Jimmy anrufen und hatte die falschen Unterlagen in der Hand, Unterlagen zur Marokkoaffäre, die wir gerade überstanden hatten. Das marokkanische Dossier war wohl das letzte, das ich jetzt sehen wollte, und eine Riesenwut packte mich, schlimmer als es dieser kleine Zwischenfall rechtfertigte.

Jetzt, nachdem einige Zeit vergangen ist, sehe ich nachträglich auch selbst, daß die Ursachen für die ganze Aufregung beim fehlgeschlagenen Marokkogeschäft lagen und bei dessen aufsehenerregenden Folgen für meinen Bruder Boy, aber zu einer wohlabgewogenen Analyse hatte ich an diesem Morgen keine Zeit. Ich rief Yvonne zu Hause an.

»Ja?« antwortete sie halb im Schlaf.

»Verdammt noch mal, du hast mir die falschen Unterlagen mitgegeben! Ich steh hier um halb sieben Uhr am Telefon und will anrufen, und was sehe ich: das falsche Dossier!«

»Oh, Herr Breslauer, wie ist das möglich?«

Ich hörte, daß sie jetzt hellwach war. Vermutlich saß sie aufrecht im Bett.

»Wie das möglich ist? Das fragst du *mich*? *Du* bist die Sekretärin, nicht ich!«

»Ich hatte es wirklich hingelegt, Herr Breslauer.«

»Ja, du hattest es wirklich hingelegt. Aber *das falsche,* liebe Yvonne.«

»Wie kann das denn ... ich habe doch ...«

»Yvonne, hör mir mal zu, das ist das letzte Mal, daß du was falsch gemacht hast.«

»Oh, Herr Breslauer, es tut mir wirklich leid, es wird nicht wieder vorkommen.«

»Nein, es wird nicht wieder vorkommen! Und weißt du auch, warum? Weil du entlassen bist, Yvonne! JETZT. Fristlos! Verdammt noch mal, ich steh hier wie ein Ölgötze!«

Wütend schmiß ich den Hörer auf die Gabel und marschierte erregt vor den Fenstern auf und ab. Fluchend warf ich das Dossier weg, die Papiere flatterten auf das glänzende Parkett.

»Was ist los, Max?«

Maria stand in der Tür. Sie war mitsamt dem Laken aus dem Bett gestiegen und strich ein paar blonde Haarsträhnen aus dem Gesicht. Sie war auch frühmorgens ohne Mascara, Lippenstift und Lidstrich die schönste Frau, die ich kannte. Hätte Marilyn Monroe nicht gelebt, dann hätte man Maria nicht beschreiben können. Wenn ich sie zwischen den Bettlaken anbetete, und fast jede Nacht ließ sie das zu, dann lautete mein Mantra: »Du bist so herrlich wie MM.« Manchmal genügte ihr das nicht, und dann setzte ich hinzu: »Wenn sie ihren wirklich guten Tag hatte.«

»Wen hast du angerufen?«

»Yvonne.«

Ich ließ mich auf die Couch fallen. Hinter den großen Fenstern lagen die Dächer von Amsterdam. Von hier aus sah man bei klarem Wetter in der Ferne sogar die Türme des Textilzentrums, worin sich die Verkaufsbüros von ETI befanden.

Maria setzte sich auf die Armlehne eines Sessels. Das weiße Bettuch hob sich vom schwarzen Leder ab, und ihr goldenes Haar und ihre nackten Beine vervollständigten das *glossy* Reklamefoto, das man jetzt von ihr hätte machen können. Jede Haltung, die sie einnahm, war graziös und fotogen.

Mein eigener Anblick bot weniger ästhetisches Behagen. Ich starrte auf die Fettrollen um meine Taille, meine Schenkel lagen breit und schwer auf der Couch.

»Sie hat mir die falschen Unterlagen mitgegeben. Ich muß Bangkok anrufen.«

Sie nickte mechanisch.

»Warum setzt du dich nicht schnell ins Auto? Die Stadt ist leer, in fünf Minuten bist du dort.«

»Dann muß ich mich erst duschen und anziehen...«

Die Vorstellung, daß ich mich jetzt beeilen mußte, gefiel mir gar nicht. Wieder fuhr mir der Ärger über die Saumseligkeit meiner Sekretärin in die Glieder, und wie ein verwöhntes, lästiges Kind wischte ich einen Stapel Bücher von dem niedrigen Tisch, der vor der Couch stand. Ich weiß nicht, warum ich das tat. Hilflos purzelten die Bücher auf das Eichenholz.

Maria ging in die Hocke und legte beherrscht die Bücher zurück. Das Bettuch glitt von einer Achsel und entblößte eine ihrer vollkommenen Brüste.

»Du ziehst dir schnell was an und kommst dann wieder zu mir«, sagte sie wie eine Lehrerin zu ihrem Lieblingsschüler, »wir sind noch nicht fertig miteinander.« Ihre Worte klangen verführerisch, aber ich spürte, daß sie keine Geduld mehr hatte.

Ich beugte mich zu ihr herüber und küßte ihre Schulter. Sie roch nach Schlaf und warmem Tier.

»Du hast recht«, sagte ich.

Ich stand auf und ging zurück ins Schlafzimmer. Ich habe hier ein Penthouse, fünfzig Meter rechts vom Theater Carré, oben auf einem der höchsten Herrenhäuser an der Amstel. Das Haus wurde 1723 gebaut, das Penthouse 1983. Ein halbes Jahr vor dem Tag, den ich hier zu beschreiben versuche, hatte ich es für satte anderthalb Millionen gekauft, was ein Haufen Geld ist, aber man muß es mit dem Ankauf eines wertvollen Gemäldes vergleichen: Kunst und Geldanlage zur gleichen Zeit.

Ich stieg schnell in eine Jeans Größe XL, zog ein T-Shirt von Super Tex über meinen fetten Körper und schlurfte in Hausschuhen zum Fahrstuhl. Maria rief mir nach: »Hast du ihr gekündigt?« Sie mußte die Antwort kennen, denn sie hatte das Gespräch mit angehört.

Ich blieb stehen und hielt die eigensinnigen Fahrstuhltüren auseinander.

»Ja.«

Ich hörte, daß sie zu mir herüberkam und wartete. Ohne

wirklich hinzusehen, glitt mein Blick über das Foto von meinem Vater, das dort hing, vor über dreißig Jahren aufgenommen, als er jünger war als ich heute. Er hatte Boy und mich gerade hochgehoben, und in dem Augenblick, da seine Lippen meine runde Kinderwange berührten, hatte der Fotograf abgedrückt. Es war mein Lieblingsbild.

Jetzt erschien sie in der Hall, eine griechische Göttin.

»Das finde ich nicht nett«, sagte sie. Ihre Stimme klang kalt und böse.

»Ich *bin* auch nicht nett. Das hab ich dir schon früher gesagt.«

»Ein einziges Versehen, und schon wird sie entlassen?«

»Misch dich hier nicht ein«, sagte ich scharf. »Laß die Finger von meinen Angelegenheiten.«

Ich betrat den Fahrstuhl, und die Türen schoben sich zu. Durch eins der runden Fenster sah ich, wie sie sich abwandte und ins Schlafzimmer ging. Kurz bevor die Stahltüren den Fahrstuhl ganz verschlossen, hörte ich sie ein paar Worte sagen, die nicht für meine Ohren bestimmt waren: »Dein Vater war netter, *Mamser.*«

»Aber der ist tot!« rief ich durch das Sicherheitsglas. »Und dies ist das letzte Mal, daß du von ihm redest, hörst du! Ich will nichts mehr von ihm hören!«

Ja, ich weiß, ich habe überreagiert. Seit ich aus Marokko zurückgekommen war, damals vor zwei Monaten, war ich unruhig, ungeduldig, unausstehlich. Ich hatte zwei wichtige Geschäfte vermasselt, weil ich im falschen Augenblick explodiert war, ich hatte bereits fünf Leute entlassen (mit Yvonne waren es jetzt sechs), ich hatte wieder angefangen zu rauchen (Maria verbot mir, in der Wohnung zu rauchen, aber im Auto wartete eine ganze Stange auf mich), und ich hatte jede Woche ein ganzes Kilo zugenommen (was mich in diesem Augenblick gefährlich in die Nähe der Hundertkilomarke brachte). Sie hatte ihre Bemerkung nicht für meine Ohren bestimmt, aber es war die tödlichste Beleidigung, die sie mir zufügen konnte, und sie wußte das. Wie ein wilder Bär schlug ich auf die Wand der unschuldigen Fahrstuhlkabine. Dröhnend echote es im Aufzugsschacht.

Im Untergeschoß wartete, zwischen den Sportwagen der anderen Hausbewohner und neben Marias rotem Ferrari, mein anthrazitgrauer Porsche 928 S. Ich ließ mich stöhnend hinter das Steuer sinken. Jede Fahrt begann mit dem Kampf gegen meine lästigen Pfunde, und falls ich noch dicker werden würde, müßte ich mir ein anderes Auto zulegen, denn die liegende Steuerhaltung war bei meinem Umfang nicht nur unbequem, sondern sogar gefährlich. Ich war vernarrt in meinen 928. Er fuhr geschmeidiger als Marias Ferrari Testarossa. Mit dem *remote* öffnete ich die Garagentür.

Ich ließ den Wagen an, und der schwere Motor des hochgezüchteten Porsche röhrte zwischen den Betonwänden. Ich gab Gas, schoß unter der halbgeöffneten Tür hervor und fuhr an der Amstel entlang.

An der Mageren Brücke sah ich mich um. Kein Polizeiwagen zu sehen. Schnell lenkte ich den Wagen auf die Brücke, was von dieser Seite aus verboten ist, und streichelte das Gaspedal. Der Porsche flitzte über die Holzbalken der Brücke auf die andere Seite, dort bog ich links ab und fuhr wieder zurück. Ich warf einen Blick aus dem Seitenfenster und sah, daß die Garagentür auf der anderen Uferseite schon fast wieder geschlossen war. Der Wagen flog über die Buckel der Grachtenbrücken, und am Ende dieses Amstelabschnitts lenkte ich den Porsche Richtung Frederiksplein.

Einen Augenblick lang überlegte ich mir den kürzesten Weg zum Textilzentrum. An Werktagen fuhr ich immer über den Amsteldijk und dann durch die Kennedylaan zum Ringweg, aber die Stadt lag wie ausgestorben, und ich beschloß, über den Stadhouderskade zu fahren, den Museumsplein zu überqueren und dann die Lairessestraße zu nehmen.

Ich drückte das Pedal noch etwas weiter hinunter, es waren nur Millimeter, und die acht hochgezüchteten Zylinder des 928 jaulten. Die breiten Pirellireifen drehten auf dem glatten Asphalt durch, ich merkte, wie der Wagen schlingerte, aber als die Reifen warm wurden und wieder auf den Asphalt hafteten, schoß das Auto voran. Von null auf hundert in weniger als sechs Sekunden. Deswegen hatte ich das Auto gekauft, für den Kick bei dieser Beschleunigung mußte ich auch wieder abnehmen. Ich wurde in den Schalensitz gedrückt und bog in den Stadhouderskade ein. Innerhalb einer halben Minute war ich beim Rijkmuseum, fuhr drum herum, raste über den Museumsplein und donnerte, ohne vor der Ampel an der Van-Baerle-Straße zu halten, direkt in die Lairessestraße. In einer Hundertstelsekunde war ich am Concertgebouw vorbei, und die schnurgerade Lairessestraße lag wie eine freie Rennbahn vor mir.

Es passierte an der Ecke Banstraße.

Ich weiß nicht, wo sie herkamen, aber sie waren auf einmal da. Offenbar waren sie mit dem absoluten Weltrekord im Hundertmeterlauf aus der Banstraße in die Lairessestraße gespurtet, und mir zum Possen hielt die Chassidenfamilie dann direkt vor meinem Porsche an.

Ich hatte sie die Fahrbahn nicht betreten sehen, aber da standen sie unverkennbar und schienen nicht die Absicht zu haben, ihren Platz mitten auf der Straße zu räumen. Ich bremste.

Das Anti-Blockier-System gehört zur Standardausrüstung jedes Porsche, und ich merkte jetzt, daß das kein überflüssiger Luxus ist. Irgendwo unter der Motorhaube organisierte ein Computer das pumpende Bremsen, und ich spürte, wie die Sicherheitsgurte mich im Schalensitz festschnürten.

Auch wenn der Vorfall höchstens zwei Sekunden gedauert haben kann – ich hatte genug Zeit, mir die Chassiden genau anzusehen. Durch dicke Brillen guckten sie erschrocken zu mir her und warteten bewegungslos auf den Aufprall. Den Fuß krampfartig auf das Bremspedal gedrückt, sah ich sie furchterregend schnell näher kommen. Die zwei Sekunden dehnten sich wie zweihundert, ich konnte jetzt ihre Gesichter erkennen: den bärtigen Vater mit dem schwarzen Hut, seine beiden Söhne, der jüngere etwa zehn, der ältere fünfzehn Jahre, genau wie ihr Vater in Schwarz, mit dicker Brille, Hut und schönen vollen Pejes, diesen mädchenhaften Schläfenlocken, die die streng orthodoxen Juden tragen. Alle drei starrten mich an, als wäre ich ein Ungeheuer, eine von G'tt gesandte Prüfung – so heilig ist sein Name, daß er weder geschrieben noch gesprochen werden darf –, die nur auf eine einzige Art beantwortet werden konnte: einfach stehenbleiben, nicht zur Seite gehen, unbeugsam diesen Test durchstehen und notfalls als Märtyrer von Ihm in Sein Haus berufen werden.

Ich spürte, daß ich sie anfahren würde. Eine halbe Chassidenfamilie, am Samstagmorgen früh auf dem Weg zur Schul, um zu G'tt zu beten und auch für mich um Vergebung zu bitten – gleich würde ich sie auslöschen, weil ich so dringend ein Telefongespräch mit Bangkok führen mußte wegen einer Partie Winterkleider. Gleich würde man die Chassiden von meiner Windschutzscheibe kratzen, und ich selbst mußte ins Kittchen. Ich fuhr hier mit hundertzwanzig Sachen und wollte gerade in den vierten Gang schalten, um am Ende der Lairessestraße in den fünften zu gehen; damit fuhr man über zweihundert.

Ich sah ihre unschuldigen frommen Gesichter näher kommen und fing an zu beten. Wieder hatte der HErr mich auserwählt.

Die ABS-Bremsen von Ingenieur Porsche verlangsamten den Wagen um viele Kilometer pro Meter, und es sah jetzt so aus, als würde ich genau auf der Höhe des vordersten Chassidenjungen zum Stillstand kommen. Wie von einer Riesenhand zurückgeschoben verlor das Auto die letzte Geschwindigkeit. Ein winziger Ruck kündete absolute Ruhe an, und als ob sich mein Tastsinn bis in die Stoßstange ausgedehnt hätte, merkte ich, daß ich den Jungen noch gerade so antippte, wie man jemandem einen Klaps auf die Schulter gibt.

Ein Weilchen blieb alles still, wieder zwei Sekunden tiefer Besinnung. Diesmal spürte ich das erlösende Glücksgefühl, daß die Tragödie durch irgend jemandes Eingreifen – Ingenieur Porsche oder Er dort oben? – verhindert worden war. Der Morgen war mild und schön.

Ich sah, daß der Junge aus der Betäubung erwachte, die die drohende Gefahr ihm eingeimpft hatte. Sobald die Erkenntnis zu ihm durchgedrungen war, daß er noch lebte und daß das Auto sein Bein berührt hatte, verließen über fünftausend Jahre Verfolgung mit einem lauten Schrei seinen Hals. Er fing an, auf seinem gesunden Bein herumzutanzen, während er das angetippte Bein mit beiden Händen festhielt, als würde es sonst abfallen.

Seine beiden Angehörigen, die sich in aller Stille schon darauf vorbereitet hatten, mit G'tt gleich ein erstes Orientierungsgespräch zu führen, lösten sich aus der Erstarrung, die mein heranbrausendes Auto verursacht hatte, und scharten sich um ihn. Der Junge zog das Hosenbein von seiner schwarzen Sabbathose hoch, und durch die Windschutzscheibe konnte ich nicht einmal eine Schürfwunde entdecken. Aber er schrie trotzdem weiter.

Der Vater, ein kleiner Mann mit dünnen Fingern, einem schmalen Gesicht und scharfen Augen, klopfte zornig auf mein Seitenfenster, und ich öffnete es mit einem Druck auf die Taste.

»Was glaubst du eigentlich, wer du bist, daß du hier so schnell fährst? Du hast mein Kind verletzt, und ich versichere dir, dafür wirst du büßen!« Er sah mein Autotelefon. »Ruf einen Krankenwagen«, verlangte er, »mein Kind braucht Hilfe.«

»Es tut mir leid. Aber wie ich sehe, ist gar nichts passiert, und ich hab's eilig.« Meine Stimme zitterte vor Aufregung, das Herz schlug mir im Hals, und ich war dankbar, daß nichts Ernstes geschehen war.

»Sie haben es eilig? Und woher wissen Sie, daß nichts passiert ist? Sind Sie vielleicht Arzt? Nein, so sehen Sie gar nicht aus. Sie rufen *jetzt* einen Krankenwagen, oder ich hole die Polizei.«

Ich stieg aus und ging zu dem Jungen. Sein kleiner Bruder sah mich kommen und stellte sich mit fatalistischem Heldenmut vor ihn. Zweifellos fürchtete er, ich würde mein Henkerswerk mit bloßen Händen vollenden. Ich sah die Panik in seinen Augen.

»Was ist denn los?« fragte ich so freundlich wie möglich. »Es ist doch nicht so schlimm? Laß mich mal sehen.«

Ich bückte mich und betrachtete das Bein des Jungen. Die Tränen rollten ihm über die Wangen, aber ich war überzeugt, daß es nur der Schreck war. Vorsichtig berührte ich das bleiche Bein.

Der Junge schrie, und sofort spürte ich die Hand des Vaters auf meiner Schulter. Die Vaterschaft gab dem Männchen Riesenkräfte, sein Griff tat weh.

»Rühr ihn nicht an!«

Ich richtete mich auf und versuchte ein Lächeln. »Soviel ich sehe, ist es nur halb so schlimm. Ich glaube nicht, daß Ihrem Jungen was passiert ist.«

»Warum heult er dann? Tut er das zu seinem Vergnügen, was glauben Sie? Jakov! Jakov! Hast du Schmerzen?«

Der Junge nickte, sein Gesicht war vom Leiden gezeichnet.

»Der Junge hat Schmerzen, und Sie sagen, er hat keine Schmerzen? *Wer* fühlt hier *was*? Wer stand hier auf der Straße, und wer saß hinter dem Steuer? Wissen Sie, was Sie sind? Ein verantwortungsloser Goj. Wissen Sie, was ein Goj ist?« Er machte eine kurze Pause. Sein Sohn hatte darauf gewartet und fing heftig an zu stöhnen. »Ein Goj ist einer, der am Samstagmorgen in so einem ...« – er wies mit zitterndem Finger, als ob er in einem Shakespearestück mitspielte, auf meinen Porsche – »... in so einem Auto zu fahren wagt. *Das* ist ein Goj!«

»Sie irren sich«, sagte ich. »Auch ich habe meine Bar-Mizwa gefeiert.«

Seine Augen zwinkerten ungläubig hinter den dicken Brillengläsern. Verblüfft schüttelte er den Kopf und half seinem Sohn auf die Motorhaube.

»Jemand muß einen Krankenwagen rufen«, sagte er, »du kannst telefonieren, wir nicht.«

Ich zog mein Portemonnaie heraus und zeigte dem Jungen einen Zweihundertfünfzigguldenschein. Natürlich wußte ich, daß fromme Juden am Samstag kein Geld anrühren, aber ich hatte die Handbewegung schon gemacht, bevor ich merkte, wie taktlos sie war.

»Hier, Jakov«, sagte ich vor Scham errötend, »kauf dir was Schönes dafür.«

In einem Anfall rasender Wut riß mir der Vater den Geldschein aus der Hand und zerfetzte ihn mit theatralischen Gebärden. Man darf am Sabbat auch nichts zerreißen – die Frommen unter uns reißen bereits am Freitagnachmittag das Klopapier in handliche Streifen, damit sie auch am Tag des HErrn den Popo putzen können –, aber er übertrat das Verbot.

»Was fällt dir ein! Geld. Geld am Schabbes! Jemand muß anrufen!« Die Fetzen des Geldscheins tanzten über die Straße. Ich sah, wie meine Dummheit auf den Asphalt flatterte.

Er hatte mich nicht direkt darum gebeten, denn das durfte er auch nicht, aber der »jemand« konnte kaum ein anderer sein als ich. Ich beugte mich in den Wagen und rief die 06-11.

»Wo ist es?« fragte das Mädchen in der Zentrale.

»Ecke Banstraße-Lairessestraße.«

»Opfer?«

»Zum Glück nicht. Nur ein Leichtverletzter.«

»Also ein Opfer. Wir kommen.«

Jakov saß mit geschlossenen Augen auf der Motorhaube. Sein Vater und sein kleiner Bruder hielten ihn tröstend und beschützend fest. Ihre Blicke verbannten mich für ewig in die Hölle, falls es sie gibt.

»Der Krankenwagen ist schon unterwegs«, sagte ich mit nervösem Lachen, obwohl es nichts zu lachen gab. »Geht es ihm wieder besser?«

»Ganz ausgezeichnet, danke vielmals«, sagte der Vater bitter. »Wir wissen es zu schätzen, daß Sie so mitleben.«

Der jüngste Sohn, kaum älter als zehn, sah mich scharf an. »Wenn Sie ein Jude sind, was tun Sie dann am Schabbesmorgen in einem Porsche?«

»Ist das hier ein Porsche?« rief sein Vater. »Also das ist das Auto von Herrn Professor Porsche, der für Herrn Hitler den Volkswagen gebaut hat? Und deswegen kommen wir zu spät zum Haus des HErrn?«

»Ich hatte es eilig«, sagte ich entschuldigend. Ich gebe zu, es war ein schwaches Argument.

»Am Schabbes hat man keine Eile«, sagte der Jüngste und warf mir einen vorwurfsvollen Blick zu.

»Es tut mir wirklich leid.«

»Leid?« sagte der Kleine, und seine Augen, die schon jetzt mehr gelesen hatten als die meinen, sahen mich vernichtend an. »*Leid*? Was ist das?«

»Hat dir das dein Vater nie erklärt?« Ich wollte sarkastisch sein, sah aber bereits voraus, daß mir der Kleine auch hierin überlegen war.

»Leidtun ist etwas von der Oberfläche«, stellte das Kind mit Erwachsenenweisheit fest, »was Sie empfinden sollten, ist Scham, Scham, weil Sie am Tag des HErrn, gelobt sei Sein

Name, in einem Porsche sitzen und beinah meinen Bruder totgefahren hätten.«

»Ich hab niemanden totgefahren, du übertreibst.«

»Übertreibst?« polterte der Vater. Trotz seiner zarten Gestalt hatte er die Lungen von Pavarotti. »Wer übertreibt hier? Hätten Sie sich, wie es sich gehört, gleich bei uns entschuldigt und echte Reue gezeigt, dann hätten wir zu einem Vergleich kommen können ...«

»Vergleich? Was wollen Sie damit sagen?« versuchte ich ihm ins Wort zu fallen. Aber er fuhr einfach fort.

»So aber glaube – was sage ich? – *schwöre* ich Ihnen, daß Sie nicht so glimpflich davonkommen. Heute kann ich über Geldsachen nicht reden, aber morgen komme ich darauf zurück. Ihre Karte! Geben Sie mir Ihre Karte!«

Ich sackte hinter das Steuerrad und nahm eine Visitenkarte aus dem Handschuhfach. Und ich rief Maria an.

Eine Gruppe ausgelassener Chassiden erschien an der Ecke Banstraße. Der Bürgersteig war dort aufgerissen, ein Sandhaufen und gestapelte Pflastersteine versperrten die Sicht auf die Seitenstraße. Ich wußte plötzlich, warum ich die Familie nicht gesehen hatte. Das Amsterdamer Stadtbauamt, dessen Wege so unerforschlich sind wie die von G'tt dem HErrn, hatte dort ein Loch gegraben, um mich zum Mord an einer braven Chassidenfamilie zu verleiten.

Die vier erwachsenen Chassiden mit ihren wilden Bärten blieben verblüfft an der Ecke stehen. Männer mit breiten Pelzmützen auf dem Kopf, mit Schtreimel. Sie trugen schwarze Mäntel, Kniebundhosen und weiße Strümpfe, die ihre muskulösen Waden stramm umspannten. Streng orthodoxe Chassiden, gekleidet nach der neuesten Mode des 18. Jahrhunderts in Polen. In Amsterdam sind sie selten, aber in New York, Antwerpen und Jerusalem kann man sie frei besichtigen. Sie kamen herbeigerannt.

Maria nahm ab.

»Maria, ich hab einen kleinen Unfall gehabt.«

»Max! Ist es was Ernstes?«

»Nein, nein, nichts Schlimmes.«

»Von wo rufst du an?«

Durch die Windschutzscheibe sah ich, wie der Vater von dem Vorfall berichtete. Die Chassiden schauten immer feuriger zu mir herüber, je länger der Vater in seinem nuancierten Bericht fortfuhr.

»Ich rufe aus dem Auto an. Mach dir keine Sorgen, ich komme ein bißchen später heim.«

»Also doch was Ernstes?«

»Nein, nichts Schlimmes. Bleib einfach gemütlich liegen, alles kommt wieder in Ordnung.«

»Max! Ich glaube dir nicht! Es *ist* was Ernstes, oder nicht?«

»Verdammt noch mal, nein!«

»Was ist denn los?«

»Ja. Jesus, deine Bemerkung von vorhin verbessert die Stimmung auch nicht grade!« sagte ich.

»Was für eine Bemerkung?«

»Was für eine Bemerkung? Willst du, daß ich sie wiederhole?«

»Laß es bleiben.«

»Ich bin bald wieder zu Hause.«

Ich rief Robbie Goudsmit an, und eine unbekannte Dame nahm ab.

»Er holt grade ein paar Hörnchen«, sagte sie. Offenbar war sie Robbies neueste Flamme und wollte mir auf diesem Weg mitteilen, daß die Nacht zu rasendem Hunger geführt hatte.

»Wenn er zurückkommt, muß er mich sofort anrufen, und zwar meine Autonummer. Ich habe einen kleinen Unfall gehabt.«

Die Verlockung, mich zu den aufgeregten Juden zu gesellen, war gering, aber ich hatte keine Wahl. Ich stieg aus meinem Auto und gab dem Vater mein Visitenkärtchen.

Die Männer musterten mich feindselig, und einer von ihnen las das Kärtchen zusammen mit dem Vater. Der Mann las laut und voller Abscheu, als ob er mich durch das Aussprechen meines Namens verfluchen könnte.

»Max Breslauer. Euro Textil International.« Jede Silbe tat ihm weh, und er zog dabei ein Gesicht, als habe er Galle im Mund. Er sprach mit flämischem Akzent. Antwerpen.

»Warum regeln wir das nicht wie zwei erwachsene Menschen«, sagte ich zum Vater und tat, als ob ich die wütenden Blicke der Chassiden nicht sah. »Ich glaube, es ist mehr der Schreck als sonst was, und ich verspreche Ihnen, morgen mache ich es wieder gut. Rufen Sie mich an, wir treffen uns und essen eine Kleinigkeit miteinander.«

In der Ferne hörte man das Martinshorn. Der verwundete Junge hörte es auch, und als Antwort darauf fing er wieder an zu jammern.

»Es ist der Schreck!« rief ich und zeigte mit blödem Grinsen auf den Jungen. »Nur der Schreck, sonst nichts!«

»Mörder!« rief der Vater und umarmte seinen Sohn. »Mörder, geh weg! Laß uns mit unserem Kummer allein!«

Ich fühlte mich schuldig, und um meinen guten Willen noch einmal zu zeigen, legte ich voller Mitleid eine Hand auf die Schulter des Jungen. Aber der Junge fing an zu kreischen, als würde er mit glühendem Eisen übergossen und müsse auf der Stelle verbrennen.

Zwei willensstarke Chassiden, breit und stämmig, rissen mich mit ihren kolossalen Händen von ihm los und räumten mich aus dem Weg, ohne daß ich auch nur einen Schritt dabei tun mußte. Ich flog durch die Luft und klatschte auf die Straße.

Während ich dort lag und einen Moment nach Luft rang, sah ich aus dem Augenwinkel, wie einer der Chassiden seinen Schtreimel mit einer Hand festhielt und zurück zur Seitenstraße eilte. Dort ging er aufrecht wie eine Frau in die Hocke und nahm einen Pflasterstein vom Stapel. Es war klar, daß der fromme Mann in seiner Freizeit das schöne alte Hobby des Steinigens pflegte. Mit viel Erfahrung geladen verließ der Stein seine Hand. Elegant flog der Brocken durch die stille Samstagmorgenluft, und während das Projektil noch unterwegs war, gab ich meinerseits auf dem Boden liegend meinem Abscheu Ausdruck. Zugleich mit dem Knall der berstenden Windschutzscheibe hallte mein machtloser Schrei durch die Lairesstraße.

Ich rappelte mich auf und schaute nach dem Spinnennetz in der Frontscheibe meines Wagens. Hilflos trat ich näher, strich über die Risse im getönten Sicherheitsglas und nahm den Stein von der Motorhaube. Ich schämte mich, das stand außer Zweifel. Ich war mit lebensgefährlichem Tempo durch die Stadt gerast, und die Chassiden hatten recht. Ich hatte Kasteiung verdient. Ich setzte das Leben anderer Menschen aufs Spiel, weil ich um diese Uhrzeit ein Gespräch mit einem gewissen Jimmy in Bangkok führen mußte. Und da stand ich. In der Tat ein Sünder, potentiell ein Mörder.

Ich drehte mich zu den Männern um, und sie wichen zurück. Ich wog den Stein in meiner Hand und fühlte die Verblendung. Auch ich konnte werfen. Auch ich hatte die biblische Tradition des Steinigens noch im Blut. Und ich hätte geworfen, wenn mich die Ambulanz nicht von meinem Übel erlöst hätte.

Mit kreischenden Bremsen kam sie neben meinem Auto zum Stehen. Zwei Sanitäter in weißen Kitteln stiegen aus. Hinter meinem Rücken ließ ich den Stein aus der Hand fallen.

Die Krankenpfleger schauten einen Augenblick überrascht auf die Kleidung ihrer Kundschaft.

»So, meine Herren«, sagte der ältere von beiden, »hat's bissele gekracht?«

»Lassen Sie das *bissele* ruhig weg«, antwortete der Vater bitter. Er wandte sich zu den Chassiden und sagte zu ihnen auf jiddisch, daß sie in die Schul gehen konnten und daß er bei seinem Sohn bleiben würde. Die vier Männer warfen mir beim Abmarsch tödliche Blicke zu.

Unbeeindruckt gingen die Sanitäter ans Werk. »Na, dann wollen wir mal sehen.«

Jakov biß sich auf die Lippen, die Tränen strömten weiter.

»Dieser Mann da hat mein Kind angefahren«, sagte der Vater, »er wollte ihn totfahren.«

Die Sanitäter schauten sich kurz nach mir um. Ich hob die Schultern.

»Das wird schon nicht so schlimm sein«, sagte der ältere Sanitäter mit einem verständnisvollen Blick in meine Richtung. Auch er fand diese Juden verrückt und verbohrt.

Er hockte sich hin und betastete das Bein. Der Junge schrie.

»Ruhig sitzenbleiben«, sagte der Sanitäter. Und zu seinem Kollegen: »Hol die Trage.«

Er richtete sich wieder auf. »Ich glaube, das Bein ist gebrochen. Wir müssen ins Krankenhaus fahren und Aufnahmen machen lassen.«

Diese Botschaft brach den letzten Widerstand des Jungen. »Mörder!« zischte der Vater mir zu.

»Immer mit der Ruhe, Ihr Sohn wird wieder ganz der alte«, sagte der Sanitäter. Und zu mir: »Sind Sie der Fahrer des Wagens?« Er begann, die emotionale Reichweite des Ganzen zu erfassen.

Ich nickte.

»Wir müssen den Vorfall der Polizei melden.«

»Ich verstehe.«

Scham brannte in meinem Gesicht.

»Es tut mir so schrecklich leid«, sagte ich zum Vater. Es klang ehrlich, weil es ehrlich gemeint war, aber er drehte mir den Rücken zu. Jakov wurde auf die Trage gelegt. Er wimmerte.

Mein Autotelefon piepte.

»Was ist denn los?« hörte ich Robbie Goudsmit fragen. »Was tust du so früh in deinem Auto?«

»Ich hab jemanden angefahren. Einen Augenblick.« Ich setzte mich ins Auto. »So, da bin ich wieder.«

»Jesus! Hoffentlich nichts Ernstes?«

»Ein gebrochenes Bein.«

»Ah, zum Glück. Mach dir keine Sorgen, gegen gebrochene Beine bist du versichert.«

»Aber sie wollen Schmerzensgeld.«

»Das können sie sich an den Hut stecken. Wir sind doch nicht in Amerika. Ist es ein Amerikaner?«

»Ein Chassidenjunge. Er ging mit seiner Familie über die Lairessestraße. Ich habe sie nicht gesehen.«

»Lästig, aber so ist das Leben. Natürlich waren sie unterwegs zur Schul.«

»Ich äh... also ich fühle mich wirklich schuldig, Robbie.«

»Hör mal, überlaß das bitte mir, ja? Ich bin schließlich nicht umsonst dein Anwalt, und meine Rechnungen sind hoch genug, oder nicht? Ist Polizei dabei?«

»Sie sind unterwegs.«

»Sag nichts, mach nichts, ich bin gleich bei dir.«

Jakov wurde in den Krankenwagen geschoben, und der Vater stieg mit ein.

»Jossele!« rief er seinem jüngeren Sohn zu, »erklär ihnen in der Schul, warum ich nicht komme. Und erzähl auch von dem da!« Er zeigte auf mich.

Die Türen wurden zugemacht. Der Sanitäter kam zu mir.

»Sie müssen hier auf die Polizei warten. Wir haben Ihr Kennzeichen notiert.«

»Ich warte.«

»Es ist halb so schlimm mit dem Jungen«, sagte er tröstend. Er stieg ein, und der Krankenwagen raste davon.

Der kleine chassidische Junge und ich schauten ihm nach. Wir standen vor meinem lädierten Porsche, mitten auf der Fahrbahn, am frühen Morgen.

Als der Krankenwagen verschwunden war, fragte das Kind: »Wie kommt es, daß ein Jude am Samstagmorgen so was anrichtet? Sie halten sich nicht an die Gebote.«

»Nein«, war alles, was ich erwidern konnte.

»Ein Jude soll aber die Gebote halten«, sagte er.

»Ja«, sagte ich.

»Moses wurden sechshundertunddreizehn Regeln gegeben«, lehrte das Kind. »Dreihundertfünfundsechzig Verbote und zweihundertachtundvierzig Gebote. Ein guter Jude lebt nach den Regeln.«

»Was du nicht sagst! Regeln von vor ein paar tausend Jahren. Von einem Wüstenvolk.«

Das Kind hob einen Zeigefinger und schwenkte ihn drohend in meine Richtung.

»Die Luft, die wir atmen, die ist neu? Die Sonne über unserem Kopf, ist sie von heute?«

Was konnte ich darauf antworten?

»Ich muß in die Schul. Möge der HErr Ihnen vergeben.«

Selbstbewußt ging der Junge weg, mit schnellen kleinen Schritten. An der Straßenecke drehte er sich noch einmal um. Ich sah, wie er stehenblieb und einen verächtlichen Blick auf mein Auto warf.

»Ein Jude im Porsche«, rief er kopfschüttelnd. Und ging weiter.

Die Polizei kam, Robbie Goudsmit erschien, und ein Protokoll wurde aufgenommen. Dank ABS war der Bremsweg des Porsche kaum zu vermessen. Es gab nur undeutliche Streifen auf dem Asphalt.

»Wie schnell bist du hier gefahren?« fragte Robbie, als die beiden Polizeibeamten mit einem Maßband den Bremsweg und damit die Geschwindigkeit festzustellen versuchten.

»Hundertzwanzig.«

Robbie wandte gequält den Kopf ab. »Du bist verrückt«, sagte er. »Wie kann man mitten in der Stadt so schnell fahren?«

»Ich hatte es eilig. Das war dumm.«

»Das kann dich glatt den Führerschein kosten«, sagte er ermutigend. Robbie trug seinen Jogginganzug, eine graue weite Trainingshose und ein dazu passendes Sweatshirt. Nicht von Super Tex, sondern von Lacoste, wie das kleine grüne Krokodil auf seiner Brust zeigte. Er war genauso alt wie ich, hatte aber nie aufgehört, Tennis zu spielen und aß jahrelang schon ungespritzt und hormonfrei. Robbie war ein attraktiver Mann mit ergrauenden Schläfen und einem vollkommenen Bartwuchs, der einen starken Glanz über seine Kinnbacken warf. Er hatte sich noch nicht rasiert. Er öffnete eine Papiertüte und bot mir ein Hörnchen an. *Vie de France*. Ich schüttelte den Kopf.

Die Polizisten kamen auf uns zu. Sie bewegten sich träge.

»Sie haben gesagt, Sie wären nicht schneller als fünfzig gefahren, aber der Bremsweg« – der Polizist wies auf die undeutlichen Streifen – »der sagt was anderes.« Er war noch sehr jung, fünfundzwanzig vielleicht, und sein Bartwuchs hatte es noch nicht weiter gebracht als zu einem hoffnungslosen Streifchen Flaum auf der Oberlippe. Ich sah, wie seine müden Augen einen Augenblick lang voller Neid über Robbies männliche Kiefer glitten.

»Mein Mandant kann jetzt nicht weiter darauf eingehen. Dies alles hat ihn sehr angegriffen«, sagte Robbie. Er versuchte, seine hohe Rechnung zu rechtfertigen.

»Aber die Streifen scheinen mir ziemlich eindeutig«, antwortete der Beamte.

»Wie kommen Sie darauf, daß die von ihm sind?« wollte Robbie wissen.

»Weil sie ...« – der logisch denkende Beamte wies noch einmal auf die Bremsspuren – »... dort anfangen und genau, aber dann auch ganz genau unter den Reifen des Porsche enden.«

»Zufall«, sagte Robbie. »Gibt es Zeugen?«

»Ich nehme an, der Vater des Opfers hat es gesehen.«

»Ich glaube nicht, daß das ein wertvoller Zeuge ist«, befand Robbie. »Aber meinen Sie nicht auch, daß wir darüber später diskutieren können? Mein Mandant weist jede Schuld von sich und bezichtigt das Opfer, nicht aufgepaßt zu haben und einfach so über die Straße gelaufen zu sein. Und außerdem, meine Herren, ist dies hier ein Auto mit ABS, ich darf Sie daher auf die Debatte in der *Zeitschrift für Polizei und Verkehr* verweisen, worin die Beweiskraft der von ABS verursachten Bremsspuren stark in Zweifel gezogen wird. Und bei der Stiftung Wissenschaftliche Untersuchungen zur Verkehrssicherheit – in Leidschendam, erinnern Sie sich? verweist man immer wieder auf diese Veröffentlichungen. Auch ein niederländischer Richter muß das zur Kenntnis nehmen.«

»Fünfzig ist unmöglich«, beharrte der brave Beamte.

»Fünfzig oder einundfünfzig, darüber wollen wir uns nicht streiten. Mein Klient hat einen Schock erlitten und muß dringend in ärztliche Behandlung.«

»Einen Schock?« fragte der andere Polizeibeamte. Er war eine intelligentere Zwillingsausgabe seines Kollegen, mit der gleichen flaumigen Oberlippe, dem Wahrzeichen der Polizisten und Fußballer. SuperTex hat jetzt eine eigene Loge bei Ajax, und im Vorstandsraum habe ich bereits ziemlich viele Fußballer dieses Typs herumlaufen sehen, meist allerdings von Abstiegsvereinen.

Die Beamten schauten mich beide argwöhnisch an. Sie merkten, daß sie für Goudsmit keine Gegner waren, aber ich sah aus wie ein weiches Ei.

»Wenn Sie einen Schock haben, dann habe ich auch einen«, sagte der schlaue Beamte.

Robbie wurde jetzt energisch. »Meine Herren, wenn Sie wollen, rufe ich auf der Stelle einen Arzt, der bei meinem Mandanten einen Schock feststellt. Doktor Goudsmit ist mein Bruder, und ich nehme an, er kommt sofort, wenn ich ihn darum bitte.«

Einen Augenblick lang flackerte Ärger auf in den Augen der Beamten. Aber sie hatten schon die ganze Nacht Dienst getan und gaben auf. Dies waren zu viele jüdische Mätzchen für sie. Mein Vater würde auf jiddisch gesagt haben: *Der Goj is zum Goles nit gewoint* – Der Goj ist jüdisches Elend nicht gewöhnt.

Als sie abfuhren, sagte Robbie zu mir: »Du bist ein Scheißkerl.«

»Ich weiß.«

»Du hättest den Jungen totfahren können! Wenn sie dir den Führerschein abnehmen, geschieht es dir recht.«

»Ich fahr aber so gern mit diesem Auto.«

»Von mir aus hätten die Chassiden ihn verschrotten können.«

»Du bist mir eine große Hilfe, Robbie«, sagte ich verbittert.

»Danke, ganz meinerseits. Weißt du, wer bei mir im Bett liegt? Weißt du, wen ich wegen dir warten lasse?«

»Nein, wer?«

Er ging zu seinem Jaguar Coupé und öffnete den Schlag. Er warf die Tüte mit den Hörnchen hinein. »Und das Schlimmste ist«, sagte er, bevor er in den eleganten Wagen stieg, »daß ich dich da auch noch rauspauken werde.«

Er fuhr weg. Ich hatte jetzt keine Lust mehr, mußte aber Jimmy anrufen. Mit einem Ellbogen machte ich ein Loch in die Scheibe, und die Krümel des Sicherheitsglases fielen auf die Motorhaube. Durch das Loch spähend fuhr ich zum Textilzentrum.

Das Dossier lag auf meinem Schreibtisch. Plötzlich wußte ich, daß ich die beiden Mappen selbst vertauscht hatte, ich sah es mich gestern abend eigenhändig tun. Beim Weggehen hatte mich ein Anruf von einer unserer Filialen gestört, in der sie gerade einen Ladendieb geschnappt hatten. Dieser Junkie war durchgedreht und hatte mit einem Messer eine ganze Stange Regenmäntel abgestochen.

Als ob jemand einen Kran in mir aufgedreht hätte, strömte ein beißendes Schuldgefühl in meine Brust. Wie immer war ich mit dem Kopf durch die Wand gegangen und hatte die arme Yvonne – sie arbeitete schon vierzehn Jahre für meinen Vater, bevor sie sich an meine Launen gewöhnen mußte – zu Unrecht gefeuert; ich war bereit, Buße zu tun, und nahm mir vor, es großzügig wiedergutzumachen. Ich würde ihr eine Gehaltserhöhung und einen Firmenwagen anbieten. »Hast du es geschafft?« fragte ich.

»Wir hatten die Maschinen schon wieder in Gang...«, sagte Jimmy im fernen Bangkok zögernd. »Aber...«

»Aber was?«

»Sie hörten auch wieder auf.«

»Weißt du, was mich das kostet?«

»Es ist höhere Gewalt. Ich bin machtlos.«

»Darüber muß ich mit meinem Anwalt reden, Jimmy.«

»Ich auch.«

»He, Freundchen, du kommst deinen Verpflichtungen nicht nach!«

»Es ist höhere Gewalt, Max.«

»Ich stelle fest, daß du nicht rechtzeitig lieferst, und das bedeutet, daß ich dich dafür verantwortlich machen werde. Dies ist Nichterfüllung.«

Er wußte, was das hieß, und sagte versöhnlich: »Max, unsere Familien machen jetzt schon so lange Geschäfte miteinander.«

»Und das willst du kaputtmachen?«

»Nein. Du vielleicht?«

»Ich hab Verpflichtungen, Jimmy. Ich stehe mit dem Rücken zur Wand!«

Er seufzte. »Ich will mal sehen, ob wir einen Anschluß bei Diamond Monkey legen können.« Das war seine Konkurrenz, die drei Kilometer entfernt in ihren Textilbaracken thailändische Mägdelein für den europäischen Markt ausbeutete. Jimmy hätte dies schon viel früher erwägen können, aber sein Stolz ließ es nicht zu; er wollte den anderen örtlichen Textilclan, mit dem er in wildem Konkurrenzkampf lag, nicht um Hilfe anbetteln. Vielleicht sabotierten sie ihn sogar. Bei diesem Gedanken verrauchte meine Wut. »Max, ich will sehen, ob wir dann heute nacht durcharbeiten können. Ich ruf dich morgen an. Mittags nach eurer Zeit. Übereile nichts. Don't you worry.«

Ich blickte über die Dächer. Mit einem Fernglas hätte ich wahrscheinlich die Fenster von meinem Penthouse an der Amstel erkennen können. Ich dachte an Maria. Aber auch Marias Busen und Schenkel konnten die Unruhe in meinem Herzen nicht bannen. Ich war ein Jude in einem Porsche. Jossele hatte recht: Ich war ein Ungeheuer, ein Wesen mit Flügeln und Flossen, das weder fliegen noch schwimmen konnte.

Vom Ernst meiner Krise durchdrungen rief ich Psychotherapeut Jansen an.

Die Nummer fand ich in einem alten Adreßbuch. Eine der praktischen Dinge, die ich mir als Jurastudent angewöhnt habe: alte Notiz- und Adreßbücher immer aufheben. Ich wählte die Nummer.

»Jansen«, sagte die Stimme vom Lieben G'tt.

»Max Breslauer. Vielleicht kennen Sie mich noch, ich war letztes Jahr bei Ihnen Patient.«

»Herr Breslauer...? Ja, ich erinnere mich daran«, antwortete sie mit samtenen Klängen. »Sie haben mir diesen Brief geschrieben, daß Sie nicht mehr kommen würden, weil es Ihnen soviel besser ging.«

»Das war nach dem Tod meines Vaters, ja.«

»Und wie geht es Ihnen jetzt?«

»Tja... ich rufe Sie an, weil es nicht mehr so gut geht, glaube ich.«

»Sie glauben das?«

»Na ja, ich weiß es ganz sicher.«

»Wir können einen Termin ausmachen, wenn Sie wollen...«

»Ich möchte gern jetzt gleich vorbeikommen.«

»Jetzt gleich?«

»In einer halben Stunde oder so?«

»Herr Breslauer, ich habe in einer halben Stunde meinen ersten Klienten. Heute ist für mich ein normaler Werktag. Ich habe viele Klienten, die während der Woche nicht kommen können.«

»Damals haben Sie gesagt, ich könnte in einem Notfall anrufen und jederzeit vorbeikommen.«

»Damals waren Sie auch noch mein Klient.«

»Es ist ein Notfall. Und Klient kann ich ja wieder werden.«

»Es tut mir leid, aber heute geht es wirklich nicht.«

»Haben Sie nicht irgendwo noch eine kleine Lücke?«

»Nein, Herr Breslauer, heute bin ich den ganzen Tag ausgebucht.«

»Was kriegen Sie im Augenblick pro Stunde?«

»Warum fragen Sie das?«

»Ich biete den doppelten Stundentarif. Für den ganzen Tag.«

»Für den ganzen Tag?«

»Bis Sonnenuntergang, Doktor Jansen. Wieviel kriegen Sie in der Stunde?«

»Hundertneunundzwanzig«, sagte sie zögernd.

»Ich mache zweihundertfünfzig draus. Bis die Sonne untergegangen ist.«

Einen Augenblick blieb es still. Sie räusperte sich.

»Kommen Sie in einer halben Stunde. Ich sage alles ab.«

Ich konnte Maria meine Geschichte nicht erzählen, auch wenn sie intelligent, flexibel und mitfühlend war. Denn sie war Teil dieser Geschichte, genau wie die fünf oder sechs jüdischen Freunde, die mir willig ihr Ohr geliehen hätten. Die Abstufungen zwischen Widerwillen und Sympathie, die für meine Geschichte so wichtig waren, konnte Maria bestimmt nicht nachvollziehen. Ich wollte sie an einen Außenstehenden loswerden, an einen Experten, der studiert hatte, um alles von einem Juden in einem Porsche zu begreifen.

Bevor ich ein Taxi rief – der Porsche sollte gleich mit einem Abschleppwagen in die Garage Ben Pon gebracht werden –, mußte ich mich noch mit meiner Sekretärin versöhnen. Ich hatte viel gutzumachen.

»Yvonne?«

»Sind Sie das?«

Ich hörte, daß sie geweint hatte. Nach sechzehn Jahren treuer Dienste war sie auf einmal an die Luft gesetzt worden.

»Yvonne, ich muß dir was sagen ... ich äh ... ich habe mich geirrt, ich hatte selbst nicht richtig aufgepaßt und die falsche Mappe mitgenommen. Es war meine Schuld. Was ich vorhin zu dir gesagt habe, nehme ich zurück.«

Meine Stimme zitterte. Soviel öffentliche Selbstkritik hatte ich noch nie bekundet, und ich wartete jetzt auf ihren Applaus.

Ein paar Sekunden blieb es still.

»Herr Breslauer?« sagte sie dann.

»Ja?«

»Ich habe mit Joop darüber geredet...«

»Joop?«

»Joop, mein Mann, Sie haben ihn mal kennengelernt.«

»Ach, Joop...« Irgend so eine Niete, die bei der Sozialversicherung arbeitete.

»Ja, Joop und ich fanden, daß es vielleicht wirklich das Beste wäre, wenn ich mir einen anderen Job suche.«

Ich war verblüfft. Da rief ich sie an, um mein Unrecht gutzumachen und wurde für meine noble Haltung bestraft.

»Was soll denn das heißen, Yvonne?«

»Zwischen uns klappt es nicht, Herr Breslauer.«

»Was heißt klappt? Ich bin dein Chef, und du bist meine Sekretärin.«

»Aber wie Sie mich behandeln!«

»Ich behandele dich ganz normal!«

»Das nennen Sie normal?«

»Hör mal, Yvonne, ich verstehe, daß du ein bißchen durcheinander bist wegen meines Anrufs heute früh, aber ich habe doch gerade gesagt, daß ich alles zurücknehme, oder? Und noch was: zehn Prozent Gehaltserhöhung und einen Firmenwagen.«

»Nein, Herr Breslauer.«

»Wie bitte? Reicht das denn noch nicht?«

»Ich möchte nicht mehr bei Ihnen arbeiten.«

»Du kriegst bei mir ein Spitzengehalt!«

»Aber Sie sind ein schrecklicher Chef.«

»Yvonne, weißt du, was du mich kannst...?«

»Herr Breslauer, ich weiß, was ich Sie kann, aber ich weiß auch, was Sie *mich* können. Stecken Sie sich meinen Spitzenjob einfach in Ihren fetten Chefarsch!« Damit legte sie auf.

Helga Ruebsamen
Die Mädchen aus Marlot

Als sie nach ihrem Fünfzigsten nicht schön und auch nicht fröhlich mehr waren, suchten die Schwestern Cateau und Emilie Beständigkeit, doch war es, unserer Meinung nach, dafür jetzt zu spät. Die Uhr hatte geschlagen, und das Gesicht war ihnen stehengeblieben, nicht schön und nicht fröhlich mehr. In den Lethefluß waren sie gepurzelt, und sie hatten kein Boot. Wer eine helfende Hand ausstreckte, ging mit ihnen zugrunde.

Jetzt endlich wird ihr unbändiges Leben sie brechen, dachten wir, nicht ohne Selbstgefälligkeit und mit Sinn für Gerechtigkeit: Da bekommen welche ihren verdienten Lohn. Hatten wir uns schließlich nicht selbst, unter Hintansetzung unserer Lebenslust, für den Harnisch der Pflichterfüllung entschieden und uns gebeugten Hauptes ins Geschirr spannen lassen? Wir hatten unsere wilden Jahre überlebt, weil wir einsahen, daß ein Mensch maßhalten muß und sich zu fügen hat. Mit glattem Gefieder waren wir auf kalten Stühlen in kalten Büros niedergestrichen, wir hatten vernünftige Ehen geschlossen und lagen nachts für tot darnieder, in einem Zweipersonensarg in einem ordentlichen Zimmer. In solchen Zimmern hatten wir früher aus purem Spaß die Blümchentapeten von den Wänden gekratzt.

Jetzt gingen wir sonntags einmal um den Block und schossen mitunter plötzlich, wie von einem gefährlichen Windstoß getrieben, in die Eckkneipe, wo wir uns sofort wieder ermannten und, sparsam an einem Gläschen nippend, von den Segnungen eines geordneten Daseins sprachen. »Welche Segnungen?« trompeteten junge Rabauken; offenbar sah man sie uns nicht an.

Wir waren noch nicht so tot, daß wir uns nicht mehr an die

schönen Mädchen aus Marlot erinnert hätten, auch wenn wir jetzt aus Gründen der Selbsterhaltung nichts mehr mit ihnen zu tun haben wollten. Doch wir waren früher mit ihnen in sämtliche Gardinen geklettert und wie junge Katzen wieder herausgerollt, wir hatten ganz Den Haag mit ihnen unsicher gemacht und waren viele Lenze mit ihnen an die Riviera gereist. Nie weiter gekommen als bis Brüssel natürlich, doch auch dort wieder kichernd in die Gardinen geklettert und brüllend vor Lachen wieder herausgerollt. Die Mädchen waren in einem ordentlichen charakterlosen Niemandsland zwischen Den Haag und Wassenaar aufgewachsen, das Marlot heißt. Dort war ihre sorglose Jugend wie im Flug verstrichen mit Tennisstunden, Klavierstunden, Foxterriern und Ausflügen auf funkelnden Fahrrädern. Sie waren in einem teuren Mädchenpensionat gewesen und hatten danach viele Auslandsreisen unternommen, mit der Mama als Anstandsdame.

Doch wie hatten sie erst – endlich! – zu ihrem einundzwanzigsten Geburtstag dem lieben Gott für die Entdeckung scharfer Getränke gedankt, so erzählten sie selbst jetzt noch genüßlich, den blutunterlaufenen Augen und Erdbeernasen zum Trotz. Die scharfen Getränke erwiesen sich als fröhliche Gesellen im Kampf gegen die Langeweile, die einen Menschen in Marlot und übrigens anderswo auch fortwährend in den Würgegriff nahm. Das respektable und behäbige bourgeoise Dasein, für das die Mädchen bestimmt waren, war vor ihren Füßen emporgewachsen wie ein kaum zu besteigender Mont Blanc. Doch mit Hilfe des Alkohols konnte dieser eisige Berg genommen werden, man überflog ihn einfach, lachend und leicht wie eine Feder.

Eines Tages purzelt ihr in den Graben, murmelten wohlmeinende Zuschauer. Das purzeln wir doch sowieso, kicherten die Schwestern und hüpften vom rechten Weg herunter, munter und naiv wie die Kälber, doch auch sehr fest entschlossen, ihnen zufolge war der rechte Weg nämlich zugleich die Route zum Schlachthaus.

Fast schien es, als gäbe es keine Strafe mehr für Sünde: Dreißig Jahre wenigstens machten die Damen einen drauf. Sie verjubelten genüßlich ihr eigenes Geld und Gut und nagten anschließend unbekümmert an anderer Leute Habe. Vor langer Zeit, als es noch Vermögen gab, die verpraßt werden konnten, schmiß manch einer gern sein letztes Geld aus dem Fenster in Gesellschaft dieser bezaubernden Wesen, die sich in Benimm und Fremdsprachen auskannten, ansonsten aber auch auf die Pauke zu hauen wußten. Die mit einer Rose zwischen den Zähnen zu einem wüsten Tanz auf den Tisch stiegen und anschließend aus purer Lebensfreude die Röcke schürzten und in die Kronleuchter sprangen.

Nichts war ihren Anbetern zu bunt gewesen, Rosen und Juwelen bekamen die Mädchen das ganze Jahr über, und sie brauchten nie und wegen niemandem nüchtern zu werden; im Gegenteil, zu jeder Stunde bei Tag und Nacht waren sie in komfortablen Limousinen, mitunter gar in Kutschen mit vorgespannten Pferden, von Etablissement zu Etablissement gefahren worden. Und überall hatte zu jeder Zeit ihre Champagnersorte kühlgestanden.

Wenn man ihren Erzählungen glauben mochte.

Hätten die freigebigen Gönner das ewige Leben gehabt, dann hätte das Fest natürlich andauern können. Doch die Ritter starben aus, und wir, die fröhlichen Mitläufer, machten uns, als die Quellen versiegt waren, aus dem Staub und entschieden uns für die sichere Tugendhaftigkeit, vor der die Mädchen aus Marlot nun gerade vor so langer Zeit schon die Flucht ergriffen hatten.

Sie waren dick und unförmig geworden wie Schneemänner bei Tauwetter. Von den goldenen Locken von einst blieb auf ihren Köpfen noch ein aschgrauer Flaum. Am Arm trugen sie immer ihre ruderbootgroßen Einkaufstaschen, in denen die Stärkungsmittel für unterwegs leise klirrten.

»Herr, es ist Zeit: der Sommer war sehr groß.«

Doch weisen Rat und sanfte Ermahnungen schlugen sie arglos in den Wind. Voller Vertrauen auf Bacchus schaukelten sie weiter. Bergab dann eben, mit immer seltener werdenden Wohltätern immer geringeren Formats, schon seit langem mit Genever anstatt mit Champagner.

Die Grillen klopften an bei den Ameisen. Wir waren aber nur selten zu Hause, denn hatten die Schwestern einen einmal am Haken, gab es kein Entrinnen mehr, notfalls biwakierten sie den ganzen Herbst über in deinem Hauseingang, kampierten sie seelenruhig in deinem Vorgarten. Hatte man die Klingel wohlweislich abgestellt, dann trommelten sie leise mit ihren wie Schwämme aufgeschwollenen Händen gegen die Scheiben, so daß man den ganzen Tag über die Vorhänge verschlossen halten mußte.

Bis sie sich endlich wieder davonmachten, niemand wollte wissen, wohin.

Der schwindende Glanz der molligen Patriziertöchter aus Marlot war unter gedämpftem Kneipenlicht zwar noch ein ergreifendes Spektakel, Szenen aus den Stücken O'Neills, aus größerer Nähe als im Theater, aber gerade noch aus sicherer Entfernung. Ein Spaziergang mit den Damen vom einen Lokal zum anderen, über den monderleuchteten Voorhout oder an einem Spätnachmittag in einem verhüllenden Nieselregen: Es hatte einen melancholischen Zauber. Doch in einem normalen Wohnhaus, wo bei Tageslicht die Dinge an ihrem Platz standen, wo Uhren tickten, dort waren sie unerträglich.

Dort zerfielen die magischen Gestalten der Nacht zu jammernden alten Weibern, die auf Händen und Füßen nach Alkoholresten krochen. Wenn draußen das Leben in Gang kam, erstarrten sie wie Gelee, an dem Ort, an dem sie sich zufällig befanden. Manchmal war eines ihrer Augen geschlossen, das andere offen. Daß sie noch lebten, war nach einiger Zeit nur noch an einem penetranten Gestank zu merken, der sich wie Dauben um ein Faß um sie legte, weil sie ihre Notdurft so laufen ließen, wie sie kam. War die Abenddämmerung erst in Dunkelheit übergegangen, dann zeigte sich, wie durch Zauberschlag, ihr Ort verlassen. Lediglich der nachhängende Gestank bewies, daß sie tatsächlich dagewesen waren. Daß tragbare Kostbarkeiten und Kleinodien fehlten, fiel erst später auf.

Doch nichtsdestotrotz: am Ende der Nacht standen sie mit ihren Taschen wieder vor der Tür, vorübergehend noch voll guten Willens, voll Feuer und Prickeln, doch kaum im Haus, waren sie schon bald nichts anderes mehr als schwere, geistlose

Leiber, die wie in einem Gliederzucken unentwegt die Flasche zum Mund führten, solange die Hand diese heben konnte.

Warum nicht Ambulanz und Feuerwehr zu Hilfe gerufen? Eine Frage aus der Welt des gesunden Menschenverstandes, die denen ungelegen kam, bei denen die Schwestern um Trost ansuchten, wir waren ängstlich und hatten keine reine Weste. Man erkläre als anständiger Mensch der Ambulanz einmal, wie man an die Schwestern geraten war, das nur als erstes.

Die Mädchen verfielen in ein Stadtstreicherdasein und landeten im Kreis der Verdammten, wo man sich zu dem Gesetz »Jeder für sich und Gott für uns alle« öffentlich bekannte. Ihre gute Erziehung und das reiche Leben, auf das sie einmal so stolz gewesen waren, interessierte hier niemanden auch nur einen Dreck. Das war Ballast von früher.

In dunklen Unterkünften wurden sie von ihren Gastgebern ihrer Sozialhilfegroschen beraubt. In den Kaffeehäusern, in die sie noch kommen durften, klaute man ihre treuen Taschen, während sie danebensaßen. Gewiefte Stadtstreicher trafen Vorsorge, den Winter über im Knast ein Obdach zu haben. Cateau und Emilie wußten nicht, wie sie das anfangen sollten. Man konnte doch nicht die Scheibe eines Juweliers einschlagen, bei dem man in Zeiten eigener Glorie, am Arm eines vermögenden Liebhabers, wählerisch ein Schmuckstück ausgesucht hatte?

Dicktuerei also auch noch, fanden ihre gegenwärtigen Kumpane.

Die holländischen Winter nahmen in den Augen der beiden grimmige russische Proportionen an. Im September bebten sie schon und murmelten: Nachtschnee? Ob es Nachtschnee gibt?

Sie schlurften bei Taxiständen herum und versuchten mit den Fahrern zu reden, die hartnäckig ihre Zeitungen weiterlasen, denn sie kannten ihre Pappenheimer. Doch ganz selten gelang es ihnen, mit einem unbesonnenen Kunden anzubandeln, mit dem sie dann in innigstem Glück eine Fuhre bildeten. Natürlich mußten sie immer in dieselbe Richtung wie derjenige, der ihnen auch nur ein Ohr leihen wollte. Vielleicht hatte so einer sie dann den ganzen Winter unter seinem Dach.

Denn man war immer wieder perplex, wenn sich im Frühling

zeigte, daß sie auch diesmal wieder überlebt hatten. Zugleich mit den Krokussen und den ersten leichten Blusen und mit allerlei, das lieb und vielversprechend aussieht, erschienen die Monster unter der noch zarten Sonne.

Man mußte jetzt die Augen schon zu Dreiviertel zukneifen, wollte man die strahlenden Porträts von einst in diesen bettelnden, kahl werdenden Gänsen wiedererkennen, und wenn man vor Verlegenheit den Blick zu Boden schlug, weil es für niemanden angenehm ist, den Menschen auf abschüssiger Bahn zu erblicken, dann sah man dort ihre in verkrustete Pantoffeln gekleideten Füße stehen, breitbeinig und scheinbar ergeben wie Esel, bereit, jeden Weg zu gehen, solange es nur nicht der richtige war. Eines Tages fehlte Mies ein Toffel.

Ihre Namen waren da auch schon zurechtgestutzt: Cateau und Emilie, das bekamen ihre gegenwärtigen Zuhörer nicht mehr auf die Reihe; Toos und Mies war schön genug. Mies war im Krankenhaus ein Bein abgenommen worden. »Aber bloß bis unters Knie«, beeilte Cateau sich hinzuzufügen, als stecke darin ein Triumph, als hätte sie Mies noch gerade rechtzeitig den Messern zu entreißen gewußt und dem Feind den Großteil der Beute wieder abgejagt.

»Es war eh schwarz«, sang Mies entschuldigend.

Das Seltsame war: Das eine war noch nicht ab, da wurde das andere schwarz.

Es war jetzt geradezu undenkbar, daß man die Mädchen aus Marlot einst hatte lachen hören über das Klingeln sämtlicher Straßenbahnen hinweg. Die Schnappschüsse, die immer unten in ihren Taschen herumgelegen hatten mit zarten Jungfern in weißen Kleidern, die behaglich zusammen auf dem Schoß eines besseren Herrn sitzend dem Fotografen neckisch zublinzelten, die wurden jetzt nie mehr zum Vorschein geholt. Cateau trug die Taschen, beide an einem Arm, an ihrem anderen Arm hing Mies.

Mit Anteilnahme war hier natürlich längst keine Ehre mehr zu gewinnen. Sie zogen ja aus ihrem Elend keine Lehre, die beiden. Man glaube nur nicht, daß sie sich mäßigten, nein, nicht um einen Tropfen, sie tranken eher noch mehr.

Es wurde still um sie. Wollten sie sich bisweilen noch, wie

früher, an einem Sommernachmittag auf einer überfüllten Terrasse irgendwo dazusetzen, dann entstand dort sogleich Platz für sechs.

Betraten sie ihre Stammkneipe, dieselbe Kneipe, in der früher alle Leute schon aus Vorfreude in die Hände geklatscht hatten, wenn sie bloß am Fenster vorüberkamen, dann entstand dort jetzt eine langanhaltende Stille, lediglich unterbrochen vom tiefen Geseufze des Wirts. Dies zu erleben war für die anderen Gäste schließlich nicht schön, waren es doch Zukunftsaussichten, an die niemand glauben wollte.

Eine Kneipe nach der anderen schloß ihre Pforten vor den Unheilsboten, und ihre Runde wurde klein. Doch beschrieben sie weiter ihre Kreise, tapfer wie Karussellpferde, wie abgeblättert sie auch immer sein mochten, fortgeschoben durch die muntere Musik, die von Flaschen billigen Landweins aus dem Supermarkt in ihren Taschen erzeugt wurde.

Toos und Mies verschwanden in der Kanalisation. Echos ihrer Erlebnisse stiegen ab und zu aus dem Senkloch. Jetzt war Bitterkeit und Spott in die Geschichten über die Schwestern gekommen, wo früher noch Wohlwollen erklungen war und sogar einige Bewunderung für soviel Überlebenskraft. Unverhohlener Widerwille heutzutage. Sie hatten es jetzt für jeden zu bunt getrieben, konnte man fromm erzählen hören, diese alten alkoholsüchtigen Schreckschrauben schämten sich für gar nichts mehr.

Es wäre ein Segen für die Gesellschaft, wenn solche Weiber einfach mit dem Sperrmüll abtransportiert würden. Sie gehörten übrigens schon dazu, sobald die Tage wieder länger wurden, konnte man sie sehen, an klaren Morgen, in anständigen Gegenden, pennend und blau wie die Veilchen in abgedankten Sesseln. Ein Straßenköter hatte sich ihnen zugesellt, der war der einzige, der noch mit ihnen verkehren wollte.

Jedoch, in einem strengen Winter, eines Nachmittags gegen sechs, stockdunkel ist es schon, sieht jemand Cateau in Schaftstiefeln und in einen Pelzmantel gekleidet über die Frederik Hendriklaan schippern, Tasche in der Hand, und bei einem teuren Metzger einkehren. Seitlich der Ladentheke, während in dem Geschäft das Neon schon erlischt, öffnet sie die Tasche, und das Licht der Straßenlaterne streicht von draußen über silberne und kristallene und goldglänzende Gegenstände. Der Metzger nimmt dies alles rasch entgegen, kehrt mit der leeren Tasche zurück und füllt diese daraufhin mit Paketen von Pansen aus der Tiefkühltruhe. Tiefkühlpansen? Ich schwöre es. Eine Tasche voller Pansen. Damit walzt die Dame von hinnen; der Pelzmantel muß zuvor einem kleinen Weibsstück gehört haben, sie ist nämlich schon an beiden Seiten aus den Ärmeln geplatzt, und zu geht er auch nicht. Doch keine Sorge, auf dem Kopf hat sie eine große Persianermütze und um den Hals einen kaschmirwollenen Schal so groß, daß der zunächst wohl eine Tischdecke gewesen sein wird. Gut aufgelegt ist sie, sie singt laut und heiser ein Lied, und was der vereinzelte Passant davon denkt, interessiert sie nicht die Spur.

In ein Haus an einer Ecke des Scheveningseweg tritt sie ein. Es ist ein stattlicher Bau, umgeben von einem tüchtigen Stück Garten. Hat das verarmte Duo vielleicht für die Dauer des Winters im Garten seine Zelte aufgeschlagen? Nein, nein, sie geht ungezwungen eine monumentale Treppe hinauf und dann durch die Haustür, die sie auch noch hinter sich offenstehen läßt.

In diesem Haus mit runden Fenstern und runden Veranden und Reetdach, in dem man zuvor nie eine Menschenseele gesehen hat, brennt auf einmal überall Licht, und es herrscht dort offenbar eine derartig brünstige Hitze, daß aller festgefrorener Schnee im Garten geschmolzen ist und es einen nicht verwundert, wenn dort schon ganze Büschel von Schneeglöckchen stehen, im Dezember. Während draußen der einsame Fußgänger auf den Schnabel fällt, weil die Straße so feindlich und spiegelglatt ist, während die Büros in der Umgebung wie ausgelöscht daliegen, erstrahlt dieses freche Haus vor lauter Licht und quillt tropische Feuchtigkeit aus seinen Mauern. Unter dem Reetdach trällern Vögel wie die Verrückten, bauen vermutlich Nester und legen Eier.

Wie müssen daran vorbei, um es glauben zu können.

In ebendiesem Winter erfolgt noch ein Auftritt von Toos in der Öffentlichkeit, diesmal per Taxi. Gewährsmann ist der Taxifahrer, der es am nächsten Tag in einem Kaffeehaus erzählt hat, wo die Damen früher bisweilen unter dem Tresen schliefen. Wenn sich ihnen die Gelegenheit bot, mit einem Barhocker im Arm, unter dessen Sitz hatten sie nämlich zuvor den Alkohol des Hauses versteckt.

Toos trägt jetzt einen Herrenmantel; so einen, wie man ihn nur noch in historischen Fernsehserien sieht, innen Pelz und außen Stoff, und was für ein Stoff. Wieder hat sie diese Tischdecke umgeschlagen, mit Fransen. Und sie führt einen großen, bissigen Hund mit sich. Toos teilt mit, daß sie mit Churchill zum Tierarzt müsse.

Der Hund hat nicht im entferntesten Ähnlichkeit mit Churchill, was ein Boxer oder eine Bulldogge vielleicht noch gehabt hätte, doch dies ist ein langhaariger Schäferhund eher mit der Visage eines Stalin, erzählt der Fahrer.

Toos enthüllt während der Fahrt, daß Churchill in der Tat bereits ordentlich im Garten hinter dem Haus begraben liege, daß aber sein Herrchen dies nicht zu wissen brauche. Weshalb solle man einem guten Freund auf seine alten Tage unnötigen Kummer bereiten? Churchill sei dahin, doch Toos habe diesen Ersatz aus dem Tierheim geholt und nicht auf sein Äußeres geachtet, der alte Herr sei schließlich blind wie ein Maulwurf, sondern auf sein Bellen. Nun, das Bellen von diesem sei auf den Dezibel genau das gleiche wie das von Churchill, und darum gehe es doch.

»Unser eigenes Hundeschwesterchen hat einen Sopran und ein höfisches Kläffen«, schwatzt Toos, »sonst hätten wir natürlich auch sie für Churchill ausgeben können. Doch den Ohren unseres Gastgebers fehlt nichts, also diese Rechnung ging nicht auf. Dafür haben wir jetzt das Problem, daß dieser hier nicht kommt, wenn Jan ihn ruft. Ja, findest du das komisch? Er ist neu in unserem Nest, er muß noch alles lernen. Und Jan seinerseits denkt jetzt, sein Churchill wäre taub geworden. Daher die Fahrt zum Tierarzt.«

»Aber der Hund da ist nicht taub«, stellt der Fahrer fest.

»Im Gegenteil«, bestätigt Toos. »Wenn jemand mit einem Zehnguldenschein wedelt, hört er das schneller als du oder ich. Aber hinfahren müssen wir doch, ich habe es nämlich versprochen, und alles muß tipptopp sein bei uns an Bord.«

Der Fahrer hat schon merkwürdigere Aufträge bekommen, doch selten ist er so gut dafür entlohnt worden, er bekommt hinterher eine Rolle goldener Zehnguldenstücke.

Und ein goldener Zehner bringt hundert Gulden bei der Bank. Der Fahrer ist also mit hineingegangen in das monumentale Haus, er will wissen, woran er ist mit dem Gold, hinterher möchte er nicht zu hören bekommen, er habe eine alte, betrunkene Frau beraubt. Und im Haus?

Im Innern tritt man in einen alten Film. Ein desolater Haufen, zum Vorzeigen eigentlich ungeeignet. Man kann zwar sehen, daß dort einmal Luxus herrschte, und offenbar ist das Geld noch immer nicht alle, doch irgendwie ist alles schwarz angelaufen, genau wie das Bein von Mies. An üppigen Stuckdecken hängen Lampen, hell genug für einen Ballsaal, Lampen wie Christbäume so prächtig und groß, doch was man dort auch an Licht entzündet, das Dunkel will nicht weichen. Zwei menschliche Wesen, in Daunendecken gehüllt, sitzen versteckt in Clubsesseln, die den Umfang einer großen Bettstatt haben. Auf ihren Mienen immerzu ein süßes Lächeln, sie dämmern zufrieden vor sich hin wie Wiegenkinder mit einem Spielzeug, bloß ist das Spielzeug in ihrem Fall natürlich eine Flasche. Dabei geht es träge und geräuschlos zu wie in dem Wachsfigurendingsda, die meiste Munterkeit kommt aus einem Brabanter Ofen, der mit offener Klappe vor sich hin brüllt, während zugleich die Heizkörper der Zentralheizung bis zum Bersten aufgedreht sind. Nach einiger Zeit erweist sich eine solche Hitze dann doch als angenehm, vor allem wenn man etwas dazu trinkt.

Doch das hat der Fahrer nicht übermäßig getan, denn nachdem der Tagesvorrat, telefonisch bei einem Getränkehändler geordert, geköpft ist, geht die Gesellschaft zu einer fragwürdigen Ladung Wein über, die Toos, auf ihren Plattfüßen schaukelnd und mordsmäßig stöhnend, in einem Korb aus den Gewölben des Hauses hervorgeholt hat. Flaschen, auf denen fingerdick der Staub liegt, Etiketten, die aussehen wie aus Pergament, das herausfließende Naß wie schwarze Tinte.

Wohin man den Blick hier auch kehrt und wendet, trifft man auf eine leise ausrollende leere Flasche oder einen Berg Asche und Zigarettenkippen und merkwürdigerweise auch auf Nahrungsmittel. Alles ist auf dem Boden drapiert, säuberlich in Näpfen und Schalen, in der Tat Hundefutter, aber durchaus auch köstliche Menschennahrung wie weiße Bohnen in Tomatensoße und Grillhähnchen, durch die Aluminiumfolie hindurch angeknabbert. Ein unübersehbares Heer von Schüsseln mit weißem, unberührtem Reis. Als sei auf dem Teppich ein Bankett angerichtet, doch für wen und zu wessen Ehre eigentlich?

Der Fahrer ist noch mit einem Fuß in einem tiefen Teller, Nasi Rames glaubt er, hängengeblieben, doch niemand, der sich deswegen aufregt, iß doch, Junge, oder kehr es vorläufig unter die Anrichte. Nun denn. Und dazu eine leise Musik aus so einem hölzernen Vorkriegsradio, an dem es keine Knöpfe mehr gibt, das aber abwechselnd vom Gastgeber, der von seinem Sessel aus gerade dorthinreicht, oder von Toos mit einer Kuchengabel oder einem Korkenzieher oder was sie zufällig zur Hand haben bedient wird. Die Nachrichten hört die Gesellschaft sich alle halbe Stunde an, so als hätten sie daran noch irgendein Interesse.

Jede halbe Stunde schrickt der angejahrte Gastgeber auf, tatsächlich, so blind wie ein Maulwurf, aber zeitweilig noch gesprächig für zehn, er kommandiert lauthals Ruhe und faselt anschließend die drei Minuten Nachrichtenzeit selber voll. Das ist für den Taxifahrer der Augenblick, den Herrn bezüglich der goldenen Zehner zu fragen. Doch dieser Gentleman will nichts davon hören. Für solch banales Geschwätz seien seine Tage nicht weit genug mehr bemessen, sagt er; preisen Sie lieber den Tag, an dem ein einsamer und von allen lustigen Leuten vergessener Mann wachgeküßt wurde von seinen liebsten Freundinnen aus den Tagen Olims; den Elfchen, den Nymphen aus Marlot.

»Verlaßt euch drauf«, schließt der Fahrer, »der Mann meint, daß er auf Rosen gebettet ist und liebevoll von zwei blutschönen Mädchen verwöhnt wird, und soll man den beiden nicht recht geben, wie mit dem Hundetrick: Sie lassen ihn in dem Glauben.«

Noch vor dem Jahreswechsel war alles, was Füße hatte zu gehen, schon einmal den Scheveningseweg entlanggelaufen, um sich das anzusehen.

Die Tür dieses Schlaraffenlands stand ja häufig einen Spalt offen, so daß die Hunde sich ungehindert selbst ausführen konnten. Bewohner der Nachbarschaft wußten mißbilligend zu melden, der alte Herr, der dort bis vor kurzem allein gewohnt habe, hätte sich schon seit Jahr und Tag um nichts und niemanden mehr gekümmert.

Kopfschüttelnd wurde über den bockigen, unmöglichen Alten geflüstert, dem mit Hilfe und gutem Rat nicht gedient war, der einmal gar einer fürsorglichen Nachbarin den mitgebrachten Topf Suppe umgekehrt auf den Kopf gedrückt hatte, während sein Geleithund, der mürrische graue Churchill, dies knurrend für gut befunden hatte. Dieser Hund durchkreuzte wohlgemerkt auf eigene Faust das schöne Statenviertel, mit dem Air eines Generals. Sein Herr selbst setzte keinen Fuß mehr vor die Tür, doch die Lieferanten in der Umgebung kannten ihn gut, als befehlende Stimme am Telefon und immer unleserlicher werdende Handschrift auf den Schecks, mit denen ihre Rechnungen prompt beglichen wurden. Der Bursche hatte zweifelsohne mehr Geld, als gut für ihn war. Doch er wollte es durchbringen, daraus machte er keinen Hehl, er gestand rundheraus, daß er ausschließlich deshalb weiterlebte, um seinen Neffen und Nichten, wie er sagte dicke Hyänen und Geier von unbescholtenem Wandel, so wenig wie möglich zu hinterlassen.

Sein letztes Lebensziel schien in greifbare Nähe gerückt, seit Cateau und Emilie sich zu ihm gesellt hatten.

Es hatte so sein müssen. Niemand hatte sich dem arroganten Churchill zu nähern gewagt, außer natürlich der schlaue Köter der Schwestern.

Dieses treuherzige Vieh war nicht umsonst Hundeschwester getauft worden; sie war ihren Herrinnen allmählich täuschend ähnlich geworden, durch nichts unterzukriegen, immer voll guten Mutes und darauf hoffend, daß so ein Wunder einmal mit Hilfe eines Schicksalsgenossen gelänge.

Diesmal war es gelungen.

Ohne jegliche Scheu hatte das Hundegerippe sich dem Griesgram präsentiert.

»Es war eine der letzten frostfreien Nächte der Saison...«, erinnerte sich Cateau, »wir waren mit jemandem aus der Innenstadt mitgefahren, der uns noch einen Schlummertrunk in der Goldenen Krone anbieten wollte. Schmeißt der Hornochse uns doch auf einmal auf der Grenze von Den Haag nach Scheveningen auf die Straße, weil wir und unser Hundchen angeblich so stanken. Notgedrungen hatten wir uns schon auf eine Übernachtung unter freiem Himmel vorbereitet, in der netten Grünanlage am Prins Mauritsplein, als wir dort den guten Churchill ziellos umherirren sahen.«

Die Hundeschwester hatte Churchill milde gestimmt. Als er wieder langsam zu seinem Haus zurücktrottete, durften sie ihm ruhig hinterherhumpeln, »und so hat es sein sollen«, schloß Cateau, »hier trafen wir auf unseren alten Gesellen, von aller Welt vergessen, behindert und verlassen, genau wie wir. Wir kamen wie ein Geschenk des Himmels. Nicht nur brachten wir ihm seinen Hund wieder, sondern wir werden jetzt auch für immer für ihn sorgen.«

Es stimmte, Cateau hielt das Traumschiff in Fahrt. Sie schlug sich wacker in dem dämmrigen Eldorado, das Tag und Nacht von kristallenen, behutsam in eine dicke Schicht Spinnweben verpackten Kronleuchtern beschienen wurde. Die Spinnen und andere Tiere der Finsternis nahmen vor dem, was sich hier an menschlicher Existenz abspielte, schon längst nicht mehr Reißaus. Cateau hütete die Feuer, auch das im altmodischen Ofen mit der fröhlichen, offenen Klappe, der purpurne Rauchwolken und einen diabolischen Gestank verbreitete, weil er von allen Anwesenden als bequem zu erreichende Mülltonne benutzt wurde.

Von den Sesseln, deren Leder zartrauh wie Samt geworden war und altrosa im Farbton, wurden zwei vom Gastgeber und von Emilie ausgefüllt, die darin aufgebahrt lagen, so prachtvoll und friedlich wie Puppen in ihren Schachteln. Cateau mußte die beiden allerdings waschen und sauberhalten, und dabei hieb der Gastgeber böse mit einem spanischen Rohr um sich. Dies hatte lediglich zur Folge, daß die Besucher ein wenig zurückwichen und der Kreis ein bißchen größer wurde. Am Rande desselben tranken alle dann seelenruhig weiter.

Besuch gab es in diesem Winter andauernd.

Die Schwestern aus Marlot, wie wacklig auch geworden, wie abstoßend im Äußeren und wie verwerflich in der Lebensführung, durften sich wieder in der Popularität ihrer Blütetage sonnen. Manchmal vergaßen sie vor Glückseligkeit, wo sie waren, noch auf dieser oder schon auf jener Seite, sie riefen ihre alten Freunde aus dem Totenreich an, und so vermischten die Schemen sich hier ungezwungen mit den Lebenden.

Wir braven Leute, die in der Kneipe noch nicht genug bekommen hatten, erinnerten uns dann eben doch wieder der alten Freundinnen, und heiter nahmen wir Kurs auf das Haus an der Ecke des Scheveningseweg. Oft in Gesellschaft von Leuten, die die Schwestern eigentlich bloß vom Hörensagen kannten, die aber doch, durstig und knapp bei Kasse, mit uns die hohe Vortreppe bestiegen und nachfühlten, ob der große bronzene Türknopf zufällig nachgab.

Es dauerte nicht lange, da reizte die Neugier selbst gesittete Bürger. Sie hatten während ihres Dämmerschoppens davon läuten hören und wollten sich das Spukfest einmal mit eigenen Augen ansehen.

Künstler und Geschäftsleute, Beamte und Studenten, man hielt sich nur selten für zu gut, um in dieser interessanten Umgebung nicht ebenfalls an einem Gläschen zu nippen. Die schwarzen Flaschen aus Jans Keller, die ein Taxifahrer noch naiv als Notration einschätzen konnte, wußten die Neulinge aufs höchste zu schätzen. Ehrfürchtig flüsterten sie von Großen, Großen Weinen. Manchmal entstand eine tiefe Stille, wenn Cateau, keuchend mit ihrem Korb wieder oben angelangt, einen Château Yquem daraus hervorzog, dessen Etikett nach sorgfältigem, fast rituellem Putzen enthüllte, daß der Trank aus dem Jahr 1847 stammte. Harte Schluckspechte bekannten, ihretwegen dürfe es auch 4711 sein, doch das bessere Publikum schluckte das köstliche Naß – einen Montrachet, einen Romanée-Conti und so weiter – wie die Alten das Wort Gottes.

Wer noch am meisten Freude daran erlebte, war, dem Geräusch nach zu urteilen, der alte Jan in seinem Sessel. Seit der qualitativen Zunahme seiner Gäste bestand er darauf, daß jedes Etikett feierlich verlesen wurde.

»Cateauchen, mein Röschen, womit werden wir die Schurken diesmal überraschen?« krähte er wie ein Kind, das Geburtstag hat. Cateau, die Flasche auf Armeslänge von sich haltend, leicht schwankend auf ihren verschlissenen Füßen, deklamierte mit heiserer Stimme: »Château Lafite-Rothschild...«, wonach der Gastgeber, sonst wie eine Mauerassel so ruhig in seinen Sessel eingerollt, all seine Knochen hervorstreckte, um damit vor unbändigem Vergnügen zu flattern und zu strampeln. Manchmal fürchtete man, er werde an seinem orgiastischen Lachen ersticken.

Sie hätten natürlich mit derlei Besuchern aus einer anderen Welt vorsichtiger sein müssen. Außer vielleicht von Wein hatten diese Leute schließlich von nichts eine Ahnung. So waren sie beispielsweise baß erstaunt, wenn sie bei einem ihrer Höflichkeitsbesuche die drei alten Freunde mit kleinen Plastikeimern um den Hals still dasitzen sahen. Das war notwendig bei der »Wiederaufnahme des Daseins«, wie Cateau es elegant ausdrückte. Die Wiederaufnahme des Daseins bedeutete, daß man, nachdem man durch Schlaf oder sonstigen Bewußtseinsverlust ausrangiert gewesen war, nichts mehr und nichts weniger tat, als erneut drauflos zu picheln, und das konnte, wie jeder wußte, der das aus Erfahrung kannte, erst ab dem vierten Getränk ungestört geschehen.

Die ersten drei kamen unwiderruflich wieder hoch, obwohl sie offenbar als Wegbereiter ihren Nutzen hatten. Die Eimerchen, bestimmt für diese Wegbereiter, daß diese sich nicht blindlings auf Kleidung oder Mobiliar ergößen, mußten möglichst mit komfortablen, nicht allzu schmerzhaft in den Hals schneidenden Henkeln versehen sein. Bloß ein Billigwarenhaus verkaufte solche, und Cateau hatte sie persönlich, wieder per Taxi und unterstützt von einem Fahrer, den auch rein gar nichts gewundert hatte, anprobiert und mitgebracht. Was an den Eimerchen war also derart lasterhaft, daß man darob aus tiefstem Herzen plötzlich Schande rief?

Vielleicht kam es, weil Cateau, aus Gewohnheit und Güte, einem Gast, der ein wenig gehüstelt, ein solches Eimerchen umgehängt hatte, ungefragt und ohne daß es nach einer vorherigen Benutzung schon piekfein gereinigt war. Der Besucher war vielleicht pikiert gewesen; ein Aufhebens hatte der gemacht, als hätte man ihn angesichts seiner sämtlichen Untergebenen mit dem Kopf an den Pranger gekettet. Einen solchen Aufruhr verursachte der Beleidigte, daß hier und da bereits wieder ein besorgtes Meckern aufkam, ob die Altenorgie am Scheveningseweg einfach so weitergehen dürfe, ohne daß einmal, zum allgemeinen Wohl, durchgegriffen wurde.

Von da an konnten jeden Augenblick die Wagen von Ambulanz und Feuerwehr vorfahren, alarmiert von einem anonymen Beschützer der Menschheit.

Dennoch hat es für die Schwestern noch angedauert, bis der Sommer schon im Land war. Der Sommer hat einen ergrauten Militärarzt ins Haus getrieben, vierundachtzig, aber noch so rüstig, daß er den schönen Tag dazu benutzte, mit seinem Teckel zum Pavillon von Wied zu spazieren. Und warum sollte er auf dem Weg, der dorthin führte, dem Scheveningseweg, nicht einmal nachsehen, wie es um seinen alten Kameraden Jan von der berittenen Artillerie steht? Seit zwanzig Jahren hat man sich nicht mehr gesehen; ein kleiner Schwatz kann da nicht schaden.

Die Tür steht auf, wie gewöhnlich. Die Hunde liegen auf der Schwelle und schlummern in der Sonne und lassen den Besucher und seinen Teckel ungehindert passieren, sie sind inzwischen Schlimmeres gewohnt.

Im Haus zeigt sich, daß es um den Gastgeber, den alten Jan, überhaupt nicht mehr steht.

Er sitzt, offensichtlich schon einige Wochen, äußerst friedvoll und mausetot in seinem Sessel. Vielleicht an einem gewaltigen Lachanfall erstickt, beim Entkorken eines Großen Weines? Wer kann es sagen?

Schade ist allerdings, daß jetzt ein geschultes Auge darauf fallen muß, wodurch die Wahrheit nicht länger vertuscht werden kann.

»Wie lange sitzt er schon so da?« hat der Besucher streng gefragt.

»Ich weiß es nicht«, muß Cateau gestammelt haben, während ihr die Tränen in die großen, blutunterlaufenen Augen stiegen, »er sagt schon seit einiger Zeit kaum mehr etwas.«

»Und trinken tat er eigentlich auch nicht mehr«, fügte sie nach einiger Zeit hilflos hinzu.

»Eine schöne Bescherung«, meinte der Medikus. »Und die andere dort?« wagte er zu fragen. »Ist die womöglich auch...?«

»Das ist meine Schwester«, antwortete Cateau und, so würdig wie möglich: »Von der lassen Sie gefälligst die Finger!«

Der Überlieferung zufolge hat sie Emilie aus dem Sessel gehoben und auf ihr eines Bein gestellt.

Im gleichen Sommer ist zum letzten Mal noch ein vages Gerücht bezüglich der Schwestern aus Marlot durch Den Haag gegangen.

Angeblich seien sie spätabends am Strand gesehen worden. Schlafend in einer Kuhle, zwei graue Wesen, den Kopf jeweils auf einer gutgefüllten Einkaufstasche, zu ihren Füßen zwei wachende Hunde.

L. H. Wiener

Wegen Menschenkenntnis geschlossen

Es ist 1985, fünf Minuten nach halb neun Uhr abends.

Ich befinde mich an Bord der »Archimedes« – the good ship –, sie liegt an ihrem festen Platz in Nauerna vor Anker: 5227,7 N und 0443,44 E. Draußen ist es stürmisch, der Regen peitscht das Kajütdach und die Fenster. Ich habe mich hingesetzt, um etwas für die Jubiläumsnummer der literarischen Vierteljahreszeitschrift *De Tweede Ronde* zu schreiben, die demnächst ihr zwanzigstes Heft herausbringt. Ich fühle mich dieser Zeitschrift verwandt: Sie ist gut, und keiner liest sie.

Eine von mir persönlich einmal vorgenommene willkürliche Berechnung hat ergeben, daß die Anzahl der Exemplare von jeder Nummer zur Anzahl Niederländer, die des Lesens kundig sind, genau 1 : 5600 beträgt. Das bedeutet, daß zum Beispiel in einer Gemeinde wie Zandvoort drei Menschen leben, die das Blatt zur Hand nehmen. Einer davon ist meine Mutter, bleiben noch zwei. Unter den beiden anderen befindet sich möglicherweise der Kritiker Kees Fens, dieses Exemplar ist also weggeworfen. Bleibt einer übirg. Ein einziger in einer ganzen Gemeinde wie Zandvoort! Aber vielleicht ist Zandvoort nicht willkürlich genug. Schließlich ist man in diesem dämlichen Dorf fast immer damit beschäftigt, sich Kleider an- oder auszuziehen und sich die Haut einzuölen beziehungsweise sie wieder zu entfetten.

Die »Archimedes« ist mein Boot, sagen wir ruhig Schiff; vier Tonnen schwer, aus Stahl. Die wird noch dasein, wenn ich nicht mehr bin. Oder wir gehen zusammen. Im ganz tiefen Wasser. Auch wenn man dieses Schiff nur schwer versenken kann – sie ist die »Archimedes«, und die bleibt per Definition oben: Ohne archimedisches Gesetz würden alle Schiffe sinken.

Soll ich irgendwas aus meiner Jugend in Zandvoort gestalten?

Dann könnte ich quasi unbegrenzt drauflos keifen. Da bekäme ich Roß und Reiter gleich auf dem silbernen Tablett gereicht. Die Zeit drängt. Ich muß etwas fertig haben, wenn ich Montag wieder von Bord gehe. Ein Plan, ein paar Skizzen, einen Zeitplan mindestens. Dafür habe ich den heutigen Abend, die Nacht und noch morgen, höchstens.

In einer Sporttasche habe ich viel Essen mitgenommen, denn dann trinke ich weniger, saubere Kleider, denn dann schreibe ich besser, und mein riesengroßes Schreibbuch im Folioformat. Es heißt Atlanta A 1044–17 200 BL und wurde bei der Firma Muys an der Gedempte Oude Gracht in Haarlem gekauft (Sie wissen doch, dieses Geschäft, das immer zu ist) – für den geringfügigen Betrag von in Worten zweiundneunzig Gulden.

Und dann meinen Füller, mein goldenes Schreibschwert, die Sheaffer Excalibur, im spezialgefertigten Lederetui. Unübertroffen, falls von mir geschwungen:

Dies ist die Straße, wo Nelis Schweinsberger (what's in a name?) mich mit vierzehn Jahren, er war so alt wie ich, fragte, ob es wahr sei, daß ich »Jude« wäre, wodurch ich mich so unheimlich gestreichelt fühlte, daß mir die Tränen der Erniedrigung in die Augen stiegen. Ich hätte ihn eigentlich an Ort und Stelle zu Brei schlagen sollen, gewisse Fragen stellt man nun einmal nicht, aber ich war so glücklich über die Ehre, daß ich ihn gerne in dem Wahn ließ, er habe mein Schicksal ergründet.

Das war 1959, in der Spoorstraat in Zandvoort. Nelis Schweinsberger; was wohl aus ihm geworden ist? Ich will es eigentlich nicht wissen, ich will auch nicht über ihn schreiben.

Bleiben wir noch einen Augenblick vor dem Haus Julianastraat 1a stehen, wo Doktor Vermeer vier Jahre vor Nelis Schweinsbergers Frage mir den Fingernagel vom rechten Zeigefinger mit einer sogenannten Kraftpinzette entfernte, die er zu diesem Zweck zuvor – ohne Betäubung – zwischen Fleisch und Hornschicht gestoßen hatte. Der Doktor Vermeer. Er ist gestorben. Mögen ihm bis zum Jüngsten Tag alle Fingernägel an all seinen Fingern ohne Betäubung ausgerissen werden. Amen, basta.

Wir gehen jetzt am Haus Tolstraat 2 vorbei, wo Zahnarzt Hilarides Sitzung hielt. Zahnarzt Hilarides, der es fertigbrachte, ohne besonderen Grund mit einem kleinen spiralförmigen Instrument, das er zwischen Daumen und Zeigefinger hin- und herdrehte, zweimal hintereinander einen lebenden Nerv anzubohren, zweimal hintereinander denselben, innerhalb von einer Minute und ohne Betäubung, so daß man dachte, man beißt in eine Steckdose, während einem der kalte Schweiß über das Gesicht strömte. Man war sechzehn und noch viel zu höflich. Was sollte man davon denken? Schön, *als* man wieder denken konnte, dachte man, daß Zahnarzt Hilarides eben noch kein so guter Zahnarzt war und noch viel üben mußte. Man fand es eigentlich peinlich für *ihn*, daß er so arg pfuschte. Um so seltsamer berührte es einen kurz darauf, daß Zahnarzt Hilarides einen nicht mehr als Patienten haben wollte, als man, durch widrige Umstände aufgehalten, eine Viertelstunde zu spät in seiner Praxis erschien. Eine Erklärung, die man abgeben wollte, wurde nicht angenommen. Man fragte sich, ob da vielleicht noch etwas anderes mitspielte, aber weiter als bis zur Möglichkeit, daß er sich zu sehr schämte für seinen Pfusch, kam man nicht. Wie schade. Erst sechs Jahre später – im Prozeß gegen eine der Erzählungen, die man als Debüt veröffentlicht hatte – wurde ein Brief von Zahnarzt Hilarides verlesen, worin er sich über das »rachsüchtige Machwerk« empörte, er hatte im darin porträtierten Bösewicht ganz deutlich einen guten Bekannten erkannt, erst da begann man zu vermuten, daß es sich bei Zahnarzt Hilarides um jenen jahrhundertealten Haß drehte, der durch seine eigene Finsternis noch ständig weiterwächst.

Mit diesem Dorf will ich nichts mehr zu tun haben; weder mit der Spoorstraat noch mit der Julianastraat, noch mit der Tolstraat und auch nicht mit der Grote Krocht, wo Geflügelhändler Visser in den fünfziger Jahren der Ansicht war, es sei ein netter Zeitvertreib, den Hühnern, die er schlachten wollte, vorher noch ab und zu eine Nadel durch den Schädel zu treiben, weil sie dann so ulkige Kunststückchen aufführten, die sie vorher nicht beherrschten. Zandvoort ist ein Sumpf von Grausamkeit und Pein, ein Ort, den man so schnell wie möglich verlassen sollte.

Und wie ich so vor meinem Schreibbuch sitze, fallen mir unwillkürlich die zwei Flaschen Jonge Bols ein, die hinter mir stehen. Ich darf sie nicht anrühren. Das heißt, ich darf sie schon anrühren, sie sind bezahlt, aber *wenn* ich sie anrühre, dann ist es aus mit dem Schreiben; sobald mir ein Tropfen Königswasser im Blut kreist, finde ich alles *so* logisch und glasklar, daß jeder Grund und jede Notwendigkeit, überhaupt noch etwas zu schreiben, entfällt, und angesichts der Tatsache, daß das Schreiben eigener Werke fast so ekelhaft ist wie das Lesen der Werke von anderen, wird die Versuchung, ständig betrunken durchs Leben zu gehen, einfach zu groß.

Ich stehe auf, um mir eine große Kanne Kaffee aufzubrühen.

Dafür muß ich erst den Petroleumvergaser mit etwas Spiritus vorwärmen, und während ich die blauen Flammen anstarre, die am Brenner hochzüngeln, mache ich das Radio an, obwohl ich weiß, daß es jetzt verboten ist, und unmittelbar drauf höre ich auch schon, daß Chris Evert-Lloyd Martina Navratilova beim Tennistunier der Paris Open in drei Sätzen 6 zu 3, 5 zu 7 und 7 zu 6 geschlagen hat. Die gräßliche Tenniswelt. Ich mache das Radio wieder aus, bevor ich mir anhören muß, wie hoch das Preisgeld hier wieder war. Den fertigen Kaffee gieße ich in eine Thermoskanne, denn ich muß ja heute lange aufbleiben. Darf nur wenig schlafen. Wenn ich dieses Wochenende nichts zustande bringe, ist es zu spät.

Ich setze mich wieder an den Tisch und merke, daß ich starke Lust habe, in der Bar am Yachthafen eine ganz falsche Telefonnummer zu wählen. Die dadurch erzeugten Phantasien sind auf hinderliche Weise sehr angenehm.

Es ist eine Telefonnummer in Leiden.

Ich könnte sie wählen, und die Teilnehmerin auf der anderen Seite des Nordseekanals könnte antworten. Ich könnte dann bestimmte Vorschläge machen. Theoretisch wäre möglich – vorausgesetzt, ich nehme nicht die Fähre bei Buitenhuizen, sondern rase durch den Velsertunnel –, daß ich innerhalb von einer Stunde einen Kontakt zustande bringe, der absolut zwischenmenschliche Dimensionen annehmen könnte, aber ich merke auch, daß die Anwandlung, nach Leiden zu fahren, hauptsächlich von der Angst eingegeben wird, nichts schreiben zu können.

Ich starre vor mich hin.

Draußen weht es stärker, höre ich.

Eine halbe Stunde vergeht.

Der Wind heult jetzt im Stag, und ein Fall klappert am Mast. Ich gehe hinaus, um es mit einem Spanngummi festzumachen. Es regnet nicht mehr. Es ist ein herrlicher Abend mit einem grell-lichten und tiefschwarzen Sturmschachbrett am Himmel. Gegen den Mast gelehnt schaue ich in die unendliche und zeitlose Nacht, während der Wind mir das Hemd gegen den Körper drischt. Ungefähr zehn Millionen Jahre lang treiben die Wolkenformationen so über meinem Kopf dahin und meine Gedanken gleiten ab zu Carel Sligting, der jetzt ein halbes Jahr tot ist. Ich sehe sein dickes Doppelkinn, wo gut fünf Heringe hineingepaßt hätten, und ich sehe seine großen Fleischohren. Und ich sehe seinen mageren Kopf in diesem weißen Bett und seine großen Augen und seinen Sarg im Schnee. Dann klettere ich zurück in die Kajüte und setze mich wieder hinter mein Schreibbuch. Ich ziehe entschlossen die Kappe von meinem Füller und schreibe:

Von allen Schankwirten, die ich in meinem sündigen und richtungslosen Leben gekannt habe – Gott, den es nicht gibt, weiß, daß es eine ganze Menge gewesen sind –, war Carel Sligting wohl der lebhafteste. Dieser Mann konnte nun wirklich seinen Mund niemals halten. Zu allem hatte er eine Meinung, und alles wußte er besser.

Hier stoppt meine Feder.

Ich lese das Fragment ein paarmal durch und versuche dann ungefähr eine Zeile tiefer:

Bei weitem die Mehrzahl der Schankwirte ist durch das Gebrüll und Gequassel, das sie sich jahraus, jahrein anhören müssen, vollkommen verblödet und zieht es vor, zu schweigen, oder dem

Kunden, der das Wort an sie richtet, in allem und jedem recht zu geben. Das bemerkenswerteste Beispiel für diese Haltung lieferte früher einmal der Besitzer und Geschäftsführer der Bar-Bodega Petrovitsch in der Kerkstraat in Zandvoort. Aber bei Herrn Carel Sligting, Schankwirt zu Overveen, hat sich diese berufliche Deformation niemals auch nur im geringsten manifestiert. Dieser Mann konnte nun wirklich bei niemandem seinen Mund halten. Alles wußte er besser, und zu allem hatte er eine Meinung. Sein Stammplatz war in einer Ecke der Bar, aus der heraus er seinen Laden dirigierte, aber bei allzu schlimmen Zornanfällen verlor er seine Selbstbeherrschung und sprang dann in die Höhe.

Wahrscheinlich sind die ersten Sätze die wichtigsten Sätze. Man kann sie so schlecht überspringen, und sie bestimmen den Tenor deiner Erzählung von Anfang an. Manchmal muß man ein Weilchen nach ihnen suchen. Das schon.

Die tausendköpfige Hydra, die Fiskus heißt, hat einen ganz besonderen Appetit, nicht nur, weil es ein unstillbarer Hunger ist, sondern auch, weil es ein launischer Hunger ist. Manch eine Beute saugt sie ganz langsam aus, ungefähr wie eine Spinne die Fliege, andere Opfer werden mit einer direkten, wenn auch unerwarteten Attacke umgebracht. Opfer einer solchen Attacke wurde die Kneipe der Witwe Sligting, im vorliegenden Fall ihr Sohn Carel. Alle zwei Wochen mit der Kasse unterm Arm antanzen; ein Würgegriff, aus dem es kein Entkommen mehr gab.

Nein.

Im allgemeinen schätzten dich die Frauen.

Sie luden dich nur allzugern zum Essen ein, das dann natürlich du bezahlen mußtest, denn die Emanzipation der Frau wird in der Kneipe nur als Lippenbekenntnis gehandelt, nie durch Sachleistungen oder Unterhaltsbeiträge manifestiert. Dir machte das nichts aus, du fandest alle Frauen so niedlich; was sie zweifellos auch waren. Nicht selten setzte sich ihr Freund kurz vor der Bestellung noch mit an den Tisch.

Frauen und deine Katze waren dir Lust und Leben, aber die

Lust im Leben mußtest du immer kaufen, denn von Frauen verstandest du nichts, und deine Katze starb. Sechzehn Jahre waren dir noch nicht alt genug?

Und dann der Diebstahl deiner Eisenbahn.

Du hast nie drüber gesprochen, aber dein Geschäft ging bergab. Es lief nicht mehr.

Zettel an der Tür mit dubiosen Krankmeldungen.

Einen Einbruch in Carel Sligtings Kneipe zu organisieren muß ein Kinderspiel gewesen sein. Normalerweise ging er nach der Sperrstunde noch »übers Eis«, was bedeutete, daß nach Mitternacht – Overveen liegt in Bloemendaal, und Bloemendaal schließt um zwölf – sich das ganze Theater aus Mißverständnis und Trunkenheit hinüberwälzte auf die andere Seite der Leidse Vaart, in die dort gelegenen Kneipe Zum Weißen Schwan, von Carel besonders originell, aber immer mit Hingabe »Zur Fiesen Ente« genannt, ein Spitzname, der möglicherweise durch die Tatsache zustande gekommen war, daß die »überm Eis« amtierenden Schankwirte sich imaginäre Trinkgelder zuschrieben, die nicht selten dem Rechnungsbetrag gleichkamen. Es gibt Wirte und Wirte. Carel war eine leichte Beute, denn eigentlich war ihm alles schnuppe in jenem Augenblick, wenn sein Lieblingsgetränk Cola-Bacardi mit soviel Extra-»Schüssen« Bacardi vor ihm stand, daß der Inhalt seines Glases ganz durchsichtig geworden war und auch besser Bacardi-Cola geheißen hätte. Während man ihn also in der einen Kneipe ablieferte, betraten die amtierenden Diebe die andere. Es war nicht so sehr ein Einbruch als eine Art Abholen.

Ob die Personen, die bei Carel Sligting, Schankwirt zu Overveen, die Audio-Video-Anlage aus seinem Betrieb gestohlen haben, auch des Diebstahls an seiner Modelleisenbahn schuldig sind – einer kostbaren Sammlung, die er im Lauf von vielen Jahren aufgebaut hatte, unersetzlich –, das wird wahrscheinlich für immer im Dunkeln bleiben, aber sicher ist, daß ein paar Monate nach diesen Einbrüchen bei Carel Sligting Krebs festgestellt wurde.

Könnte vielleicht ein erster Satz sein, aber gleich nachdem ich ihn geschrieben habe, verwerfe ich ihn auch schon wieder, in seiner Suggestivität klingt er unglaubwürdig. Wenn ich schon eine Hommage auf Carel Sligting halten will, muß ich ein sauberes Stück schreiben, ohne Spekulationen und Verdächtigungen. Es bekommt erst dann Niveau, wenn es nüchtern und beherrscht ist. Der Eröffnungssatz: *Lieber Carel, ich wüßte da ein paar Leute, die ich viel lieber begraben hätte als dich*, geht mir nicht mehr aus dem Sinn, aber wiewohl in völliger Übereinstimmung mit meiner persönlichen Überzeugung befindlich ist er doch nicht der richtige. Das Kunststück ist also dieses: Wie schreibe ich ein sauberes und nüchternes Stück über einen jähzornigen Schankwirt, der sechzig Zigaretten am Tag rauchte, der erst ins Bett ging, wenn alle Kneipen schon zu hatten, der nicht davor zurückschreckte, fünfzehn Salzheringe hintereinander zu kröpfen, während seine versumpften Kunden mit wäßrigen Mäulern zuguckten, und der auf eine andere Meeresfrucht womöglich noch erpichter war, nämlich auf die nur durch ein Vermögen zu erwerbende »Salzmuschel«, wie er den Leckerbissen gern umschrieb – der, wenn ein von ihm geringer geschätzter Kunde am Klavier Platz nahm, um die anderen Anwesenden mit seiner Musik zu erfreuen, wie ein Springteufel hinter der Bar hervorschießen konnte und das Klavier mit Bierdeckeln, die er zwischen Hämmer und Saiten klemmte, unbrauchbar machte, ein Schankwirt, der schließlich in alles verzehrender Misanthropie die Tür seines Ladens lieber abschloß, um sich oben hinter zugezogenen Gardinen zu verschanzen.

Ist Diebstahl Mord?

Natürlich nicht.

Man könnte höchstens sagen, Mord ist der Diebstahl an jemandes Leben.

Das habe ich auch gemeint.

Früher, als ich noch alles wußte, war ich der Ansicht, es gäbe nichts, das man nicht in Worte fassen könnte: Gefühl oder Duft oder Stille oder Einsamkeit, was Sie nur wollen. Aber jetzt erfaßt mich mehr und mehr die Überzeugung, daß es »Formulierungen« gibt, die man höchstens empfinden kann, nie aufschreiben. Es gibt Dinge, die kann man nicht aussprechen. Und solche, die man nicht aufschreiben kann.

Manche Menschen sterben still und fern in einem Rausch von Ergebenheit, andere sterben hier und jetzt in einem Rausch ohnmächtiger Aufsässigkeit, so wie Carel Sligting, Schankwirt zu Overveen. Auf dem Nachttisch neben seinem Bett die große grüne Lokomotive (Lok), gerade noch rechtzeitig aus Deutschland gekommen. War sie Ersatz für all die anderen, die er nicht mehr hatte?

Die Öllampe wirft einen lästigen Schatten auf das Papier, wenn ich schreibe, außerdem ist sie heiß an meiner Stirn. Ich schraube sie etwas herunter und mache das Kajütenlämpchen an, das ich mit seinem beweglichen Arm in die günstigste Position schwenken kann.

Wie einsam muß er gewesen sein?

Wie einsam ist jemand, der nichts wegwerfen kann?

Oder ist diese Verknüpfung von Einsamkeit und Sammelwut nur Einbildung, willkürliche Annahme? Wenn Einsamkeit dem Wesen nach Isoliertheit des Gefühls ist, dann könnte das Sammeln von Gegenständen mit Gefühlswert ein unbewußter Protestmechanismus sein. So, wie sich unbewußter Protest gegen den Tod im Fortpflanzungstrieb äußert oder, in sublimierter Form, in Fotografie, Malerei, Literatur. So kann doch auch der Einsamkeit zu Leibe gerückt werden, indem man sich mit schönen Gegenständen umgibt oder indem man in extrem sublimierter Form überhaupt nichts mehr wegwerfen kann, um auf diese Weise höchst buchstäblich die Leere um sich zu füllen.

Solche Fragen sind leichter gestellt als beantwortet, aber fest steht, daß der Raum über der Kneipe von Carel Sligting völlig zugestopft war mit Beweisen dafür, daß er jemals gelebt hatte. Von den zwanzig Jahre alten Tageszeitungen bis hin zur neuesten Nummer von *Mayfair* und ähnlichen Frauenzeitschriften, von all jenen in der Geschichte des Schienenwesens jemals konstruierten Modelleisenbahnen bis zu den Bausätzen jedes

Flugzeugtyps, der in der Geschichte der Luftfahrt je entworfen wurde, ganze Regale voll davon (aber niemals zusammengesetzt), dann leere Flaschen, volle Flaschen, alte Schuhe, neue Schuhe, von Hüten und Kappen bis zu Mützen und Helmen, von Bonbons zum Lutschen bis zu Pillen gegen Husten, von Essensresten bis zu verdorrten Pflanzen, kurzum: ein gigantisches *Lebendes Bild* vom Tod.

Keiner durfte dort rein.

Es war seine heilige Hölle.

Mit einem hörbarem Klick! fällt ein kleines Insekt aus der Öllampe. Es erregt meine Neugier, ich puste es nicht weg. Das helle Licht der Kajütenlampe erlaubt mir, das Tierchen ganz genau zu betrachten. Es ist nicht tot, sehe ich jetzt, aber es dreht sich auf dem Rücken liegend ohnmächtig im Kreis. Ich weiß nicht, zu welcher Art es gehört. Sein kleiner Leib ist ein glänzendes schwarzes Stäbchen. Zwei haarige Fühlerchen ragen vorne aus seinem Kopf. Sechs Beinchen strampeln ums Überleben. Von den Flügeln ist nicht mehr viel übrig. So liegt es auf dem beschriebenen Papier zwischen meinen Worten. Ab und zu bleibt es still liegen, dann kreiselt es wieder mit leise summendem Geräusch. Wahrscheinlich war es die ganze Zeit schon in der Kajüte gewesen, denn draußen ist jetzt kein Wetter für Insekten, zuviel Wind und Regen. Und jetzt ist es abgestürzt, verblendet, versengt, dem Untergang geweiht. *Icarus revisited.* Als es wieder zum Stillstand kommt, sehe ich, daß es zwischen den Wörtern »Zornanfälle« und »in die Höhe« liegt. Mit dem stumpfen Ende meiner Füllfederkappe schiebe ich es vorsichtig schräg nach oben bis zum Wort »richtungslosen«.

Ich stehe auf und strecke mich.

Wage nicht auf die Uhr zu schauen.

Es ist halb zwei.

Der Wind hat sich gelegt, aber das Boot schaukelt noch immer leise hin und her. Ich muß pissen wie verrückt. Auf dem Bug der »Archimedes« stehend schaue ich zu den fernen Lichtern von Amsterdam hinüber, unzählige orangefarben leuchtende Natriumlampen, und etwas näher die roten Lichter auf einem hohen Schlot. Eine langgezogene weiße Schaumspur driftet langsam davon.

Wieder ins Boot zu klettern macht mir jetzt Mühe, meine Muskeln sind steif. Auf meinem Schreibbuch liegt ein totes Insekt. Ich puste es weg.

Ich ziehe eine von den Flaschen Königswasser aus dem Regal. Mit Gewalt drehe ich den metallenen Schraubverschluß gegen seine kleinen Stege, schenke mir einen ordentlichen Schluck Jenever ein, nehme einen langen Zug und warte auf das Feuer, das mir gleich in der Brust auflodert, und auf den Speichel, der mir in den Mund schießen wird. Und richtig. Alles wie gewohnt. Ich presse meine Kiefer so fest wie möglich aufeinander und drücke die Oberarme an den Körper. Augen fest geschlossen. Die Geschwindigkeit, mit der sich die Wirkung des Alkohols gleichzeitig in Magen, Kopf und Knien ausbreitet, erinnert mich daran, daß ich seit mehr als sechs Stunden nichts mehr gegessen habe.

Das Ding mit der Eisenbahn hat dich gebrochen, glaube ich. Nicht der Ärger mit der Steuer, nicht die Tatsache, daß die Brauerei dir kein Bier mehr liefern wollte, bevor du deine Rechnungen nicht bezahlt hattest, so daß du manchmal ein paar Kästen Bier in das Faß im Keller schütten mußtest, um noch zapfen zu können. Was du nicht verwinden konntest, war, daß sie deine Eisenbahn gestohlen hatten. Du hast nie drüber gesprochen, aber mit deiner Kneipe ging es abwärts. Zettel an der Tür, obwohl du einfach oben warst. Und eines Tages hieß es auf dem Zettel: »Wegen Menschenkenntnis geschlossen.«

Ich trinke mein Glas mit zwei langsamen Schlucken leer und will aufhören zu schreiben, aber meine Feder läuft noch eine Weile fort.

Weißt du noch, wie damals im Sommer 1984, kurz nach deiner Operation – du wußtest schon, daß all die Komplimente über dein gutes Aussehen erlogen waren –, wie damals zirka sieben Aras aus dem Kinderzoo in Elswout oben auf der Kirchturm-

spitze saßen und kreischten? Dumme Dohlen flüchteten, was man auch wieder verstehen kann. Saßen da nicht plötzlich sieben von den brasilianischen Lümmeln auf ihrem Stammplatz, mit Farben, die in Holland verpönt sind, schwarz ist Mode, und dann auch diese komischen langen Schwänze. Es waren sieben.

Ich klappe mein Schreibbuch zu.

Als ich am nächsten Tag die Augen öffne, prallt der Lichtblitz, der durch den Gardinenspalt und die offengebliebene Luke in die Kajüte fällt, auf die Innenseite meines Schädels. Ich kneife die Augen zu und schätze das Tempo, mit dem mein Herz in der Hirnschale klopft. Es schlägt rasch und schwer, und jeder Schlag ist eine Welle von Schmerz. Während ich Daumen und Zeigefinger der einen Hand gegen meine Stirn presse, hebe ich die andere Hand langsam hoch, um auf die Uhr zu sehen.

Es scheint halb eins zu sein.

Dann war es mindestens ein halber Liter, schätze ich fachmännisch, aber als ich meinen Kopf ganz langsam zur Seite gedreht habe, um auf den Tisch zu gucken, ist in der Flasche höchstens noch ein Viertel. Mit meiner Kopfbewegung sickert auch sein breiiger Inhalt, dessen Druck ständig zunimmt, auf die eine Seite, was den eisernen Reifen, der außen um meinen Kopf geschraubt ist, noch etwas fester anzieht.

Dreiviertel Liter.

In welcher Zeit?

Kann mich nicht mehr erinnern.

Nach etlichem Herumgefummel merke ich, daß ich in Kleidern auf der Pritsche liege, kein Bett gemacht habe. Ich bin also nicht schlafen gegangen, sondern umgefallen. Die Öllampe habe ich noch ausgeblasen, stelle ich vorsichtig fest, und das Radio ist auch aus, obwohl ich nicht mehr weiß, ob es an war.

Ich verhake meine Hand in einem Regal und ziehe mich langsam in eine sitzende Stellung. Der Druck im Schädel ändert sich dadurch wieder, aber er stabilisiert sich nach einer Weile auf einem erträglichen Niveau.

Ich arbeite mich in die Höhe und pumpe einen Kessel Wasser. Dann stelle ich mich vor den Brenner und wärme ihn mit Spiritus vor. Als die grelle blaue Petroleumflamme leise zischt, setze ich den Kessel auf. Nach einem größeren Umweg durch die Kajüte fällt mein Blick auf das hermetisch geschlossene Schreibbuch auf dem Tisch.

Was soll ich tun?

Aufgeben?

Niemand wird dieses Stück vermissen, wenn ich es nicht schreibe.

Aber das gilt für alles, was je geschrieben wurde.

Heißt das: Alles, was je geschrieben wurde, hätte genausogut nicht geschrieben werden können?

Vielleicht schon, aber das Stück für Carel muß geschrieben werden, und es muß in *De Tweede Ronde* abgedruckt werden.

Ein wahres Wort. Also weiterwursteln?

Weiterwursteln.

Mit meiner Holzbirne?

Das Wasser kocht.

Du auch einen Tee?

Ich wasche mich gründlich und ziehe saubere Kleider an.

Rasiere mich wie für hohen Besuch.

Trinke eine Kanne Tee.

Und siehe, als ich mein Schreibbuch endlich mit dem Mut der Verzweiflung aufschlage, geschieht ein Wunder: der Verschluß des Ledereteuis springt plötzlich auf, und bevor ich weiß, wie mir geschieht, halte ich Sheaffer Excalibur, mein goldenes Schwert, in der Hand, und schaue zu, wie ich folgende Zeilen schreibe:

Nie gehaltene Grabrede

Krebs ist eine Krankheit, die bei anderen ausbricht.
Links und rechts schlagen die Bomben ein
Aber selbst bleibt man unversehrt.
Man kann sich einfach nicht vorstellen
Daß man es selbst kriegt
Bis man es selber hat.

Die Ärzte scheinen zuversichtlich
Aber du mußt auch kämpfen wollen.
Bestrahlung ist notwendig
Muß sein.
Und bestimmte Medikamente.
Du verlierst den Geschmack im Mund
Und die Haare auf dem Kopf
Und den Kalk in den Knochen
Nur nicht die Hoffnung auf Heilung.

Dann kommt die Operation.
Du kannst dich operieren lassen
Oder auch nicht.
Du darfst es selbst entscheiden.
Nach einigem Hin und Her
Stimmst du dem Eingriff zu.

Und wirklich
Du erholst dich
Jeder sagt das.
Und dann stirbst du
Ganz allein
In einem blütenweißen Bett
In einem beliebigen Krankenhaus.
In der Zeitung steht
Wie tapfer du warst.

Du stirbst am 24. Dezember 1984
Gegen halb sieben Uhr abends
Mit einem zu großen Gebiß
Und zu schmalen Handgelenken
In deinem Bett
Im Marinekrankenhaus Overveen
Zweihundert Meter
Von deiner Kneipe entfernt;
Gerade noch vor Weihnachten,
Wie du versprochen hattest.
Neben deinem Bett
Auf dem Nachttisch

Die große grüne Lok
Gerade noch rechtzeitig aus Deutschland gekommen.

Deine Kneipe war die beste.
Von deinen Eltern schon gegründet;
Deine Mutter schwang dort das Zepter
Als du noch unterm Billardtisch durchliefst.
Später wurdest du selber Wirt.
Deine Eltern starben
Du wurdest Chef.

Ein erwachsener Mann bringt Ordnung in den Laden
Linie in sein Leben
Aber du hattest vergessen, erwachsen zu werden
Hast die Kneipe herumliegen lassen
Wie Kinder ihr Spielzeug
Deine Kneipe war die beste.

Am 29. Dezember 1984
Kommen zirka dreihundert Menschen
Zum Allgemeinen Friedhof
An der Kleverlaan in Haarlem.
Es ist eiskalt.
Der Frost sitzt tief in der Erde.
Von der einen Kühlzelle zur anderen.
Deine Kneipe wurde schon übernommen.
Das Leben geht weiter, nicht wahr?
Sechs Container voll Einsamkeit
Haben sie aus deinen Zimmern geholt.
Konntest du die Aalhäute nicht wenigstens aufräumen?
Deine Katze war schon zwei Jahre tot.

Jetzt ist alles schön aufgeräumt.
Alles an seinem Platz.
Außer dir.

1985

Connie Palmen
Der Epileptiker

Die Philosophievorlesungen fanden in zwei alten Gebäuden statt, die im Stadtzentrum lagen und sich als einzige mit den ehrwürdigen Universitätsgebäuden von Oxford oder Cambridge messen konnten, die ich aus Filmen kannte. Sie waren für mich zum Urbild dessen geworden, wie eine Universität auszusehen hat. Mein Studentendasein hatte zwar nicht die geringste Ähnlichkeit mit dem Leben der Helden in diesen Filmen, aber jedesmal, wenn ich die Säulen des Portals durchschritt und die Stille des kleinen Rondells mich umfing, kam es mir vor, als spazierte ich mitten in einen Film hinein und hätte hier Bedeutendes zu tun.

Inmitten der kleinen Grünfläche stand ein hoher Baum und darunter, im Schatten seiner Blätter, die Büste der Minerva auf einem Sockel. Ging ich in einem Bogen um sie herum, schien sie mir mit ihren Augen zu folgen. Deshalb wandte ich immer den Blick ab, mußte mir aber dann den häßlichen Stein mit den herausgemeißelten Köpfen von Vossius und Barlaeus anschauen. Ich fand sie mißlungen, schon die Namen der beiden berühmten Melancholiker bewirkten, daß mein Gefühl der Auserwähltheit noch anhielt und ich mich glücklich pries, jetzt in einer Stadt der Dichter und Denker zu leben. Sobald ich aber die Glastür aufstieß und die große Halle betrat, war jedes Gefühl von Erhabenheit wie weggeblasen. Hier herrschte der demokratische Geist des 20. Jahrhunderts.

Öffentliche Gebäude können an ihrem Äußeren die Vergangenheit festhalten, ihr Inneres nimmt, wenn sie weiter genutzt werden, die Farbe der Gegenwart an. Das kommt, seltsam genug, durch das Äußere der Dinge und Menschen, durch ihre

Formen, ihre Kleidung, die Geräusche, die sie machen, und ihre Gesten. Menschen gehorchen Moden, und ob sich in all den Jahrhunderten das Wesen der Menschen gewandelt hat, will ich hier nicht beurteilen. Auf jeden Fall schafft es jedes Jahrhundert doch wieder listig, sich in den Falten ihrer Kleider einzunisten, in der Choreographie ihrer Gesten, der Klangfarbe ihrer Worte, der Dramatik ihrer Emotionen. Ganze Jahrzehnte haben sich der Anonymität der Zeit entzogen, indem sie den Fortgang des Ewiggleichen hinter der Maske eines eigenen Gesichts verbargen, und jedes Jahrhundert findet die Menschen aufs neue bereit, die Maske der Zeit zu tragen und so deren Eigenart auf ihre Kappe zu nehmen.

In der Halle standen überall Leute in kleinen Gruppen, und auf dem Boden verstreut lagen Taschen in allen Formen und Farben. Immer wenn ich einen Raum betrete, in dem so viele Menschen beieinanderstehen, bilde ich mir ein, ich müßte schon im voraus genau wissen, was ich will, mit festen Schritten auf Personen oder Dinge zusteuern und unbeirrbar meinen Weg gehen. Ruhig stehenbleiben und erst an Ort und Stelle über mein Ziel nachdenken, das bringe ich nicht fertig.

Auf den ersten Blick hatte ich keinen Bekannten entdeckt, und ich ging direkt zum Fahrstuhl in einem der Korridore, die in die Halle mündeten. Neben dem Aufzug hing eine Tafel mit dem Gebäudeplan. Ich suchte die Nummer des großen Hörsaals, H. 211. Hier sollte Professor de Waeterlinck seine Vorlesung über die Philosophie der Gegenwart halten.

»De Waeterlinck ist ein Mythos«, hatte Daniël Daalmeyer zu mir gesagt, und seine Berichte über den Professor und dessen Vorlesungen hatten mich neugierig gemacht. De Waeterlinck war der einzige Philosophiedozent, über den ich je eine bewundernde Äußerung gehört hatte. Die Niederlande sind bekannt für ihren eklatanten Mangel an originellen Philosophen, und die Vorlesungen, die ich bis dahin besucht hatte, lieferten mir genügend Gründe, dieses Urteil zu unterschreiben. Was die Dozenten anging, hatte ich bisher nur die Bekanntschaft mit zu groß geratenen Schuljungen gemacht, die das Werk eines ausländischen Philosophen bis in die Fußnoten hinein auswendig kannten und die sich vor allem dadurch auszeichneten, daß sie mit anderen Worten wiedergaben, was der Philosoph selbst in viel schönerer Prosa bereits zu Papier gebracht hatte. Kein einziger von ihnen hatte Eigenes zu bieten. Fast schien es so, als sei es verboten, mit einer eigenen Idee daherzukommen. Unter dem Motto studentischer Eigenaktivität war die Mehrzahl der Vorlesungen zu Seminaren umfunktioniert worden, was darauf hinauslief, daß man Meinungen, die man nicht hatte, vor den anderen Studenten vertreten mußte, die auch keine hatten. Fast immer saß in einer solchen Runde auch ein größenwahnsinniger Zwanzigjähriger, der sich für einen originellen Denker hielt und in jeder Seminarsitzung die Gelegenheit ergriff, in aller Ausführlichkeit seine Weltanschauung darzulegen oder darauf hinzuweisen, daß er bereits im Alter von zwölf Jahren Kants kategorischen Imperativ ad absurdum geführt habe.

Was von den Dozenten gefördert wurde, war für mich eine Qual und der Grund, warum ich die Seminare so oft wie möglich mied. Ich versuchte, mir mein Studium so einzurichten, daß ich zu Hause Bücher lesen oder schweigend in den Vorlesungen sitzen konnte.

Ebensowenig wie das Innere der Gebäude entsprachen die Vorlesungen meinem Urbild von Universität. Das einzige, was mir von Anfang an gefiel, waren die Bücher.

Daniël Daalmeyer lernte ich 1981 kennen, in einer Ringvorlesung über Thomas Manns *Zauberberg*, ein Gemeinschaftsprojekt von Literaturwissenschaftlern und Philosophen. Im Vorlesungsverzeichnis war die Rede von einem »Versuch, gemeinsam den Ursprüngen des heutigen Nihilismus und der strengen Ästhetik moderner Schriftsteller und Philosophen nachzuspüren«. Dieser eine Satz enthielt so vieles, wovon ich nichts wußte, daß ich beschloß, die Vorlesung zu belegen.

Jeden Dienstagnachmittag behandelten jeweils andere Dozenten einen Aspekt des Romans, und bei einem dieser Vorträge fand ich einen Platz neben einem dunkelhaarigen Studenten, den ich weiter nicht beachtete, bis er mich fragte, ob ich ihm etwas zum Schreiben leihen könne.

Ich habe aber nur Füller.

Ich leihe meine Füller ungern aus.

Ich kann erst dann lügen, wenn ich mich Tage vorher darauf vorbereitet habe.

Die Frage nach dem Schreibgerät kam unerwartet. Ich habe immer mehrere Füller in meiner Tasche. Da mein Nachbar das aber nicht wissen konnte, wäre es ein leichtes gewesen, den Kopf zu schütteln und vielleicht noch bedauernd in seine Richtung zu schauen. Doch ich bückte mich schon und holte das kleine Lederetui hervor, in dem mein schöner Lamy steckte. Mit einem Gesichtsausdruck, der immerhin etwas von der Bedeutsamkeit meiner Geste ausdrücken sollte, reichte ich ihm den Füller. Er nahm ihn mir aus der Hand, ohne mich oder den Füller eines Blickes zu würdigen, murmelte »Danke« und begann wie besessen auf einen kleinen Notizblock zu schreiben. In den großen Hörsälen stiegen die Sitzreihen wie in einem Amphitheater an. Jeder Stuhl hatte an der linken Armlehne eine schwenkbare Schreibfläche. Mein Nachbar war Linkshänder. Sein Ellenbogen berührte fast den Rand meiner Schreibfläche, und ich würde, wenn der Vortrag gleich begann, unmöglich meinen eigenen Füller aufs Papier setzen können, weil für meinen rechten Ellenbogen nicht genug Platz da war.

Ich sah größere Schwierigkeiten auf mich zukommen, wurde nervös und bereitete mich darauf vor, mehr Raum für mich zu fordern, sobald die Vorlesung begann. Eigentlich wollte ich auch am liebsten auf der Stelle meinen Füller wiederhaben.

Am Rednerpult stand inzwischen ein etwa vierzigjähriger, korrekt gekleideter Mann. Aus einer teuren ledernen Aktentasche holte er seine Unterlagen hervor. Dabei sah er auffallend häufig in meine Richtung, doch als ich seinem Blick folgte, merkte ich, daß seine Augen sich nicht auf mich richteten, sondern auf meinen Nachbarn. Der hatte, seit er meinen Füller in Empfang genommen hatte, nicht mehr von seinem Notizblock aufgeschaut, und ich begann mich zu fragen, wovon die vielen Sätze, mit denen er die Zettel vollschrieb, wohl handelten. Um einen Zusammenstoß mit dem hin und her fahrenden Ellenbogen zu vermeiden, saß ich kerzengerade und mit eingezogenem Bauch da. Ich wünschte mir nur, der Mann würde endlich mit seinem Vortrag beginnen, damit ich in Aktion treten konnte. Aber er wartete, bis auch der letzte Nachzügler einen Platz im Hörsaal gefunden hatte, und blickte unterdessen weiter auf den Haarschopf meines Nachbarn.

Es war der dritte Vortrag der Vorlesungsreihe, und er behandelte die Beziehung zwischen Hans Castorp und Clawdia Chauchat. An den Namen des heutigen Redners konnte ich mich nicht mehr genau erinnern; etwas wie Muden oder Uden hatte im Verzeichnis gestanden. Sehr gut erinnerte ich mich dagegen an die lange Publikationsliste unter seinem Namen und an sein relativ jugendliches Alter bei der Promotion.

Der Ellenbogen meines Nachbarn fuhr immer noch hin und her. Ich atmete auf, als der Mann am Rednerpult einen Studenten bat, die Tür hinter sich zu schließen. Ich tippte dem Schreiber neben mir auf die Schulter und wies ihn mit nach außen gekehrten Handflächen und einem hilflosen Gesicht auf die Beengtheit meiner Lage hin. Er sah mich verstört an, als hätte ich ihn aus tiefer Trance gerissen, blickte auf seine Ellenbogenspitze und dann auf meine Schreibfläche und sagte viel zu laut: »Oh, Verzeihung.« Ein paar Leute vor uns drehten sich um. Ich wurde rot wie sonst nur in der Kirche und verspürte den Drang, zu kichern und allen, die sich gestört fühlten, zuzunicken. Nichts reizt so sehr zum Lachen wie eine Situation, in der man weder sprechen noch lachen, noch sonst einen Laut von sich geben darf. Nur mühsam konnte ich das Lachen unterdrücken. Meinen Nebenmann störte das alles nicht. Er versuchte seinen Stuhl so zu drehen, daß auch für mich genügend Platz zum Schreiben blieb, und wenn ich den rechten Arm fest gegen die Rippen preßte, würde es wohl gelingen. Wir nickten einander zu, um den Kompromiß zu bekräftigen. Er beugte sich wieder über seinen Notizblock, und ich schaute zum Redner, der sich inzwischen als Stefan Duden vorgestellt hatte und das Thema seines Vortrages erläuterte.

Was es genau ist, weiß ich nicht, auch nicht, woher diese Eigenart kommt, aber sobald jemand den Mund zum Sprechen aufmacht, mag ich mir kein Wort des Gesagten entgehen lassen, auch wenn das Thema noch so banal ist. Ich klebe an den vorgetragenen Worten, vergesse alles um mich herum und fühle mich wie auf Reisen. Ich höre sehr wohl, was der andere sagt, kehre mich gleichzeitig nach innen, und in meinem Kopf kommt irgend etwas in Gang, ein Stolpern und Taumeln von Worten, ein Sichineinanderverhaken von Themen und Bildern, ausgelöst von beliebigen Worten des Sprechers und von ihnen auf ein Gleis gesetzt, auf das ich sie selbst nicht hätte setzen können. Jemand kann über den Anschluß eines Telefons an das Kabelnetz sprechen und dabei genau die Worte benützen, durch die ich plötzlich etwas vom Wesen der Familie begreife – um nur ein Beispiel zu nennen.

Das hat etwas Trügerisches, denn ich habe oft erlebt, daß mein Gesprächspartner immer mehr in Fahrt kam, weil ich ihn durch ständige Fragen und Kommentare ermunterte, nur ja weiterzuerzählen. Mir wurde dann klar, daß dieser Erzähler wohl glauben mußte, meine Begeisterung entspringe echtem Interesse für seine Geschichte, dabei war das, was mich faszinierte, vor allem jene Geschichte, die sich parallel dazu in meinem eigenen Kopf formte und die ich zu einem geschlossenen Ganzen abrunden wollte.

Je weiter Dudens Vortrag voranschritt, desto unruhiger wurde mein Nachbar. Ab und zu murmelte er etwas vor sich hin, immer so laut, daß die Zuhörer in der Reihe vor uns sich irritiert umdrehten. Es waren abfällige Bemerkungen, bei denen er zornig den Kopf schüttelte.

Obwohl mich das ärgerte, war ich zugleich neugierig auf das, was sich zwischen Stefan Duden und dem Studenten abspielte. Zweifellos kannten sie sich, auch wenn Duden seit Beginn des Vortrags nicht mehr in unsere Richtung geschaut hatte. Mein Nachbar dagegen sah nun seinerseits fortwährend auf den Sprecher und versuchte, durch Zungenschnalzen Dudens Aufmerksamkeit auf sich zu ziehen.

Ungefähr zehn Minuten, bevor der Vortrag durch eine Pause unterbrochen werden sollte, sagte mein Nachbar plötzlich laut: »Nein, nein und noch mal nein!«, wand sich umständlich aus seinem Sitz, stopfte brüsk den Notizblock und den Füller in seine Manteltasche und zwängte sich durch die Reihe vor uns nach draußen. Ohne Duden dabei anzusehen, sagte er: »Mensch, hör doch auf. Ich weiß doch, was du in Wirklichkeit meinst, Stefan.« Den Namen betonte er so, daß man annehmen mußte, er wisse mehr über ihn und wolle aller Welt kundtun, daß Stefan in Wirklichkeit anders hieße.

»Da geht mein Füller«, schoß es mir durch den Kopf, als er die Hörsaaltür mit lautem Knall hinter sich zuschlug. Duden hatte ihm nachgeblickt, das Gesicht dann wieder dem Saal zugewandt und mit einem Lächeln vorgeschlagen, ein wenig früher Pause zu machen.

»In etwa einer Viertelstunde erwarte ich Sie dann alle wieder hier«, hatte er gesagt. Er selbst blieb über seine Papiere gebeugt am Pult stehen.

Draußen schaute ich mich um, ob ich den Studenten noch irgendwo sah, aber der Korridor war leer.

Nach der Pause blieb der Platz neben mir leer, aber als ich über den Oudezijds Voorburgwal nach Hause ging, sah ich ihn aus einer Seitengasse kommen. Er ging ungefähr zehn Meter vor mir, den Blick auf den Boden gerichtet, die Hände in den Taschen. Ich beschleunigte meine Schritte, denn jetzt bot sich die Gelegenheit, meinen Füller doch noch zurückzufordern.

Ob er mit dem Fuß an einem hervorstehenden Pflasterstein hängenblieb, konnte ich nicht sehen, aber ich sah, wie er plötzlich stolperte und mit der rechten Hand nach einem niedrigen gußeisernen Gitter griff. Obwohl er dort Halt fand, knickte sein linkes Bein ganz langsam ein, und er landete mit einem merkwürdigen Kniefall auf dem Boden. Dort blieb er mit gesenktem Kopf sitzen. Es sah aus, als betete er.

Ich rannte zu ihm hin und tippte ihm auf die Schulter. Schwerfällig hob er den Kopf und wandte mir das Gesicht zu. Er war totenblaß, auf seiner Stirn und Oberlippe standen ihm Schweißperlen.

»Kann ich dir helfen? Tut dir was weh?« fragte ich.

»Ich weiß noch nicht. Ich bleib noch einen Augenblick so sitzen, warte.«

Ich überlegte, ob ich selber auch niederknien oder aufrecht neben ihm stehen bleiben sollte. Bei Liliputanern und anderen Kleinwüchsigen verspürt man immer den Drang, sich genauso klein zu machen wie sie, sich hinunterzubeugen, wenn man mit ihnen spricht, um sein Gesicht auf gleiche Augenhöhe zu bringen. Aber diesen Drang muß man unterdrücken, denn Liliputaner und andere Kleinwüchsige ärgert das, sie empfinden es als entwürdigend. Solche Gedanken gingen mir durch den Kopf, bis ich mir klarmachte, daß die Dinge hier anders lagen. Ich hockte mich neben ihn.

»Hast du dir weh getan?« fragte ich.

Er schüttelte den Kopf. Seine Hand lag noch immer auf dem Eisengitter, auf einer der hervorstehenden Spitzen, wie ich jetzt sah. Er hob den Kopf, folgte meinem Blick und grinste. Als ob es jetzt genug wäre, richtete er den Oberkörper auf, holte tief Luft und nahm die Hand von der Eisenspitze.

»Sieh mal einer an«, sagte er und zeigte mir seine Handfläche. In der Mitte war ein kleiner roter Fleck, aber die Haut war unversehrt.

»Schön«, sagte er, »wirklich schön. Ein richtiges Stigma. Symbolischer geht's wohl kaum.«

Er lachte spöttisch, und ich lachte mit. Ich mag Leute mit Sinn für Symbole, und ich ahnte, daß sein Lachen über das Stigma etwas mit seinem Verhalten gegenüber Stefan Duden zu tun hatte. Ich half ihm auf und wollte ihn gerade daran erinnern, daß er meinen Füller eingesteckt hatte, als er mir auf die Schulter schlug und sagte: »Theresa, Trost der Siechen, du verdienst einen Schnaps.«

So fand ich mich an diesem Nachmittag in einem kleinen Café in der Hoogstraat wieder, wo er sich mir vorstellte.

»Daniël Daalmeyer, Epileptiker. Zweiunddreißig, seit neun Jahren Epileptiker, die ersten sieben davon ausgesprochen aktiv, im Moment Epileptiker im Ruhestand.«

Er erzählte, er wisse selbst nie genau, ob er über irgend etwas gestolpert sei oder eine Absence gehabt habe, und um einem Anfall vorzubauen und nicht zu Boden zu stürzen, gehe er vorsichtshalber gleich in die Knie. Eigentlich sei das völlig unnötig. Die Medikamente würden immer besser, und richtige Anfälle, so wie früher, habe er schon seit zwei Jahren nicht mehr gehabt. Es komme ihm so vor, als habe sich zwar sein Kopf im Lauf der Jahre darauf eingestellt, daß er nicht mehr stürze, als weigere sich sein Körper jedoch, blind auf die Wirkung der Tabletten zu vertrauen. Er halte an seinen alten Gewohnheiten fest und habe nicht mit dem Gehirn gleichgezogen. Vor allem die Beine entpuppten sich als mißtrauisch und unbelehrbar. Sie verstünden wenig von seinen Stimmungen, und für sie sei schon die kleinste, unbedeutendste Emotion ein Vorbote des Sturzes. Jedes Angstgefühl und jegliche Aufregung würden von seinen Beinen in einen Topf geworfen und als Signal zum Einknicken verstanden.

Am Anfang unserer Unterhaltung hatte Daniël einen erschöpften Eindruck gemacht, aber während des Erzählens begannen seine Augen mehr und mehr zu glänzen, und seine Stimme wurde klarer und vor allem lauter.

Er sprach von seiner Krankheit wie von einem eigensinnigen Wesen, das sich ihm eines schönen Tages ungebeten angeschlossen hatte, um ihn nie wieder zu verlassen. Auf seine Art hatte er es ins Herz geschlossen. Er war durch dieses Wesen zu einem Menschen geworden, den er mit Staunen und Neugier betrachten konnte, weil sein eigenes Verhalten für ihn unvorhersehbar geworden war. Es kam vor, daß er sich in unbekannten Räumen wiederfand, umgeben von besorgten Menschen, die er nie zuvor gesehen hatte. Solche Dinge widerfuhren ihm einfach, aber der große Organisator dieses Geschehens befand sich nicht außerhalb seiner selbst, sondern in seinem eigenen Innern. Er liebte dieses Wesen bedingungsloser, als er je einen Menschen geliebt hatte. Ohne eine Spur von Neid gönnte er ihm das Vergnügen, seinen Spott mit ihm zu treiben, seine Nerven hinters Licht zu führen und mit seinen Muskeln Schabernack zu treiben. Sorgfältig inszenierte es da drinnen seine Possen, wenn auch die Medikamente dafür gesorgt hatten, daß sie jetzt nicht mehr über kleine Wettkämpfe falscher Bewegungen hinauskamen.

»Es ist eine giftige kleine Elfe, und manchmal stell ich mir vor, wie sie auf meiner Hypophyse sitzt und sich mit schallendem Gelächter auf die Schenkel schlägt. Noch nie hat jemand so viel Spaß an mir gehabt, das kann ich dir sagen. In den letzten Jahren allerdings weniger, da gab's mit mir nicht mehr so viel zu erleben. Es ist verrückt, aber manchmal find ich es richtig schade. Die Medikamente sind ein Segen; gleichzeitig haben sie etwas kaputtgemacht zwischen der Elfe und mir. Manchmal hab ich Angst, sie haben ihr den Garaus gemacht und sie ist verschwunden, aber an Tagen wie heute weiß ich, daß sie noch lebt und daß ihr Sinn für Humor nichts an Originalität eingebüßt hat. Ich bin verliebt in die Fallsucht«, sagte er, aus vollem Halse lachend, fügte noch ein »Lang lebe die Epilepsie!« hinzu und ging ein weiteres Bier für sich und einen Rotwein für mich holen.

Manchmal, wenn ich jemanden kennenlerne, stelle ich mir die Frage, ob ich mich in ihn verlieben könnte. Damit ist der Fall allerdings auch schon erledigt, denn dann passiert es nicht mehr. Daniël Daalmeyer war schön, auf eine Art, die ich erst durch die Augen anderer Frauen sehen gelernt habe. So wie andere im Lauf ihres Lebens lernen, moderne Kunst, Gedichte oder afrikanische Fruchtbarkeitsskulpturen schön zu finden, so hatte ich erst lernen müssen, männliche Schönheit wahrzunehmen. Bis dahin hatte mir der Blick dafür gefehlt.

Von dem Tag an, da ich in eine gemischte Schulklasse kam, hatten meine Freundinnen mich jedesmal darauf aufmerksam machen müssen, wenn jemand in mich verliebt war. Ich selbst merkte es nicht, denn ich beachtete die Jungen in der Klasse kaum. Meistens war ich in den Lehrer verliebt. Lehrer waren selten schön, aber sie wußten viel und hatten Bücher gelesen. Da es heimliche Lieben waren, die ich meinen Freundinnen verschwieg, konnte ich ihnen auch nicht erklären, warum ich mich meinerseits nicht in die Jungen verliebte, die in mich verliebt waren. Er hat doch so schöne Augen, sagten sie, so hübsche Locken, so ein niedliches Lachen. Da erst sah ich, daß der betreffende Junge in der Tat all das besaß, was die Mädchen mir beschrieben hatten, aber das half ihm in meiner Gunst nicht weiter. Für mich war er nun einmal nicht begehrenswert, denn er hatte einen Makel: Er war jung.

Daniël hatte dunkelblondes glattes, in der Mitte gescheiteltes Haar, das ihm bei jeder Kopfbewegung ins Gesicht fiel. Wenn es ihm wie ein Vorhang über die Augen hing, strich er die schweren, auseinanderfallenden Strähnen mit einer Hand nach hinten, wo sie einen Augenblick auf seinem Kopf ruhten, um dann wieder nach vorn zu fallen. Sein Gesicht war schmal und seine Züge von großer Regelmäßigkeit. Die vorstehenden Backenknochen und die leicht mandelförmigen Augen gaben ihm ein indianisches Aussehen, wozu auch sein makelloser goldfarbener Teint einiges beitrug. Daniël Daalmeyer war schön, sehr schön sogar, aber Daniël Daalmeyer war jung.

Jung ist kein Wort, das sich auf das Alter bezieht, denn Daniël war älter als ich. Jung ist ein Urteil.

»Erzähl weiter«, sagte ich zu Daniël, als er mit den Getränken zurückkam. Was er über seine Krankheit berichtet hatte, bezauberte mich, und das Bild von der Elfe gab mir zu denken. Ich war inzwischen schon wieder damit beschäftigt, Klarheit über etwas zu erlangen, was ich unbedingt verstehen wollte.

Mit vierundzwanzig Jahren hatte er seinen ersten Anfall gehabt. Er studierte Medizin, besuchte Abendkurse für Malerei an der Rietveldakademie, spielte in einer Theatergruppe und war unglücklich. Er fühlte, daß er alles werden konnte, was er wollte, und er konnte sich für nichts entscheiden. Praktischer Arzt, Chirurg, Psychiater, Maler, Schauspieler, Regisseur – worauf er sich auch stürzte, es kam ihm vor, als könne er auf allen Gebieten Großes leisten, wenn er es nur fertigbrächte, sich zu entscheiden. Operieren, Malen, Schauspielern – alles fiel ihm gleichermaßen leicht. Ein Gefühl der Sinnlosigkeit beherrschte ihn, denn was er studierte, kannte er bereits. Sein Leben glich einem Glas voll glitzernder Scherben, in dem er nur Fragmente seiner selbst erkennen konnte, nie die ganze Person. Er hatte nur einen Wunsch: ganz zu werden, sich zusammenzufügen, seinen Mittelpunkt zu finden.

»Und dann kam sie.«

Die Epilepsie war seine Rettung gewesen. Seit er sie hatte, drehte sich sein Leben nur noch um sie. Sie machte ihn zu einem Mann aus einem Guß. Sie ließ verschmelzen, was bis dahin als Alternative vor ihm gelegen hatte: die Heilkunde und die Kunst. Er interessierte sich jetzt nur noch für Philosophen und Schriftsteller, die etwas über Krankheit zu sagen hatten, las Biographien und Autobiographien aller möglichen Leute, die an irgendwelchen Behinderungen gelitten hatten, studierte medizinische Enzyklopädien von der ersten bis zur letzten Seite und genoß besonders die Theorien über seine eigene Krankheit, verschmähte aber auch solche über andere Krankheiten nicht. Als Epileptiker war er zum Brennpunkt seines eigenen Lebens und zu seinem wichtigsten Studienobjekt geworden.

»Und du, Theresa? Hast du nicht auch irgendein nettes Leiden?« fragte er plötzlich. »Das würde mich ungemein für dich einnehmen.«

Ich errötete. Warum? Wollte ich ihn überhaupt für mich einnehmen? Befremdete es mich, als »Theresa« angesprochen zu werden, obwohl ich ihm laut und deutlich meinen Namen genannt hatte? Oder fühlte ich mich von seiner Frage überrumpelt? Störte sie mich in meinem Hörgenuß und durchkreuzte noch obendrein mein Vorhaben, ihn bei nächster Gelegenheit nach seiner Beziehung zu dem Mann zu fragen, der heute den Vortrag über den *Zauberberg* gehalten hatte?

Vielleicht hatte ich dem poetischen Reiz der Epilepsie auch einfach nichts entgegenzusetzen. Jede andere Krankheit fiel kläglich dagegen ab, und ich war kerngesund. Ich war zwar seit meinem achtzehnten Lebensjahr bei einem Hautarzt in Behandlung, aber meine Hautprobleme hatte ich nie als eine Krankheit empfunden, höchstens als Belästigung.

»Nein«, erwiderte ich, »in mir drin stimmt alles, nur außen dran nicht.«

»Herrlich!« rief Daniël laut. »Krätze, Ekzem, Schuppenflechte, Akne, Quaddeln, Geschwüre, Warzen, Hämorrhoiden, Juckreiz, abschilfernde Haut: Hautkrankheiten, die Fehler in der Oberfläche des Gewebes – eine hochinteressante Sache. Im Ernst«, setzte er hinzu, als ich ihn erstaunt ansah.

»Hautkrankheiten sind ganz typisch für den innerlich gespaltenen Individualisten, ach, was sag ich, für den Hyperindividualisten: Darüber ließe sich viel sagen. Sie sind mindestens so rätselhaft wie die Epilepsie, nur von den Philosophen etwas spärlicher bedacht. Aber jede Menge Metaphern, Mythen und Spekulationen gibt es dazu. Ich hab mich schrecklich über die gute Susan Sontag geärgert. Da zieht sie gegen die Krankheit als Metapher zu Felde, als wäre Krankheit selbst nicht schon schlimm genug. Das einzige, was Krankheit lohnend macht, das ist die Kristallisation des Ich in einer umfassenden Bildersprache. Nur durch Metaphern wird Krankheit zum Erlebnis, nur so findet man sich in einer Gesellschaft wieder, in die man sonst nie geraten wäre, nämlich in der von Engeln oder Teufeln, je nachdem.«

»Und zu welcher Kategorie gehöre ich?«

»Hör zu, in gewisser Hinsicht stehen wir beide nach der Logik unserer Krankheiten in diametralem Gegensatz zueinander. Auf der einen Seite der verborgene, dunkle Mechanismus des Gehirns, auf der anderen die unverfrorene, exhibitionistische Sichtbarkeit der Haut. Wir, die Epileptiker, sind auf die Gnade unserer Umgebung angewiesen. Im Grunde darf es uns nicht kümmern, was andere von uns denken, denn wenn es sein muß, kehren wir schamlos unser Innerstes nach außen. Wer sich zu viele Gedanken darüber macht, wie sein Anblick auf andere wirkt, der Anblick seiner zuckenden Glieder, seines verzerrten Gesichts, der schaumbedeckten Lippen und der verdrehten Augen, der sollte sich lieber eine andere Krankheit aussuchen, denn dann ist er mit der Epilepsie übel dran. Man muß ja letzten Endes darauf vertrauen, daß immer jemand da ist, der einen auffängt oder vom Boden aufsammelt, wenn man fällt.

Das Komische an der Sache ist, daß bei uns der Schein trügt, so wie bei jeder Krankheit der Schein trügt. Was eine geheimnisvolle, rätselhafte Krankheit zu sein scheint, ist in Wirklichkeit eine Krankheit, die sich völlig ungeniert mit einem Riesentamtam zur Schau stellt. Gegen unseren Willen legt die Epilepsie unser Innerstes schamlos vor aller Öffentlichkeit bloß. Da bleibt nichts verborgen. Ja, und das genaue Gegenteil dieser theatralischen Krankheit mit ihrer unsichtbaren Quelle sind die Krankheiten der Haut, also des Äußeren. Eine Hautkrankheit steht ja eigentlich, um noch mal das Bild vom Theater zu bemühen, permanent im Rampenlicht. Wenn du das Gesicht voller Pickel hast, dann ist das eine nicht abwaschbare Schminke. Die Krankheit des Äußeren gibt sich unmittelbar preis, da gibt es wenig zu verstecken. Und doch ist diese weithin sichtbare Schädigung des Panzers bekanntlich die typische Krankheit extrem verschlossener, mißtrauischer Menschen. Wer glaubt, Hautleiden entstünden dadurch, daß die Schlechtigkeit der Welt allzu leicht durch eine dünne, überempfindliche Haut nach innen dringt und daß der Patient sich nicht gegen schädliche äußere Einflüsse zur Wehr setzen kann, der irrt gewaltig. Auch hier ist nämlich genau das Gegenteil der Fall, Theresa. Hautleiden treten gerade bei solchen Leuten auf, die sich gegen die Welt panzern und ihrer Seele eine so dicke Hornhaut verpassen möchten, daß niemand mehr wirklich an sie herankommt. Menschen mit Hautkrankheiten stoßen ihre abgestorbenen Zellen nicht ab, sondern züchten sich systematisch eine Elefantenhaut an, und die ist dann der ideale Nährboden für Geschwülste, Entzündungen, Hautjucken, Quaddeln und Pusteln. Die Haut ist so dick, daß sie alles, was sich darunter regt, alles, was Luft und Platz braucht, an der Entfaltung hindert und erstickt. Was also eine offen zutage liegende, äußerliche, unverhüllte Krankheit zu sein scheint, befällt gerade den, der sich verhüllt, so gut er kann. Und so eine bist du auch, eine verschleierte Frau. Stimmt's oder stimmt's nicht?«

Ich war so verblüfft über diese Interpretation der Krankheit, daß ich gar nicht darüber nachdenken konnte, ob sie stimmte oder nicht. Das Wort Schleier entzückte mich, und ich freute mich fast, eine Krankheit zu haben, an der es so viel zu analysieren gab. Wo stand das alles geschrieben? Wie kam man zu dieser Art von Wissen? Ich fragte Daniël danach, ich fragte ihn nach Titeln und Autoren, nach Professoren, bei denen ich Medizinvorlesungen hören konnte.

»Das Buch, in dem das alles steht, das gibt's noch gar nicht«, erwiderte er, »es wäre das Resultat meines Lebens als Epileptiker, und der einzige, der es schreiben könnte, bin, fürchte ich, ich selbst. Durch all die Krankheitsgeschichten, die ich so gierig verschlungen habe, ist mir das Paradox des Kranken klargeworden. Den Kranken scheint immer das umzuwerfen, was er gerade gebraucht hat, um seinen verwundbarsten Punkt zu schützen. Hegels List des Lebens ist die Blaupause der Geschichte des Kranken.«

Unsere Gläser waren wieder leer, und in der Kneipe wurde es voller. Ich fragte Daniël, ob er noch ein letztes Bier wolle, ging nach vorn und mußte mich, an die Theke gelehnt, erst einmal von seinem nicht abreißenden Redestrom erholen. Er konnte offenbar noch stundenlang so weitermachen. Er selbst genoß seine eigenen Ausführungen nicht weniger als ich, und manchmal hatte ich den Eindruck, daß er während des Redens neue Zusammenhänge entdeckte und, von seinen eigenen Einfällen begeistert, der Wahrheit über das, was ihn am meisten beschäftigte, immer näher zu kommen glaubte: der Wahrheit über Daniël Daalmeyer.

Als ich mit Wein und Bier an den Tisch zurückkam, wirkte er plötzlich wie erloschen, und das Gespräch kam nicht wieder richtig in Gang. Er hatte den Faden seiner Geschichte verloren und fand nicht mehr in den Rhythmus zurück, der ihn so mitreißend hatte erzählen lassen. Wir unterhielten uns noch eine Weile darüber, wie lange wir schon studierten und was wir sonst so taten, und tauschten unsere Adressen aus. Es stellte sich heraus, daß er nicht weit von mir entfernt wohnte, und er lud mich für das Wochenende zum Essen ein. Als ich mein Notizbuch herauszog, fiel mir mein Füller wieder ein.

»Du mußt doch noch irgendwo meinen Füller haben«, sagte ich und schämte mich ein bißchen. Wieder erinnerte ich mich an den Vorfall im Hörsaal, an sein unverständliches Verhalten gegenüber Stefan Duden, doch die Gelegenheit, ihn danach zu fragen, hatte ich verpaßt.

Es war Viertel vor sieben. Von meiner Wohnung bis zu Daniël Daalmeyer würde ich nach meiner Schätzung eine Viertelstunde brauchen. Ich konnte die Abkürzung über den Haarlemmerdijk zum Bickerseiland nehmen und dann in aller Ruhe das ehemalige Lagerhaus suchen, von dem Daniël geredet hatte.

Daß man als Frau möglichst zehn Minuten bis eine halbe Stunde zu spät zu einer Verabredung mit einem Mann erscheinen sollte, wußte ich damals noch nicht. Ich kam immer pünktlich.

Ich war gespannt, wie seine Wohnung aussehen würde und was für ein Essen er wohl gekocht hatte. Solche Dinge können einiges über einen Menschen sagen.

Nummer 162 war ein großes Gebäude mit dunkelgrünen Fensterläden, deren Farbe da und dort abblätterte. Nach den Klingelknöpfen zu schließen, wohnten mehr als zehn Parteien in dem Haus. Ich suchte Daniëls Namen. Mein Blick glitt die

Reihe der Namensschilder entlang und blieb plötzlich an einem Namen hängen, den ich kannte: Duden.

»So ist das also«, dachte ich, obwohl ich gar nicht wußte, um welchen Zusammenhang es hier ging. Der Name rief eine seltsame Spannung in mir wach, die gleiche Spannung, die ich schon im Hörsaal gespürt hatte und die ich mir nicht erklären konnte.

Unter Duden standen die Buchstaben DD, ohne Punkte. Da es ebensogut die Initialen von jemand anderem sein konnten, suchte ich die Schilder weiter ab, fand aber nirgends Daniëls vollen Namen und klingelte deshalb bei DD. Die Weinflasche holte ich schon aus der Tasche. Als die Tür nicht gleich geöffnet wurde, mußte ich ein banges Vorgefühl unterdrücken. Vielleicht hatte ich den Klingelknopf nicht richtig gedrückt. Ich probierte es noch einmal und preßte den Daumen ziemlich stark auf den weißen Knopf. Zugleich lauschte ich angestrengt, ob ich das Klingeln hören konnte, was aber nicht der Fall war. Ich trat ein paar Schritte zurück und schaute an der Fassade empor. Dort, wo die Fensterläden offen waren, rührte sich nichts, und die geschlossenen Läden blieben zu.

Mit einem merkwürdigen Gefühl im Bauch drückte ich noch einmal auf die Klingel, wenn auch bereits entmutigt und fest entschlossen, gleich darauf wegzugehen, denn ich fühlte mich von lauter unsichtbaren Augen beobachtet. Und um nicht allzu lächerlich zu wirken, steckte ich die Flasche wieder in meine Tasche.

Hatte er unsere Verabredung vergessen? Hatte ich mich geirrt, und wir waren erst für nächsten Sonntag verabredet? War ihm plötzlich etwas dazwischengekommen, und er wußte meinen Namen nicht mehr, so daß er mich auch nicht im Telefonbuch finden konnte?

An eines hatte ich bisher nicht denken wollen, begann es mir jetzt aber in allen Einzelheiten auszumalen: daß Daniël sich in seiner Wohnung auf dem Boden krümmte, Schaum vor dem Mund, die Tür verschlossen und niemand in der Nähe, der ihm hätte helfen können.

Ich kann es einfach nicht ertragen, wenn die Dinge nicht so laufen, wie ich es mir vorgestellt habe.

Es ist, als wenn man eine Treppe hinuntergeht und sich in der Zahl der Stufen irrt. Man denkt, es kommt noch eine Stufe, und auch die Beinmuskeln sind darauf eingestellt. Und dann ist man schon unten angelangt. Der Fuß landet mit einem Bums auf demselben Fleck, ein gewaltsames Aufstampfen, das die ganze Muskelspannung augenblicklich völlig lächerlich und überflüssig macht. Genauso fühlt man sich dann auch. So etwas macht mich rasend.

Ich sah noch einmal an dem Haus empor, drehte mich dann um und wollte mich wieder auf den Weg machen, als ich jemanden »Hallo?« rufen hörte. Aus einem der Fenster schaute der Mann, der den Vortrag gehalten hatte.

»Ich wollte zu Daniël Daalmeyer«, rief ich. »Wir waren verabredet, aber er ist nicht da.«

»Augenblick«, sagte der Mann, und sein Kopf verschwand aus dem Fensterrahmen.

Gleich darauf ging die Tür auf. Ich trat in einen breiten, dunklen Flur. »Zweiter Stock«, rief er, und während ich noch nach der ersten Stufe tastete, machte jemand oben das Licht an. Auf dem zweiten Treppenabsatz stand Duden und wartete auf mich. Er streckte mir die Hand entgegen.

»Hallo, ich bin Stefan, freut mich. Meine Frau schaut gerade oben nach, ob Daniël nicht doch zu Hause ist. Möchtest du nicht inzwischen hereinkommen?«

Ich wußte nicht, wie ich mich verhalten sollte, und ich mag auch nicht, wenn Fremde sich meinetwegen zu viele Umstände machen. Aber in erster Linie bin ich neugierig, und so trat ich vor ihm in den Flur seiner Wohnung. Dort blieb ich stehen und wartete, bis er die Tür hinter sich zugemacht hatte und mir ins Wohnzimmer vorausging.

Das Wohnzimmer war so groß wie ein Ballsaal und forderte bewundernde Ausrufe geradezu heraus, mit denen ich denn auch nicht sparte. Es war das reinste Jugendstilmuseum. Es hatte einen hellen Holzfußboden, und zwei der Wände verschwanden ganz hinter Bücherregalen. Wohin ich auch sah, überall waren Jugendstilornamente, an Möbeln, Tischen, Spiegeln, Lampen, Grafiken und kleinen Skulpturen auf Marmorsäulen.

»Schön haben Sie's hier«, sagte ich, »sehr ästhetisch.«

»Ja, wir sind auch ganz glücklich über die Wohnung.«

Die Situation war nicht dazu angetan, herumzugehen und alles genau zu betrachten, und so versuchte ich möglichst viel vom Sofa aus zu sehen, wo ich mich hingesetzt hatte. Duden fragte mich, ob ich etwas trinken wolle, und ich erwiderte, er solle sich meinetwegen keine Umstände machen.

»Wir mögen unerwarteten Besuch«, beruhigte er mich, »und Daniëls Freunde wissen, daß sie auch bei uns jederzeit willkommen sind.« Um es mir leichter zu machen, zählte er die Getränke auf, zwischen denen ich wählen konnte. Campari. Er ging zu einem Nußbaumschrank mit Intarsien.

»Ich hol nur rasch Eis aus der Küche«, sagte er und ging mit zwei gefüllten Gläsern hinaus. Die Wohnungstür wurde geöffnet und wieder geschlossen. Danach hörte ich eine Frauenstimme. Sie sprachen in gedämpftem Ton, so daß ich nicht verstehen konnte, was sie zueinander sagten. Das fand ich schade.

Noch ehe Duden mit den Getränken zurückkam, wirbelte eine schlanke Frau ins Zimmer, eilte mit energischen Schritten auf mich zu und bedeutete mir schon von weitem sitzenzubleiben. Sie begrüßte mich mit einem kräftigen Händedruck, stellte sich als Lisa vor und sagte, bei Daniël habe sich komischerweise niemand gemeldet.

»Das sieht DD gar nicht ähnlich«, meinte sie und versuchte, durch Reden zu überspielen, wie genau sie mich unterdessen musterte.

»Wenn er sich schon mal verabredet, vergißt er das eigentlich nie. Ich weiß auch nicht, was los ist. Kennt ihr euch schon lange?«

Etwas zu wortreich erklärte ich ihr, daß ich Daniël erst kürzlich kennengelernt hatte, und ließ durchblicken, daß wir lediglich das gleiche Fach studierten und nichts anderes im Kopf hätten als Philosophie und ähnlich abgehobene Dinge.

Aus irgendeinem Grund hatte ich das Gefühl, sie beruhigen zu müssen.

Mit Frauen komme ich, glaube ich, nicht sehr gut zurecht. Sie verunsichern mich, und wenn ich mich unsicher fühle, sage ich lauter Dinge, von denen ich glaube, die andere würde sie gerne hören. Dann denke ich selber nicht mehr nach. Umgekehrt habe ich den Eindruck, daß die Frauen mich ihrerseits beruhigen wollen und ebenfalls Dinge sagen, von denen sie glauben, daß ich sie gerne höre. Dabei kommt natürlich nichts heraus.

Seit die Frau ins Zimmer getreten war, fühlte ich mich unbehaglich, als säße ich in der Falle. Was Daniël betraf, so fragte ich mich bereits nicht mehr, wo er stecken könnte und warum es mit unserer Verabredung nicht geklappt hatte, sondern vielmehr, wie er auf meinen Besuch bei Duden und seiner Frau reagieren würde. Ich hatte das Gefühl, er würde sich darüber ärgern.

»Was interessiert Sie eigentlich...«, begann ich vorsichtig.

»Dich«, unterbrach mich Stefan Duden.

»Verzeihung, ja... Was interessiert dich eigentlich so sehr an diesem Thomas Mann?«

»Wieso an *diesem* Thomas Mann?« fragte er und sah mich freundlich lächelnd an. »Magst du diesen Thomas Mann denn nicht?«

»Ehrlich gesagt, nein«, erwiderte ich und dachte mir dabei, daß es mir nicht im geringsten schwerfallen würde, ihn mit »Stefan« und »Du« anzureden. Er war zwar Dozent, strahlte aber keinerlei Autorität aus. Er war zu jung dazu und hatte irgend etwas Braves, Einstudiertes an sich, so daß er noch immer wie ein Student wirkte. Man bekam richtig Lust, ihm endlich eimal ein saftiges »Ungenügend« zu verpassen.

»Ich finde ihn so umständlich und weitschweifig. Die Romane langweilen mich, und was in seinen Essays steht, kann man woanders auch nachlesen, und zwar besser. Er ist auch so pedantisch. Meiner Meinung nach will er nur zeigen, daß er viel gelesen hat und all die Philosophien und Theorien auch anwenden kann. Ich finde die Romane nicht gut.«

»Ja«, sagte er, »den Einwand hört man öfter. Aber was Thomas Manns Bücher für den einen ungenießbar macht, ist für den anderen gerade das Reizvolle daran. Ich selber mag diese Verflechtung von Philosophie und Literatur, diese Vermischung verschiedener Textarten sehr. Mann führt uns vor Augen, wie ein Intellektueller während einer sehr prägenden Periode unseres Jahrhunderts mit dem Wissen der damaligen Zeit umging. Seine Romane sind ein Sammelbecken der Ideen des beginnenden 20. Jahrhunderts und spiegeln außerdem eine spezifische Form der Identitätsproblematik wider, die durch verschiedene historische Umstände bedingt ist. Natürlich hatte auch Mann selbst, als Person, enorme Probleme mit der eigenen Identität, aber ich glaube, es ist ihm gelungen, das Persönliche auf eine höhere Ebene zu heben und seine eigene Identitätsproblematik in Weltliteratur zu verwandeln.«

Während Duden sprach, war Lisa aus dem Zimmer gegangen. Das beunruhigte mich, und ich hatte Angst, mich falsch verhalten zu haben. Im Umgang mit Paaren sollte man seine Aufmerksamkeit gleichmäßig verteilen. Ehe man sich's versieht, hängt man an den Lippen des brillanteren Redners, und der andere fühlt sich ausgeschlossen oder nicht ernst genommen.

Ich nahm mir vor, Lisa nachher gleich zu fragen, was sie mache. Ich war in der Tat neugierig darauf, aber alles zugleich geht nun mal nicht.

»Das Problem der Identität interessiert mich sehr, übrigens auch, wie es von anderen Autoren behandelt wird. Und Thomas Mann verbindet dieses Thema, finde ich, besonders gekonnt mit seinen drei Hauptthemen: Krankheit, Tod und Künstlertum.«

Lisa kam aus der Küche zurück und stellte ein Schälchen Oliven auf den Couchtisch.

»Das ist das Komische an diesem Thomas Mann«, sagte ich. »Alles, was andere über ihn sagen, finde ich viel aufregender als seine Romane selbst. So geht es mir auch in der Vorlesung an der Uni. Beim Zuhören denke ich immer wieder, jetzt müßte ich den *Zauberberg* wirklich einmal ganz zu Ende lesen, denn Thomas Mann scheint darin alles anzusprechen, was mich auch beschäftigt. Aber wenn ich mir das Buch dann wieder vornehme, finde ich nichts davon. Spätestens nach zehn Seiten reicht es mir dann wieder. Ich schaff es einfach nicht. Hast du auch mit Literatur zu tun?« wandte ich mich unvermittelt an Lisa.

»Nein«, sagte sie und lächelte, »manchmal sieht es so aus, aber es ist doch etwas anderes.«

Sie sagte nicht, was es war.

Also fragte ich sie danach.

Sie war Psychotherapeutin.

Hat je ein Mensch begriffen, wirklich begriffen, weshalb man errötet? Und wer? Vielleicht werden manche nur deshalb Psychotherapeut, weil sie süchtig sind nach dieser panischen Beklemmung, die sie bei anderen auslösen, wenn sie ihnen sagen, was sie von Beruf sind.

Man hört manchmal, daß Leute nach einem schweren Unfall, wenn sie glauben, sterben zu müssen, ihr ganzes Leben in Sekundenbruchteilen an sich vorüberziehen sehen. So erging es mir jetzt, nur daß ich nicht mein ganzes Leben vor mir sah, sondern lediglich die kurze Zeitspanne, seit Lisa das Zimmer betreten hatte. Wie hatte ich mich verhalten? Was konnte man aus meinem Verhalten schließen? Was hielt sie von meinen abgekauten Fingernägeln? War meine Hand bei der Begrüßung zu feucht gewesen? Lachte ich zuviel oder zuwenig? War ihr klar, weshalb ich errötete?

Gerade als das Rotwerden so schlimm zu werden drohte, daß ich schon glaubte, mich entschuldigen zu müssen, trommelte jemand gegen die Wohnungstür.

»Da ist ja der verlorene Sohn«, sagte Stefan und erhob sich. Lisa war schneller und lief bereits zur Tür.

»Habt ihr die kleine Theresa gesehen?« hörte ich Daniël laut und halb lachend fragen. Lisa sprach leiser, und ich verstand nicht, was sie sagte. Ich bückte mich nach meiner Tasche, stand auf, dankte Stefan für die freundliche Aufnahme und ging in den Flur hinaus. Er kam mir nach. Daniël stand in der offenen Tür und unterbrach Lisa mitten im Satz, um mich zu begrüßen.

»Kommst du mit?« fragte er und hielt eine Plastiktüte hoch. »Dinner für zwei.«

»Nochmals vielen Dank«, sagte ich und gab auch Lisa die Hand. Sie sah mich an, ohne eine Miene zu verziehen, was in mir ein unbehagliches Gefühl hervorrief und ihr in meinen Augen zugleich etwas Geheimnisvolles verlieh. Ohne Lisa und Stefan weiter zu beachten, drehte Daniël sich um und steuerte auf die breite Treppe zu.

Je unverschämter andere sind, desto stärker habe ich das Gefühl, selbst äußerst korrekt sein zu müssen. Ich nickte den beiden freundlich zu, sagte noch einmal »Danke« und »Hat mich gefreut, euch kennenzulernen« und folgte Daniël, der bereits wartend auf dem nächsten Treppenabsatz stand, nach oben.

»War's schlimm?« fragte er mich, während wir weitergingen. Ich wußte nicht, ob er damit die unfreiwillige Wartezeit oder meinen kurzen Besuch bei seinen Freunden meinte, und gab keine Antwort.

Bevor er schwungvoll die Tür öffnete, hatte er mir gesagt, daß ich nach dem luxuriösen Jugendstilmuseum der Dudens ziemlich enttäuscht sein würde.

Enttäuscht ist nicht das richtige Wort: Enttäuschung hat mit hochgespannten Erwartungen zu tun, und es ist ein Unterschied, ob man Erwartungen hegt oder einfach nur neugierig ist.

Daniël bewohnte, wie ich kurz darauf erfuhr, den Speicher von Lisa und Stefan. Der riesige Dachboden des einstigen Lagerhauses war durch Holzwände in Speicherräume unterteilt, die zu den einzelnen Wohnungen gehörten. Lisa und Stefan, »meine Wohltäter«, hatten Daniël ihren Raum zur Verfügung gestellt und dafür gesorgt, daß er auch den angrenzenden Speicher eines anderen Mieters benutzen durfte. Aus dem kahlen Raum hatten sie ein bewohnbares Zimmer machen lassen, etwa so groß wie die Einzimmerappartements vieler Studenten in der Stadt.

Das alles hatte er mir etwas hastig erklärt, um dann schnell von anderen Dingen zu reden als von seiner Freundschaft mit Lisa und Stefan Duden. Ich mußte also auf mein taktisches Geschick vertrauen, um so viel wie möglich darüber in Erfahrung zu bringen, was diese drei Menschen miteinander verband. Ich kann da ziemlich hartnäckig sein, wenn es sein muß.

Was ihm häufig passierte, hatte sich natürlich auch diesmal wieder eingestellt: Er hatte vergessen, seinen Tablettenvorrat für das Wochenende aufzufüllen. Das war ihm eine halbe Stunde, bevor ich kommen sollte, aufgefallen, und er war noch schnell zu seinem Vater gefahren. »Der dichtende Doktor«, wie Daniël ihn nannte, war Psychotherapeut und zugleich einer seiner behandelnden Ärzte.

»Eine ungesunde Vater-Sohn-Beziehung«, sagte er, »das brauchst du mir nicht erst zu sagen. Ich hab genug Freud intus.«

Sein Vater wohnte an einer der Grachten, in einem Haus, in dem auch seine Praxis untergebracht war. Seit er zu dichten angefangen und sich eine junge Freundin zugelegt hatte, setzte er keinen Fuß mehr vor die Tür.

Daniël konnte sich dort jederzeit seine Notration holen, hatte sich allerdings auch diesmal wieder anhören müssen, daß sein Vater ihn im Verdacht habe, die Tabletten absichtlich zu vergessen, krank sein zu *wollen* und ähnliches mehr. Das hatte seine ohnehin knappe Zeitplanung über den Haufen geworfen, und von einem bestimmten Moment an war ihm klar gewesen, daß er zu spät zu unserer Verabredung kommen würde.

»Und wenn es erst mal soweit ist, dann geb ich's auf.«

Auf dem Rückweg hatte er noch zwei Pizzas gekauft. Er war sich sicher gewesen, daß wir einander nicht verfehlen würden. »Ich bin von Schutzengeln umgeben.«

Ich sagte ihm, das nächste Mal solle er, was mich betreffe, nicht ganz so fest auf ihren Beistand rechnen. Ich glaube, meine Stimmung war auf dem Nullpunkt angelangt. Ich mag Pizza nicht besonders.

Es standen nur wenige Möbel im Zimmer, aber was da stand, war antik. Wahrscheinlich ausrangierte Möbel seiner Eltern, dachte ich und stellte mir vor, wie es gewesen sein mußte, in so vornehmen Räumen aufzuwachsen.

In dem Dorf, in dem ich geboren bin, lebten größtenteils einfache Leute, so wie meine Eltern. Es gab nur wenige Honoratioren: den Bürgermeister, den Arzt, den Notar und ein paar

Barone, die am Dorfrand ihre Schlösser hatten. Die Kinder der Honoratioren waren anders als wir. Sie rannten nicht, sie hielten sich gerade und schlugen sich seltener die Knie auf. Sie hatten auch anderes Spielzeug. Wir hatten Kreisel, Bälle und Gummibänder, sie hatten Diabolos, balancierten Bücher auf dem Kopf und bekamen später ein Pferd.

Unsereins spielte vom zehnten Lebensjahr an in der Musikkapelle des Dorfes, sie kriegten zu Hause Klavierstunden und hörten sonntags *Peter und der Wolf*. Zwischen uns lagen Welten, das sah man sofort. Aber wir waren in der Mehrheit, und aus unserer Zugehörigkeit zur Mehrheit bezogen wir unsere Stärke und unseren Stolz.

Im nachhinein erscheint mir das seltsam.

Auf der Universität trafen alle Honoratiorenkinder vom Lande zusammen, und nun bildeten *sie* die Mehrheit. Sie alle hatten ihre Bücher auf dem Kopf getragen, sie alle kannten *Peter und der Wolf* in- und auswendig. Sie hatten allerhand Geschichten über den Verfall der Aristokratie auf Lager, zum Teil sehr komische, je nachdem, wie sie erzählt wurden.

Jemanden wie mich hätte ich suchen müssen. Aber das tat ich nicht.

Jemandem wie mir wollte ich lieber nicht begegnen.

Der Minderheit anzugehören gab mir Kraft.

Verfall war ein Wort, dessen Bedeutung ich nicht begriff. Was hatten *wir*, das in Verfall geraten konnte? Nichts anderes als unseren Körper, doch das galt auch für sie. Der Tod macht keine Ausnahmen. Er ist für alle da. Aber das meinten sie nicht, wenn sie von Verfall redeten.

Daniël hantierte auf die gleiche Art mit Tellern, Besteck und den Pizzas, wie ich ihn vor Dudens Vortrag hatte schreiben sehen. Er kroch förmlich in seine Handlungen hinein, hielt den Blick starr auf die Gegenstände in seinen Händen gerichtet und schien alles um sich herum zu vergessen. So aß er auch: Ein Pizzastück in der Hand, starrte er auf seinen Teller.

Essen verbindet sich für mich mit vielen Erinnerungen. Manchmal war ich froh, wenn ich es hinter mir hatte. So auch an dem Abend mit Daniël.

Erst als wir einander wieder gegenübersaßen, jeder mit einem Glas Wein in der Hand bequem in seinen Sessel zurückgelehnt, legte sich meine Gereiztheit wieder und ich kam zur Ruhe.

Ich sah mir Daniël an und fand ihn schön. Im stillen wünschte ich mir einen Körper wie den seinen: groß und drahtig, schmale Hüften, breite Schultern, alles verpackt in eine straffe, glatte, gebräunte Haut. Vorhin, als er vor mir die Treppe hinaufgegangen war, hatte ich mich dabei ertappt, seine Art zu gehen nachzuahmen, die Lässigkeit, mit der er die Beine nach vorn schwang und den Oberkörper im Rhythmus seines federnden Ganges wiegte. Er hatte eine lederne Motorradjacke angehabt, die er dann achtlos über einen Stuhl geworfen hatte.

Ich fragte ihn, ob ich die Jacke einmal anprobieren dürfe.

Ich durfte.

»Die riecht richtig nach Mann«, sagte ich zu Daniël, denn es war mir peinlich, schweigend vor dem Spiegel zu stehen und mich darin zu betrachten. Ich fühlte mich in seiner Jacke stark und unangreifbar und nahm mir vor, mich bald nach genau so einer umzusehen. Dieser Plan hob meine Stimmung.

Daniël hatte kaum auf meine Kostümierung geachtet. Er hockte vor einem Stapel Papier auf dem Boden.

»Ich hab ein bißchen recherchiert, Theresa«, sagte er.

Ich nahm wieder in einem Sessel Platz. Daniël setzte sich mit einem Artikel in der Hand zu mir auf die Armlehne und beugte sich vor, um mit mir zusammen einige Passagen zu lesen, die er zuvor angestrichen hatte. Es ging um Sprache, Krankheit und Denken. Jemand hatte eine Untersuchung an Leuten mit Hautkrankheiten durchgeführt, und Daniël meinte, er sei gespannt, ob ich mich in einer bestimmten Charakterisierung wiedererkennen würde. Er gab mir den Artikel in die Hand, und während ich las, lehnte er sich an mich, um mitzulesen.

Ich konnte mich kaum auf den Text konzentrieren.

Da stand etwas über die Vorstellung, ständig von aller Welt schikaniert zu werden, über irreale Unabhängigkeits- und Einzigartigkeitsgefühle und über die Qualen, die es hervorrief, wenn diese vermeintliche Individualität durch Autoritäten bedroht wurde. Die Tatsachen erschreckten mich, auch wenn der Jargon mir mißfiel. Ich hätte den Artikel gern ungestört und in aller Ruhe durchgelesen, ohne Hektik, mit der meine Augen nun über die Zeilen flogen. Als Leser ist man wehrlos.

Ich wollte Daniël von meiner Armlehne herunterhaben, legte den Artikel auf seinen Sessel und sagte, ich fände es doch etwas weit hergeholt, die Seele wegen eines Pickels völlig umzukrempeln.

Anstatt beleidigt zu sein, lachte er nur und faßte mich unters Kinn. Er wollte mein Gesicht ganz nahe an das seine bringen. Ich wollte nicht.

»Nein«, sagte ich.

»Warum nicht?«

»Von Liebe hältst du doch nichts.«

»Wer redet denn von Liebe?«

Ich mußte lachen.

»Genau deshalb«, sagte ich.

Da lachte er auch.

»Doctora mystica«, sagte er, und damit war der Fall erledigt. Ich war froh, daß er nicht stundenlang in der Küche gestanden hatte, um ein schönes Essen für mich zu kochen, daß er mir nicht eine köstliche Speise nach der anderen aufgetischt hatte, stolz präsentiert in angeschlagenem Geschirr, rührend unbeholfen garniert und mit einem Nachtisch zum Abschluß. Das hätte ich nicht ausgehalten. Dann wäre es viel schwieriger gewesen, nein zu sagen.

Über seine Freundschaft mit Lisa und Stefan erfuhr ich an dem Abend nicht viel mehr, als daß sie früher einmal ein schönes *Dreigestirn* bildeten, wie Daniël es ausdrückte.

»Sie liebt mich, weil ich krank bin, und er liebt sie am meisten, wenn sie jemanden liebt, der krank ist, und ob ich jemanden liebe, das frag ich mich schon lange nicht mehr, also lasse ich es mir einfach gefallen. Die alte Geschichte, Dreiecksbeziehung, jede Liebe ist vermittelt und verlangt eine dritte Person, das Klischee der Begierde, es lohnt sich nicht, darüber nachzudenken.«

Mehr war nicht aus ihm herauszubekommen.

Genauso kurz angebunden antwortete er, als ich ihn nach seinem Vater fragte. Unwillig erzählte er mir, den alliterierenden Namen habe ihm sein Vater verpaßt.

»Und meine Schwester heißt Dana – du kannst dir also vorstellen, was für Gedichte er schreibt. Die Gefühle und Stimmungen, von denen da die Rede ist, kannten wir an ihm nur aus diesen Gedichten, und deshalb nahmen wir sie ihm auch nicht ab. »Du würdest wohl gern erleben, was du in deinen Gedichten erlebst«, dachte ich immer. Er möchte so gern selbst empfinden, was die armen Teufel empfinden, die zu ihm kommen mit ihren Geschichten über den kompletten Wahnsinn, mit ihrer überspannten Weltsicht und ihren verrückten Hirngespinsten. Aber der Mann traut sich ja nicht einmal allein auf die Straße und bringt natürlich erst recht nicht den Mut auf, die Kontrolle aus der Hand zu geben und sich dem Durcheinander in seinem Kopf zu überlassen.«

Daniël schaute mich an und sagte: »Genug jetzt über den Doktor, Theresa. Warst du mal bei einem Seelenklempner? Mein Vater würde bestimmt großen Eindruck auf dich machen. Frauen fliegen auf ihn. Sie erleben ihn als eine einnehmende, faszinierende Persönlichkeit, weil er so wenig redet, und wenn er etwas sagt, dann über ihre eigene Seele. Da stehen Frauen doch drauf: schweigsame Männer, die den ganzen Tag nichts anderes im Kopf haben als den weiblichen Seelenzustand. Stimmt's oder stimmt's nicht?«

Was soll man als Frau dazu sagen?

»Aber vielleicht würdest du ihn auch gar nicht mögen. Ihr habt zuviel Ähnlichkeit miteinander. Du kannst auch so schrecklich teilnahmsvoll zuhören.«

An dem Abend mit Daniël fühlte ich mehrmals Wut in mir aufsteigen, die eine Minute später wieder spurlos verschwand und große Erleichterung hinterließ. Ich wußte nicht, was ich von ihm halten sollte. Manchmal erschien er mir ganz gelöst, wie ein spottlustiges, in sich gekehrtes Kind, das sich in seinem Spiel verliert und mit argloser Selbstverständlichkeit von seiner Umgebung Fürsorge und Schutz erwartet. Dann wieder kam er mir vor wie ein desolater Dämon, der mit scharfem Auge die Welt betrachtet, mit fast animalischem Instinkt erfaßt, wie sie in Wahrheit beschaffen ist und deshalb die Menschen, die ihn umgeben, skrupellos für sich einspannt. Danach mußte er natürlich alle, die ihm halfen, insgeheim verachten, denn wer seine Tricks nicht durchschaute, war in seinen Augen ein Dummkopf.

Joost Zwagerman
Falsches Licht

Simon wollte ausziehen. Seine Eltern verstanden nicht, warum es so schnell gehen mußte. Ein paar Wochen nach seinem Abitur zog er schon nach Amsterdam um. Er konnte übergangshalber bei einem hilfsbereiten Onkel und einer Tante wohnen, die er bei Geburtstagen vorher zweimal gesehen hatte. Auf Pinnwänden in Supermärkten hinterließ er farbige Zettel, die besagten, daß *Simon, 18. J., Student*, ein Zimmer suchte. Keine Reaktion. Im Copy Shop machte er achthundert Kopien von seiner originellsten Annonce und verteilte sie von Haus zu Haus in den verschiedenen Vierteln der Stadt. Anderthalb Wochen lang klapperte er Hunderte von Adressen ab, auf dem rechten Arm den unmerklich abnehmenden Stapel mit Blättern. Schließlich fand er im Osten, im Transvaalviertel, ein Zimmer bei einer stämmigen Wirtin, die aussah wie eine Romanfigur von Vestdijk.

Zu Beginn seiner Amsterdamer Zeit stieß Simon einen langgezogenen Seufzer der Erleichterung aus. Er besuchte seine Vorlesungen, wie amerikanische Touristen Europa bereisen; er schoß von Hörsaal zu Hörsaal und fing mit einem Minimum an Konzentration wenigstens in groben Zügen den Lehrstoff des Vorbereitungsjahrs auf. Studentenleben! Was für eine Wohltat, endlich als Richter seiner eigenen Vergangenheit auftreten zu können. Die Nächte und Wochenenden in Gesellschaft anderer Provinzflüchtlinge durchzubringen und dabei einem nagelneuen Image nachzuleben, das man den Kommilitonen vorspiegeln konnte! Geistreich, schlagfertig, schick, immer bereit für wilde Partys: das war der neue Simon Prins. Gewissenhaft benahm er sich so, wie er glaubte, daß ein beliebter Student sich benehmen müsse. Seine Anstrengungen hatten Erfolg. Er fand Freunde, hatte mehrere Freundinnen. Es war angenehm, von Leuten aus Alkmaar zu hören, wie sehr er sich verändert habe. Das stimmte natürlich gar nicht. Er hatte einfach nur die Chance wahrgenommen, aus seiner »Persönlichkeit« eine gute Geschichte zu basteln, mit Anfang und Ende und einem geheimnisvollen Plot, der vieles offenließ. Das ließ sich in der Großstadt leicht machen. Identität war etwas, das man ausleihen konnte, eine Art geistiger Smoking. In Kneipen redete er, als ob er nie etwas anderes angehabt hätte. Seinen nordholländischen Akzent war er auch los, hatte ihn als Pfand hinterlegt. Seine Eltern zu Hause waren zufrieden: Simon wird erwachsen.

Aber in Amsterdams Hurenviertel, mitten in der schweigenden Mehrheit der Männer, konnte er sich plötzlich nicht mehr auf seinen neuen Habitus als aufgeweckter junger Student verlassen. Da war er wieder der alte Angsthase aus Alkmaar. Im Durchschnitt einmal pro Woche mischte er sich unter die Freier, die in wechselnder Aufstellung, aber ewig gleichbleibendem Ernst ihre stumme Wallfahrt über die Wallen ausführten. Die Menge der verschiedenen Gäßchen und Querstraßen war noch überwältigender, als er sich vorgestellt hatte. Seine Angst und Scham erinnerten ihn beinahe an früher. Aber er lernte rasch. Nachdem er ein paarmal in diesem Labyrinth herumgeirrt war, schrumpfte es für ihn zu einem gemütlichen Spazierweg. Mit durchgedrücktem Kreuz ging er an den Fenstern vorbei, als hätte er ein Lineal verschluckt.

Wie war eigentlich seine allererste Wahl zustande gekommen? Er konnte sich nur schwer daran erinnern. Er war bereits zur Tür gegangen, bevor er tatsächlich einen Entschluß gefaßt hatte. Er hatte sich nach dem Preis erkundigt. Und dann eigentlich auf etwas Feierliches gehofft, auf einen Wink des Schicksals – ja, Junge, dies hier ist deine Bestimmung – oder auf etwas Ähnliches. Aber nichts passierte. Und als die Hure die Gardinen zuzog und Simon ihr die fünfzig Gulden überreicht hatte, passierte immer noch nichts. Nur seine Angst kochte hoch, wie Bodensatz in einem sprudelnden Topf.

Das Mädchen hatte dunkle Haare und Sommersprossen auf den Schultern. Sie hatte ihm nicht zugewinkt oder an die Fensterscheibe geklopft und ihm auch kein maskenhaftes Lächeln zugeworfen. Sie hatte ihn nur angesehen, aber so gleichgültig, daß er es riskiert hatte. Es war dunkel in ihrem Zimmer. Nur eine grellviolette Neonröhre brannte über dem schwarzen Waschbecken. Dort hatte sie ihn hingeführt, um sein Geschlecht zu waschen. Im Spiegel über dem Waschbecken sah er, wie sein Augenweiß im grellila Licht fluoreszierte. Seine Wimpern glommen wie Feilspäne. Im Alkoven hinter dem kleinen Zimmer stand ein schwarzes Damenfahrrad. Als sie die fünfzig Gulden in eine Schublade legte, ging die Tür zum Alkoven durch einen Luftzug mit einem jämmerlichen leisen Quietschen kurz auf. Am rostigen Lenkrad hingen zwei identische Kettenschlösser.

Das hatte er behalten: daß sie am Anfang fast nichts gesagt hatte, auch dann nicht, als er eingestand, vorher noch nie... aber wie sagte man so etwas? Simon stolperte über sein Geständnis. Nur ihr mutmaßliches Alter beruhigte ihn. Sie konnte höchstens drei Jahre älter sein als er. Sie trug eine dunkelrote Seidenschleife im Haar. Kurz darauf war es wieder ihr Augenaufschlag, der ihn beruhigte. Später glaubte er, die Unnahbarkeit in ihrem Blick habe ihn vor allem an den Ausdruck in den Augen der Meßdiener erinnert, denen er früher so viele Sonntage lang zugeguckt hatte. Sie hatten rechts und links vom Altar zwei kleine Reihen gebildet und die ganze Messe hindurch ihre vollkommene Nutzlosigkeit ausgesessen. Sie machten sich nichts aus den spähenden Blicken der Kirchgänger, und schon gar nicht so kleiner Jungen wie Simon, die heimlich gähnend überall herumguckten, auf die Orgel, auf den gedeckten Tisch, auf sie selbst, die bleichen geistesabwesenden Meßdiener, die dabeisaßen, als ob das ganze Tralala der sonntäglichen Rituale nur ein Zwischenfall wäre, ein durchaus vermeidbarer Irrtum.

»Meinst du damit, daß du noch nie hier gewesen bist?«

Gott sei Dank, sie war taktvoll! »Hier« noch nie gewesen zu sein mußte schließlich nicht dasselbe heißen wie »es« – Simon dachte die Anführungszeichen dazu – noch nie getan zu haben. Wie taktvoll sie war, zeigte sich auch in der Gewissenhaftigkeit, mit der sie alles ankündigte, wie eine erfahrene Arzthelferin: »Erst muß ich dich kurz waschen.« »Jetzt kannst du dich hinlegen.« »Ich mach jetzt das Kondom drum, das muß sein.« Aber daß sie ihn dann wieder in die Hand nehmen würde, sich vorbeugen und mit dem Mund über das stramm sitzende Gummi gleiten würde, das hatte sie ihm vorher nicht angekündigt.

Es war auch so still. Das krächzende kleine Radio auf der Fensterbank änderte mit seiner piepsigen Diskomusik kaum etwas daran. Simon lag auf dem Rücken und streckte seine Hände auf dem rauhen Badetuch aus. Er traute sich nicht herumzuschauen, denn neben und über dem Bett hingen große Spiegel. Genauso plötzlich, wie sie sich vornübergebeugt hatte, richtete sich das Mädchen wieder auf. Sie kniete neben ihm. Ihre Frage bestand aus einem einzigen Wort. Nichts verriet, daß sie eine Antwort erwartete.

»Ja?«

»Äh, ja.«

Sie strich das Badetuch glatt, legte sich neben ihn, pflanzte ihre Bleistiftabsätze in die Überdecke, suchte tastend eine okkergelbe Tube am Kopfende des Betts, rieb sich mit zwei Fingerspitzen ein, bedeutete ihm, sich auf sie zu legen, half ihm hinein, zog das Kondom am Ansatz stärker fest, hielt eine Hand in Bereitschaft bei seinem und ihrem Geschlecht, legte die andere Hand neben sich, ungefähr auf denselben Fleck, wo er seine Hand vorher gehabt hatte, und schwieg.

Dann sagte sie: »Das ging aber schnell.«

Sie strich das Badetuch glatt und danach noch einmal. Er brauchte natürlich länger, um sich wieder anzuziehen, als sie. Deshalb strich sie das Badetuch noch ein drittes Mal glatt.

Draußen schaute er auf seine Uhr. Er war auf die Sekunde genau zwölf Minuten drinnen gewesen.

Während er hastig in Richtung bewohnte Welt zurücktrabte, fiel es ihm leicht, die Distanziertheit des Mädchens zu der seinen zu machen. Die kurzfristige Verknüpfung ihrer grellilagetünchten Körper, das abgemessene Reiben und Scheuern von Sehnen und Knochen, es war einfach ein Zwischenfall gewesen, ein durchaus vermeidbarer Irrtum. Und seine fünfzig Gulden war er nicht wirklich los. Er hatte sie als Kapitalanlage dem Mädchen mit der Schleife übergeben, und ihre absolute Unnahbarkeit war das geheime Depot.

Es war eine ganz besondere Art von postkoitalem Trost, man fand ihn nur bei Prostituierten: den Trost der positiven Handelsbilanz.

Aber Simon hätte es wissen müssen. Und ein paar Stunden später, als er sich von seinem Besuch bei dem Mädchen mit der Schleife richtig erholt hatte, wußte er es auch. Der »Irrtum« war ein Aufbruch gewesen, und der »Zwischenfall« lediglich der Beginn einer Tradition, die für ihn niemals – da war er sicher – zur bloßen Folklore herabsinken würde.

»Daß es so wahrscheinlich war, machte es unvorstellbar.«

Seine Verblüffung und sein Unglauben nahmen bei jedem Hurenbesuch zu. Simon konnte sich noch immer nicht vorstellen, daß es die Möglichkeit gab, sich mit einem vollkommen austauschbaren Geldschein einen ursprünglich nicht austauschbaren Körper zu kaufen. Und doch wurde dies bei jeder Bezahlung immer wahrscheinlicher. Die Wahrscheinlichkeit wuchs, dehnte sich aus und nahm monströse Ausmaße an. Wahrscheinlichkeit umzingelte ihn, schnürte ihn ein und beklemmte ihn. Dasselbe galt für die Unvorstellbarkeit. All das Unvorstellbare wurde bei jedem Hurenbesuch weniger auffällig, bis es fast unfindbar und dadurch um so unvorstellbarer geworden war. Simon gewann Erfahrung, gewann Routine – in eben jenem Tempo, in dem seine Ohnmacht sich verstärkte. Es ging nicht um Genuß. Wie ein Analytiker beobachtete er jede Hure, die er bezahlte. Er machte Jagd auf die Nuance. Er wurde zum Erforscher der minimalen Abweichung, der Besonderheit, des mikrobischen Details. Als Hobbyarchäologe wühlte er sich durch die Gleichförmigkeit, hinter der sich eine unendliche Verschiedenheit verborgen hielt.

Es war keine Sucht. Immer, wenn sich ihm der Gedanke aufdrängte, daß es doch eine sein könnte, wurde Simon blitzschnell zu seinem eigenen Lehrmeister, beschönigend hielt er sich vor, daß Sucht nichts anderes war als das gierige Verlangen nach *mehr*. Und er war nicht gierig, sondern berechnend. Die Auswahl begann immer schwerer zu wiegen. Nach der Bezahlung konzentrierte er sich auf die Art, wie die jeweilige Hure das Schema feststehender Handlungen in Angriff nahm. Seine ganze Aufmerksamkeit richtete sich auf diese eine unwillkürliche Bewegung, auf das kurze Zögern oder die unvermutete Berührung, mit der die Aneinanderreihung karger Pflichtübungen einen Augenblick lang untergraben wurde.

Simon hatte die Spielregeln schnell gelernt. Er spielte seinerseits bereits genauso. Die Rolle des demütigen, introvertierten, leicht verletzbaren Kunden war ihm förmlich auf den Leib geschrieben. Indem er seine schauspielerischen Fähigkeiten perfektionierte, konnte er vielleicht die Strategien seiner Gegenspielerin ergründen.

Aber er entdeckte, daß alle Taktiken oder Strategien verschieden waren. Jede Hure kannte den Augenblick, in dem ihre Professionalität aussetzte und die sonst so wirksame Distanziertheit in Ekel umschlug oder auch ins Gegenteil davon. Schon die geringste Abweichung vom rituellen Zwangskorsett stimmte ihn zufrieden. Schimmerte Abscheu bei der Hure durch, war ihm auch das willkommen. Simon erwarb mit der Zeit eine gewisse Meisterschaft im Aufspüren des gewissen Augenblicks, wenn bei der anderen das Spiel stockte, die Aneinanderreihung strenger Zwangshandlungen ins Stocken geriet. Fiel die andere aus der Rolle – womit sie sich auf seine Seite schlug –, spielte *er* desto besser. Zeigte die Hure plötzlich Gefühl, egal welches, fühlte er sich wie durch Zauberhand genauso künstlich werden, wie sie eigentlich hätte sein müssen. Unter ihren Augen wurde er zur luftleeren Kunstfigur. Ah, er war unberührbar... *er selbst* wurde zum Objekt! Simon der Unnahbare, Simon der sphinxhafte Eindringling.

Es ging nie darum, »Sieger« im Spiel zu bleiben. Zeigte die andere einen Augenblick lang Eigenschaften, die zur normalen Welt außerhalb des Bordellzimmers gehörten, dann änderte sich das Spiel, wechselten die Rollen. Es konnte schließlich darauf hinauslaufen, daß die Gegenspielerin kurzzeitig Mitspielerin wurde. Erst dann war das Spiel zu Ende.

Es kostete Geld, viel Geld. Und das Studentenleben war auch noch da. Simon tat alles, um bei seinen Kommilitonen nicht aus der Rolle zu fallen. Immer wieder gab er sich größte Mühe, in Diskotheken oder anderswo ein Mädchen zu verführen, nicht weil ihm das so viel Spaß gemacht hätte, nein – sondern weil jeder, der in Amsterdam studierte, es tat. Es wäre aufgefallen, wenn er nicht wenigstens ab und zu den Versuch unternommen hätte, ein Mädchen mit nach Hause zu nehmen. Eine Handvoll schlafloser Nächte war das Ergebnis. Jeder Gedanke an Beischlaf erfüllte ihn mit Widerwillen, vor allem, nachdem er aus dem Transvaalviertel weggezogen war und eine Wohnung in De Pijp gefunden hatte. Ging ein Mädchen tatsächlich mit ihm mit, dann verschwand er meist blitzschnell in seiner Küche und spülte mit einem Schluck Sprudel zwei Valiumtabletten hinunter. Seine Mutter schickte ihm ab und zu ein Schächtelchen Beruhigungsmittel, nachdem er einmal bei ihr über Examensangst und -streß geklagt hatte. Zwei Valium reichten völlig, um ihn in den Schlaf zu wiegen, häufig noch bevor er sein Pensum an sexuellen Verpflichtungen abgewickelt hatte. Am andern Morgen war so ein Mädchen immer schon wieder verschwunden. Eines Tages fehlte auch seine Kaffeemaschine.

Meist ist der bestohlene Dieb besonders rachsüchtig. Aber Simon war an jenem Morgen nur froh, daß er in aller Einsamkeit aufwachen konnte. Er selbst ging regelmäßig stehlen. Er hatte immer irgendwelche Jobs, nahm das Telefon ab in einer Rechtsanwaltskanzlei, kontrollierte Eintrittskarten im Kino, verkaufte Pommes frites in einer Snackbar oder sortierte nachts die Post in einer Agentur. Sein Lohn verschwand unweigerlich in Richtung Wallen, und weil er so viel und so oft nebenbei verdiente, begann er, Bücher und Schallplatten zu klauen, um seinen Eltern und Freunden zeigen zu können, wohin sein Geld angeblich floß. Simon war nicht unbedingt ein Bücherfreund, erklärte aber allen Ernstes, sich für in- und ausländische Literatur noch einmal zu ruinieren.

Es war nicht die einzige Lüge, die herhalten mußte, um seine Hurenbesuche zu vertuschen. In seiner Freizeit klafften Löcher, die er seinen Kommilitonen nur mühsam mit noch einem und noch einem Nebenverdienst erklären konnte. Mit all seinen Ausreden und Halbwahrheiten hatte sich Simon dem Schattendasein der Huren bereits stärker genähert als er dachte. Die Hurenbesuche krempelten ihn völlig um. Die Schattenseite wurde zur Sonnenseite; Simon begann erst zu leben, wenn er – mit Augen wie Skalpellen – nach der Bezahlung anfing zu beobachten und zu sezieren. In den Hörsälen saß er herum wie sein eigener Wachsabguß, ein studentischer Pseudosimon, den Kopf voller Erinnerungen und Pläne. Sein Atlas von Frauenkörpern wurde zu einer Art Heiligenschrein. Simon sammelte Augenaufschläge, Gebärden, Stimmfärbungen und unwillkürliche Berührungen »seiner« Frauen wie Reliquien. Eine Hure, die ihn im mannshohen Spiegel neben dem Bett aufmerksam betrachtete. Eine, die ihre Wange einen Augenblick lang auf seinen Oberschenkel legte. Eine Brasilianerin, die so eitel war, daß sie eine Spange in ihrem vollkommen regelmäßigen Gebiß trug, um ein vorwitziges Schneidezähnchen zur Seite zu drücken, und die ihm mit zwei Fingern hinter den Vorderzähnen bei weit aufgesperrtem Mund die sinnreiche Befestigung der Metallklammern zeigte. Eine Hure, die ihn zu erregen glaubte, indem sie leise seine Handteller kraulte. Eine Hure, die nicht lachen wollte. Eine, die auf einmal ungeheuchelt aufstöhnte, nur ganz kurz und sehr leise – und darüber selbst erschrak. (Simon hatte sie danach nicht mehr besucht.) Eine Hure, die ihm Kaffee einschenkte, während sie noch am ganzen Leib zitterte wegen eines Streits mit dem Freier vor ihm. Eine Hure, die den Fernseher immer laufen ließ. Eine Hure, die sich von ihm die Füße wärmen ließ. Eine andere, die am gleichen Abend vor Abscheu durch die Zähne zischte, als er in sie glitt. Eine, die ihm befahl, sie nicht *da* zu berühren. Eine, die immer fluchte. Ein Mädchen, das schlechte Geschäfte gemacht hatte und ihn leihweise um hundert Gulden bat, damit sie die Tagesmiete für ihr Zimmer bezahlen konnte. (Simon lieh ihr das Geld.) Ein noch jüngeres Mädchen, das ihm sechshundert Gulden mitgab, damit er ihr einen Walkman besorge – sie sagte, sie habe »Kaufangst«. (Simon kaufte ihn für sie.) Eine Hure, die ihm niemals ins Gesicht sah. Eine, die die Augen zukniff, wenn sie ihm das Kondom drüberfummelte. Eine Thailänderin, die ihn, während er auf der verschossenen Matratze lag, fast erstickte, indem sie sich plötzlich auf sein Gesicht hockte, als ob sie pinkeln müßte, und ihr Geschlecht gegen seine Nase drückte. Eine Hure, die immer *high* war. Eine, die immer fröstelte. Eine Hure mit Zicken, die sich viel zu sinnlich gab. Eine mit einer Stupsnase, worin sie bohrte, während er sich auszog. Eine Hure ohne jede Spur von Make-up. Eine, die nur seinen Hals streichelte. Eine andere, die ihre Lackstiefel niemals auszog. Eine, mit der er in einem Café-Restaurant in Amsterdam-Süd Apfelkuchen gegessen und Tee getrunken hatte. (Auch zu ihr war er hinterher nie mehr gegangen.) Eine mit Brabanter Akzent. Eine, die immer flüsterte.

Eines Tages sah Simon im Fernsehen, wie ein tibetanischer Mönch seine tränenreiche Verzweiflung mit einem einzigen Fingerschnippen aus dem Gesicht wischen konnte. Im ersten Augenblick jammerte und flennte er noch voller Entsetzen, im nächsten strahlte er schon wieder wie ein zufriedenes Kleinkind. Mit diesem blitzartigen Wechsel von Gesichtsausdrücken hatte es eine merkwürdige Bewandtnis. Es handelte sich nicht etwa um Schauspielerei, erklärte die Off-Stimme in diesem Dokumentarfilm. Der Mönch reguliere einfach seine Verzweiflung und seinen Kummer. Täglich rufe er sie wie eine Pflichtübung kurz hervor – eine Gewohnheit, etwa so, wie wir jeden Tag Zähne putzen. Der echte Kummer entzöge sich dadurch jeder Veräußerlichung, erhebe sich über das Gemüt und führe ein unberührbares Dasein.

Genauso wollte Simon mit seinem Begehren umgehen. Wenn er zu den Huren ging, mußte er Erregung hervorrufen und inszenieren können; während das echte Begehren davon unberührt blieb. Verlangen – dies wurde seine ureigene Terra incognita. Die einsetzbare Blaupause des Verlangens durfte nur als Ritual unter den Ritualen dienen, eine mechanische Notwendigkeit, die man nach Belieben ausbeuten konnte.

Simon vervollkommnete sich in stoischer Lust. Selbst der Orgasmus löste sich von seinem Gemüt. Es war eine chemische Erschütterung, sonst nichts. Wenn er hinterher der Hure gegenüber auf dem Bett kniete und sich nicht rührte, hing das Kondom mit seinem Samen unbeweglich wie ein Stalaktit an seinem Geschlecht. Einen besseren Beweis für seine Indifferenz konnte es nicht geben. Ungerührt und unberührbar wurde er zur Hure unter den Freiern.

Er überraschte sie, indem er bezahlte, ohne sich überhaupt noch auszuziehen. Er beobachtete ihre kichernde Reaktion, wenn er sagte, er wolle nur zuschauen. »Wobei?« fragten sie. Manche gingen davon aus, daß er einen Striptease oder eine Onanienummer haben wollte und fingen sofort an, sich umständlich zu betasten. Und irgendwann bezahlte er auch nicht mehr. Wenn er in die Stadt ging, steckte er höchstens zehn Gulden ein. Auch seine Scheckkarte ließ er zu Hause. Seine Streifzüge endeten, als wäre er nicht Hure, sondern Philosoph unter den Freiern geworden, mit einem nüchternen Spaziergang über den Ruysdaelkade in der Nacht oder am frühen Morgen. Zu den Wallen ging er nur noch selten. Simon gab all seine elenden Nebenjobs auf. Er ging nicht mehr klauen. Er log seinen Kommilitonen nicht mehr länger etwas vor, wenn sie ihn fragten, was er am letzten Wochenende gemacht habe. »Nichts«, sagte Simon, und diese Antwort tat ihm wohl.

Aber es verschwand niemals ganz. Hie und da, höchstens einmal im Vierteljahr, besuchte er doch eine von ihnen. Das grellila Neonlicht im Bordellzimmer stimmte ihn bei solchen Gelegenheiten fast nostalgisch.

An jenem Abend, als er Lizzie Rosenfeld zum ersten Mal hinter ihrem Fenster sitzen sah, schien seine Vergangenheit als zahlender Kenner ausgelöscht. Schüchtern wie beim ersten Mal erkundigte er sich nach dem Preis. Ein Unhold schien ihm eins auf den Schädel gegeben und dabei ein Loch in sein Gedächtnis geschlagen zu haben; und natürlich mißtraute er seinem anfänglichen Interesse. Es war gut möglich, daß er sie damals in jenem Café in der Gerard-Doustraße instinktiv und mit unbeirrbarer Treffsicherheit als Hure erkannt und diese Entdeckung später nur beschämt verdrängt hatte.

Er konnte sie schwerlich bitten, mit ihm nur einfach irgend etwas zu trinken. Sie würde ihn rauswerfen wie einen x-beliebigen, lästig nörgelnden Kunden. Simon grub aus seiner Schreibtischschublade fünfzig Gulden aus. Es war nur eine Frage erneuter Konzentration. Aber auch als er sich jetzt beim zweiten Mal ihrem Fenster näherte und sie ihn hereinließ, fing sein Herz wie verrückt im Hals zu klopfen an. Er kam sich vor wie ein alter erfahrener Schauspieler, der nach Jahren wieder zum Vorsprechen mußte. Er fragte nach ihrem Namen. Janice. Das war natürlich ihr Pseudonym, soviel war ihm klar.

»Und wie findest du das Buch?«

»Welches Buch?«

»Na, *Nie mehr Schlafen*. Ich habe es da auf deinem Stuhl im Fenster liegen sehen.«

»Hast du es gelesen?«

»Ja«, log Simon.

»Ach, und wie fandst du es?«

Der Ton ihrer Frage verriet, daß sie keine Antwort erwartete. Sie sagte: »Ich hab's in der Buchhandlung liegen sehen, na ja... und ich dachte, es wäre etwas über Menschen mit Schlafstörungen, blöd, was? Aber ich hab's dann doch gelesen, und ich finde es ein verdammt gutes Buch.«

Er nickte ergeben. Also unterschied sie sich doch nicht wesentlich von den typischen *Telegraaf*- und Silviaromane lesenden Prostituierten.

Sie fragte: »Und du? Liest du viel? Studierst du oder was?«

Jetzt kam es darauf an. Er hatte nach der Bezahlung noch nie erzählt, was er machte.

»Ich studiere Niederländisch. Ich bin ein unziemlich mittelmäßiger Student.«

Ihr erstes Lächeln! Alles, aber auch alles wich ab vom geeichten Bordellbesuch. Dies war das schüchterne Zwiegespräch von zwei Leuten, die sich einen Abend lang aus sicherer Entfernung verstohlen gegenseitig gemustert haben, in einer Kneipe oder auf einer Party. Und dabei hatte er die Musik aus ihrem Kassettenrekorder noch nicht einmal erwähnt. Joy Division: reinste Kultmusik, ein bißchen wie The Doors für die mit Punk und New Wave aufgewachsene Generation. Es war alles andere als passende Bordellmusik. Simon wollte es ihr sagen: Du hast da eine von meinen Lieblingsgruppen. Aber er traute sich nicht. Statt dessen fragte er etwas Unvernünftiges: »Nimmst du Koks?«

Nach ein paar Jahren Studium war er draufgekommen, daß man in Amsterdam nicht nur bei Schnupfen oder Geringschätzung die Nase hochzieht. »Janice« hatte gerade zweimal hintereinander kurz geschnieft und dabei die Augen niedergeschlagen. Seine Frage schien alles zu vermasseln. Hastig setzte er hinzu, er selbst nehme es regelmäßig. Es war seine zweite Lüge.

Sie hieß für ihn noch »Janice«, als sie, schon typisch Lizzie

Rosenfeld, anfing, ein feuriges Plädoyer für Homöopathie, vegetarisches Essen und Gesundsein im allgemeinen zu halten, worauf sie in einem Atemzug die für Simon mittlerweile unangenehme Anweisung hinzufügte: »Und deine Kleider leg bitte hierhin.«

Erst jetzt bemerkte er, daß das rote und grellila Neonlicht fehlte. Alles war ganz neu in ihrem Arbeitszimmer. Vier stark gedimmte Halogenstrahler hingen an den Ecken. Nur am Fenster hatte eine hellrote Glühbirne gebrannt.

Sie hatte sich ausgezogen. Er sah sie an.

Es konnte nur gelingen, wenn er sich auf seine frühere analytische und gleichgültige Art besann.

Er sagte: »Du bist schön.«

Sie reagierte nicht.

Er sagte: »Das hörst du natürlich zehnmal am Tag.«

Jetzt nickte sie.

Er sagte: »Und daß du es zehnmal am Tag hörst, hörst du natürlich auch zehnmal am Tag. Damit will ich sagen...«

An ihrer Stelle hätte er vielleicht mit »Jaja« geantwortet oder etwas Ähnlichem, aber sie hatte nur schwach gelächelt und sich dann am Waschbecken zu schaffen gemacht. Wasserhahn auf, Wasserhahn zu; Augeninspektion; einen Tupfer Rouge auf beide Wangen; Lidstrich nachziehen... Sie gab ihm genügend Zeit, um sich seinerseits in ein bestimmtes Parfüm zu hüllen: das der durchdringendsten Scham.

Er saß nackt auf dem Bettrand. Auf die Frage nach seinem Namen antwortete er mit seiner dritten Lüge: »Erik.«

So hieß er immer bei den Prostituierten.

Danach sprach nur noch sie, mit klarer Stimme und einer labormäßigen Effizienz. Simon spielte »Erik« und Lizzie Rosenfeld war »Janice«. Penibel durchliefen sie die einleitenden Handlungen von etwas, das unter anderen Umständen und mit Körpern, die ihren richtigen Namen entsprochen hätten, vielleicht »Verlangen« geheißen hätte, und was sie jetzt mit bedächtigem Ernst parodierten.

Aber daran dachte er gar nicht. Sein ganzes Bemühen konzentrierte sich darauf, wieder eine stoische Haltung zu gewinnen. Irgend etwas lief falsch. Nicht, daß er seine Professionalität plötzlich verloren hatte, aber er merkte an allem, daß »Janice« ihn auf eine Weise beobachtete, die *er* eigentlich glaubte gepachtet zu haben.

Sie unterwarf ihn einer regelrechten Inspektion. Sie schätzte seine Reaktionen ab, wenn sie ihn streichelte – ungefähr so, wie interessierte Kunden in einem Möbelgeschäft über einen Fichtenholztisch streichen konnten. Ihre Untersuchung setzte sich auch dann noch fort, als sie ihm das Kondom überstreifen wollte. Sie kniete in Geishahaltung neben ihm und befühlte sein Geschlecht mit der unerotischsten Routine, die man sich vorstellen konnte.

»Und was ist das?«

»Was?«

»Na, das.«

Mit Zeige- und Mittelfinger drückte sie ihm entschlossen und fest auf sein Fleisch.

»Ach das. Das ist eine Ader.«

»Oh.«

Sie machte Anstalten, sich hinzulegen.

»Möchtest du nicht länger bleiben?«

Auch das hatte er vergessen. Man konnte die ganze Nacht bleiben. Als er schwieg, sagte sie: »Vielleicht können wir irgendwas Besonderes machen.«

»Wirklich, ich hatte nur diesen einen Fünfziger dabei. Und den hab ich dir gegeben.«

»Oh. Na ja, macht nichts. Auch gut.«

Das hatte er weiß Gott öfter gehört. Aber sie fügte noch hinzu: »Ich versuch's halt immer. Das verstehst du doch, oder nicht?«

Er nickte eilig. Das hatte ihm allerdings noch keine gesagt. Sie enthüllte eine Facette ihrer Taktik und machte ihn damit zum Mitwisser der Verschwörung. Einen Augenblick lang war er enttäuscht – bis er merkte, daß sich in dieser Pseudovertraulichkeit gerade ihre besondere Professionalität zeigte. Er sollte sich durch diese persönliche Enthüllung bevorzugt fühlen.

Sie war ihm tatsächlich über. Aber nachdem sie ihm zugenickt hatte zum Zeichen, daß er sich ihrer jetzt bedienen konnte, kam erst der Clou ihrer Strategie. Als sie ihn in sich hineinführte, dachte Simon, das Gleichgewicht sei wieder hergestellt. Er gestattete sich einen seiner neugierigen, katalogisierenden Blicke – und schaute ihr direkt ins Gesicht.

Alles hatte er schon erlebt. Fest zugekniffene Augen oder den gequälten Blick zum Himmel, hin- und herschießende Pupillen, das Starren auf einen festen Punkt im Zimmer oder einfach ein abgewandtes Gesicht. Keine Hure gestattet sich den Blick auf die zweifellos schon bald trüber werdenden Augen der heftig ackernden Kunden unter, meist allerdings über ihr.

Sie dachte gar nicht daran, ihren Blick zu senken. Reglos lag sie unter ihm. Ihr schneeweißes Gesicht war starr wie Marmor. Aber ihre Augen guckten gespannt. Es war die stille Aufmerksamkeit, mit der Studenten in der Universitätsbibliothek manchmal die Bildschirme ihrer Lesegeräte überwachen. Im ersten Augenblick klammerte sich Simon an ihren Blick mit der Angst eines Ertrinkenden. Aber er erholte sich schnell von seinem Schrecken, wenn auch vielleicht nicht schnell genug. Er versuchte, sie zu übertreffen. Er sah sie an. Sah sie immer weiter an. Auch als er schon heftiger in sie hinein- und hinausglitt (und sie dabei anschaute), wandte sie den Blick nicht ab.

Es war fast unerträglich. Sie schienen zu wetteifern um den gleichgültigeren, den klinischeren Blick. In völliger Abgetrenntheit bewegte sich sein Körper in und auf ihr. Ein fernes Abbild von ihm spannte die Schenkel und erhöhte das Tempo, während Simon selbst, oder was von ihm übriggeblieben war, sich in der Anonymität auflöste, aus der er noch immer angestarrt wurde. Bis er es nicht mehr ertragen konnte, bis er nicht mehr konnte.

Doeschka Meijsing

Schwalben

Was ist nur mit den Schwalben? Mitte September und noch immer sind sie in der Luft. Hin und wieder kommen sie hinter der Scheune hervorgeflogen. Über der Wiese ist der Himmel voll von ihrem Gezwitscher, und ihr Flug wird von Tag zu Tag bizarrer. Müssen sie denn nicht die Reise in den Süden antreten? Warum ahmen sie den Wind nach?

Eines Morgens kommt Thomas ins Zimmer. Zwei Monate habe ich ihn nicht gesehen, weil unsere Ferien aufeinanderfolgten. An diesem Morgen ist er mit dem Flugzeug angekommen. Er ist braun. Sein lockiges Haar ist blond, und seine Augen hinter den Brillengläsern funkeln hell. »Ich sehe aus wie ein griechischer Gott«, lächelt er, als er meine Überraschung sieht. Tatsächlich. Dieser lange braune Thomas ist ein anderer Thomas. Er teilt meine Überraschung. Er setzt sich hin und putzt seine Brillengläser. »Ich habe es vorher nicht gewußt«, sagt er, »daß es so etwas gibt. Du läufst da in dieser Hitze, alles kahl, überall Felsen, du bist staubig, kommst um vor Durst. Weißt du eigentlich, was Wasser ist? Wasser? Es kommt dort einfach so, völlig unerwartet, aus den Felsen. Du kannst dir das nicht vorstellen. Plötzlich stößt du auf Wasser. Aaah!« Er reibt sich mit der flachen Hand über die Brust. Es ist seit langer Zeit seine erste Reise in den Süden gewesen. Sonst ist er immer nach England gefahren.

Während ich zum Telefonhörer greife, um das Institut für Bibliothekswesen anzurufen, denke ich, daß mein eigener Urlaub schon wieder so weit weg ist und es deshalb nichts ausmacht, ob ich vor fünf Jahren oder einem Monat auf Tannennadeln lag und zu den Spitzen der Tannenbäume schaute, hinter denen sich der blaue Himmel bewegte. Das einzige, was ich mit nach Hause gebracht habe, ist eine kleine, runde Lupe in einem Lederetui, das ich neben der Wasserpumpe gefunden habe, irgendwann hatte es jemand verloren, aber wer, war nicht mehr herauszufinden. Das Bibliothekswesen nimmt ab, und ich bitte um Apparat 35. »Clemens van Noord«, antwortet Apparat 35. Ich teile mit, daß ich das Wörterbuch der niederländischen Sprache bin und es mich erstaunt, an Apparat 35 nicht jemand anders zu erreichen. Er will eben im Nebenzimmer nachschauen. Oder gibt es doch eine unterschiedliche Lebhaftigkeit der Erinnerung, frage ich mich, während ich mit einem Rauschen am Ohr warte. Durch das Rauschen wird mir mitgeteilt, daß jemand anders nicht da sei. Nachdem ich aufgelegt habe, erzählt mir Thomas, wie er sich auf Rhodos ein Ruderboot geliehen hatte, um zu einem weiter entfernt gelegenen Strand zu rudern. Hin ging es hervorragend. Im Nu seien sie da gewesen. Sie wären dort nackt geschwommen. »Und das Meer«, sagt Thomas, »ich habe noch nie ein Meer gesehen mit so vielen verschiedenen Blautönen, und wirklich blau, weißt du.« Seine Augen sind noch an diesem Meer. Aber zurück sei es schwieriger gewesen. Ein starker Wind sei aufgekommen. Sie hätten zu zweit die Ruder durchgezogen, aber nicht einen Meter seien sie vorwärts gekommen. Die Kaimauer des Hafens blieb gleich weit entfernt. Das Meer färbte sich violett, sagt Thomas. Oinoparonta, nicke ich. Es war die Farbe eines Leichenhemdes, sagt Thomas, ein riesiges, sich bewegendes Leichenhemd. Es war klar, daß wir auf ewig darauf treiben müßten, es gab trotz unserer Anstrengungen keine Möglichkeit zu entkommen, unser Boot war verloren. »Aber du bist doch wieder hier?« sage ich erstaunt. »Es gab einen Spalt«, nickt Thomas, »irgendwo war offensichtlich noch ein Spalt offengeblieben.«

Am nächsten Morgen hat Thomas seine Koffer ausgepackt und ein kleines Geschenk für mich mitgebracht. Er war in Ephesos, an der Küste Kleinasiens, gewesen, wo ein alter Mann, hinter einer armseligen Decke hockend, Münzen verkauft hatte. Eine dieser Münzen – Thomas öffnet seine knochige braune Hand und ich sehe eine Bronzemünze, etwas größer als ein Pfennigstück, an den Rändern ziemlich abgenutzt. »Schau dir mal das Bild genau an«, sagt Thomas. Ich nehme die Münze aus seiner Hand und beuge mich darüber. Der Kopf eines Jungen im Profil, mit langen Locken. »Schön, nicht wahr?« seufzt Thomas. »Dieser Junge hat irgendwann einmal gelebt, unvorstellbar, was?« Ich hole das Lederetui mit der Lupe hervor. Auf den Schulbänken in heißen Klassenzimmern ziehen wir Parasange für Parasange mit den Griechen aus Xenophons *Anábasis* durch das heiße feindliche Kleinasien. Die von uns angefertigten alten und neuen Übersetzungen waren ähnlich stockend wie der Zug der müden Soldaten, die schon nicht mehr daran glaubten, das Vaterland jemals zu erreichen, und nur noch die Anzahl der pro Tag zurückgelegten Parasangen im Kopf hatten. So wie wir die Anzahl Zeilen, die wir als Hausaufgabe pro Tag übersetzen mußten. Es gab keine Hoffnung mehr, nur roten Staub und Durst.

Wieder kommt Thomas mit einer Geschichte vom Wasser; von einem kleinen Jungen, der ihn für eine Handvoll Dinare von oben bis unten naß gespritzt hatte bei einer nur von dem Jungen bedienten Wasserpumpe in einem heißen Dorf. »Thomas«, sage ich mit einem Anflug von Ungeduld, »müssen wir das Bibliothekswesen nicht noch mal wegen der Verabredung in Amsterdam anrufen?« Er begreift und nimmt den Hörer ab.

An einem bestimmten Tag steigen die Kundschafter des griechischen Heeres – weil es nun einmal ihre Aufgabe ist – einen der unzähligen dürren Hänge hoch. Auf dem Hügel angelangt, bleiben sie stehen. Lange. Dann drehen sie sich um und winken die Mannschaften herbei. Kurze Zeit später ist der Hügel voller Männer, immer mehr kommen hinzu. Sie drängen einander weg, um das zu sehen, was dort unten ist. Einer ruft das erste Wort, und dann kommt es aus allen Kehlen: thalassa, thalassa, das Meer, das Meer. Das ist es, was man sehen mußte. Das ist das Meer, das verspricht, sie ins Vaterland zurückzutragen.

Was ich durch die Lupe sehe, ist etwas, was ohne sie nicht zu sehen ist: durch das Schlagen der Münze hat das Profil des Jungen einen Ausdruck bekommen, strahlt etwas Wirkliches von der Bronze aus. Erstaunen, das Gesicht des Jungen hat unter dem Hammer einen Ausdruck von Erstaunen bekommen. Und allein dadurch lebt unter der Lupe etwas, das in meinem Kopf einen Spalt öffnet. Denn was war es, was mich Parasange für

Parasange übersetzen ließ in dem festen Glauben, daß mich nach einer Stunde Parasangen das Meer erwartete? »Apparat 35«, sagt Thomas in den Hörer. Ich blicke ihn irritiert an. »Oh, er ist nicht da«, sagt Thomas, »dann rufe ich heute nachmittag noch mal an.« Er legt den Hörer auf und schaut mich mit hochgezogenen Augenbrauen an. »Hattest du Clemens van Noord am Apparat?« frage ich. Thomas nickt. »Wieso?« fragt er. »Schon in Ordnung«, sage ich ganz verwirrt, und ich stecke die Münze und die Lupe in meine Tasche.

Nicht der Name, sondern das Erstaunen.

Hatte ich sie jemals in den sechs Jahren, die ich in der Gemeinschaft von Mädchen und Lehrerkörpern auf dieser Mädchenschule geborgen verbracht hatte, hatte ich sie jemals, und sei es nur in einem Zwischensatz oder einem Zögern zwischen zwei Worten, wissen lassen, daß sie meine Liebe war, meine größte, meine erste und somit meine grausamste Liebe? Nein, muß die Antwort lauten. Niemals. Ich ging über staubige Treppen und Gänge, ich beugte mich folgsam dem Diktat des »Nett sein, um für nett gehalten zu werden«, ich übersetzte die vorgeschriebenen Zeilen, ich verkleidete mich auf Schulfesten mit einem Kleid, neben mir ein stocksteifer Junge aus dem Heilig-Geist-Gymnasium. Zweimal in der Woche erreichte ich nach der Griechischstunde den Gipfel des Hügels mit der Aussicht auf das Meer, das in ihren Augen alle Blautöne annahm. Aber rief ich jemals thalassa, thalassa? Nein, muß die Antwort lauten. Lieber biß ich in den roten Staub, als für einige Dinare Wasser zu trinken. Warum war dann aber dieses Erstaunen, als wir nach der Abschlußprüfung der Reihe von Lehrern und Lehrerinnen mit einem Händedruck für ihre freudvollen Unterrichtsstunden dankten und ihre kleine Hand für die Dauer einer kleinen Ewigkeit in meiner lag und ich den Ring an ihrer Hand fühlte und sie nichts oder etwas Belangloses sagte, aber mich mit einem Erstaunen ansah, das ich mir nur aus der Tatsache erklären konnte, daß ich nun weggehen würde, nicht für eine kleine Ewigkeit, sondern für immer? »Vielen Dank«, sagte ich. Aber wofür vielen Dank? Doch nicht dafür, daß nun endlich alles aufhören würde? Doch nicht, weil der Heilige Geist mich nun unter seine Fittiche nehmen konnte?

»Was ist denn mit dir los?« fragt Thomas. »Ich muß hier alles machen, und du rauchst dir die Lunge schwarz, ohne einen Finger zu rühren. Ich bin gerade aus dem Urlaub zurück, aber du hast ihn wohl wieder nötig.« »Nichts«, sage ich wie ertappt. »Aber mir ist plötzlich eingefallen, daß dieser Clemens van Noord jemand ist, den ich kenne.« »Na ja«, sagt Thomas, »das kommt öfters vor.« »Ja, schon«, sage ich, »aber eigentlich kenne ich nicht ihn, sondern die Frau, mit der er verheiratet ist. Nun ja, vor zwanzig Jahren war er mit ihr verheiratet. Man weiß ja nie, ob das noch immer so ist.« »Gib mir mal den Karteikasten rüber«, sagt Thomas sachlich. Ich reiche ihm den Kasten. Unsere Hände berühren sich. Beide ringlos, wird mir bewußt. Kein Abdruck von einem kleinen Ring an einer kleinen Hand.

»Weißt du vielleicht«, frage ich Thomas, als wir im Zug nach Amsterdam sitzen, »wann die Schwalben in den Süden ziehen?« »Sind sie denn noch nicht weg?« fragt er erstaunt und starrt angestrengt durch das schmutzige Abteilfenster auf die vorbeiziehenden Wiesen. Ich habe sie an diesem Morgen noch nicht gesehen, versichere ich ihm. Thomas fängt von den vielen an, die von dem Zug nie mehr zurückkehren. Er schaut niesend in den blauen Himmel. »Es kann jeden Tag soweit sein«, sagt er, »vor allem jetzt, wo der Wind stärker geworden ist.« Und wirklich, vom Zug aus kann man sehen, wie der Wind das Gras niederdrückt, das Wasser in den Gräben kräuselt und die Weiden silbern macht. Das schöne Wetter der Septembermitte. Das Verlangen ist durch den Sommer noch nicht gestillt, denke ich, halb dösend in der Sonne. Hinter Haarlem schlafe ich ein und habe einen kurzen Traum. Ich liege schlafend in einem hohen Baum; an den Füßen habe ich große safranfarbene Pantoffeln, deren gebogene Spitzen sich in dem plötzlich aufgekommenen Wind bewegen. Am Rande der Wiese kommt Thomas angelaufen. Mit großen Schritten springt er über das Gras und die Gräben. Er hat die Schwerkraft überwunden. Er springt und schwenkt seinen Hut. Als er an dem Baum, in dem ich schlafe, angekommen ist, springt er immer wieder hoch, so daß ich für einen Moment sein Gesicht neben meinem sehe, wenn er fragt: Willst du mich heiraten? Nein, denke ich, er springt mir zuviel, er hat auch immer irgendwas. Und schließlich, sage ich, während er nach unzähligen Sprüngen seine Frage wiederholt, bin ich schon so gut wie halb verlobt mit einer Schwalbe.

»Na gut«, sagt Thomas, und wir steigen am Hauptbahnhof aus.

Am Ende des Nachmittags haben uns die Besprechungen mißmutig gemacht. Es herrscht starker Verkehr, Fußgänger drängeln sich auf den Zebrastreifen. »Sieh mal«, sagt Thomas, als wir vor dem Kaufhaus »Bijenkorf« stehen, und weist mit ausholender Gebärde zum Dam, als wäre er für das alles verantwortlich. »Was für eine Stadt! Hier habe ich 1970 einen Polizeiknüppel auf den Arm bekommen, so daß er tagelang wie abgestorben von meiner Schulter runterhing.« Thomas beginnt seine Geschichte, wie er dem Tod entrann. Ich blicke geduldig auf die glänzenden Pflastersteine des Platzes und versuche mich zu fragen, ob ich mich auf die Suche nach Clemens van Noord hätte begeben sollen. Um was zu tun? Grüße ausrichten zu lassen? Ja, zum Beispiel, um Grüße ausrichten zu lassen. Jetzt, wo ich weiß, daß es sie noch gibt, jetzt, wo ich eine ganz dünne Spur, die zu ihr führt, gefunden habe, könnte ich doch ein Lebenszeichen von mir geben? Ein wenig aus der Ferne winken? Aber es ist zwanzig Jahre her, was erwarte ich nach zwanzig Jahren zu sehen? Ich weiß es nicht. Ich hänge an einer langen Schnur fest, die gelockert wird. Ich bin frei, um zu gehen und zu stehen, wo ich will. Aber nur ein Ruck an der Schnur, wie Pater Brown sagt, genügt, um mich daran zu erinnern, daß ich festsitze, daß ich jeden Moment zum Anfang zurückgeholt werden kann.

Durch den Lärm anfahrenden Verkehrs und der Straßenbahnen höre ich hinter mir eine Frau lachen. Ich drehe mich um. Die Drehtür des »Bijenkorf« fängt kurz die Sonne auf und blendet mich für den Bruchteil einer Sekunde. Dann sehe ich zwei Frauen. Es sieht so aus, als hätte die Drehtür sie ausgespien, denn sie winden und biegen sich und sind nicht imstande, normal zu gehen. Aus der Distanz schaue ich bewegungslos zu. Etwas in dem warmen »Bijenkorf« hat sie so zum Lachen gebracht, daß sie vergessen haben, wie man Atem holt. Immer wenn eine der beiden gerade anfängt, aufrecht zu gehen, muß sie nur die andere anschauen, und das Winden und Biegen beginnt erneut. Langsam stolpern sie in Thomas' und meine Richtung. Einen Meter von uns entfernt kehrt Ruhe ein. Zwischen ihnen und uns befindet sich nur noch ein voller Fahrradständer. Sie schauen gemeinsam auf eine Karte, um sich herum und wieder auf eine Karte. Die Frauen sind Mitte Vierzig. Die eine ist blond, die andere trägt eine Brille. Die Blonde fragt Thomas über die Fahrräder hinweg, ob er wüßte, wie sie zur Constantijn Huygensstraat kommen. Doch Thomas ist abrupt in seinen politischen Erinnerungen unterbrochen worden und für einen Moment verwirrt. Mit einer Ruhe, die mit jedem Wort größer wird, erkläre ich der blonden Frau, wie sie gehen muß. Ich schaue ihr direkt ins Gesicht. Ich schaue auf die Fältchen um ihre Augen, ich registriere ihre nicht gerade modische Kleidung, ihr Haar, das sie eigentlich nie anders als so getragen hat. In keinem Verhältnis zu meiner wachsenden Ruhe steht die Panik, die in mir hochsteigt. Denn mit rasender Geschwindigkeit nähert sich das Ende meiner kurzen Erklärung, und dann muß ich aufhören zu reden und schaue nur noch in ihre Augen. Ich höre auf. Sie lächelt mich an und sagt »Vielen Dank«. Zu zweit entfernen sie sich in der von mir angegebenen Richtung. Ich sehe sie an der Fußgängerampel warten. Andere Menschen stellen sich zu ihnen. Die Ampel springt um. Die Gruppe setzt sich in Bewegung. Ich sehe, wie der Wind die Röcke um ihre Beine weht. Ich sehe, wie der Wind ihr das Haar ins Gesicht weht und sie es mit einer kurzen Kopfbewegung zurückwirft. Das war ihr Profil. Dann schiebt sich wie ein eiserner Vorhang die Linie 24 zwischen sie und mich. Danach ist nur noch alles Wind und Menschen und das Glitzern auf Autos und Pflastersteinen. »Träum ich, und die Nacht ist angebrochen, oder ist mein Stern erloschen? Was bin ich, es ist hoher Tag, und ich sehe meinen Stern nicht«, deklamiert Thomas neben mir Constantijn Huygens. »Was ist mit dir? Du bist leichenblaß.« Er zieht mich mit, um irgendwo einen Kaffee zu trinken.

»Meinst du, daß ich mich seit meinem achtzehnten Lebensjahr so verändert habe, daß man mich auf der Straße nicht wiedererkennen würde?« frage ich Thomas, während ich Zucker in meinen Kaffee schütte. Er hält seinen Kopf schräg und betrachtet mich. »Warum solltest du dich nicht verändert haben«, sagt er schließlich grinsend, »warum sollte sich der Tod nicht auch auf dir abzeichnen?«

Nachdem Thomas' Hose vom Kaffee gereinigt ist und wir uns versöhnt haben, sitzen wir müde wieder im Zug. »Jetzt sehe ich wirklich nirgendwo mehr Schwalben«, sagt Thomas, der mit scharfem Blick über die Wiesen geschaut hat. Ich blicke auf die langen Abendschatten. Ich nicke.

Renate Dorrestein

Der Drachen

Ich kann mich nicht erinnern, daß ich als Kind je einen Drachen hätte steigen lassen. Wenn bei uns zu Hause zwei Leisten kreuzweise zusammengenagelt wurden, hieß das bloß, daß der Palmsonntag nahte. Meine Schwestern und ich spießten Vögelchen aus Brot auf die Spitzen des Kreuzes, und wir bespannten es nicht mit buntem Papier, sondern schmückten es mit Schnüren, an die wir Erdnüsse und Süßigkeiten geknotet hatten. Ich denke übrigens gern daran zurück, denn in diesen Szenen kommt auch meine jüngste Schwester vor. Sie ist vor sieben Jahren, kurz bevor sie volljährig geworden wäre, von einem mehrstöckigen Haus gesprungen.

Seitdem bin ich, plötzlich und ungewollt, die jüngste der Schwestern, durch die Zeit von ihr davongesaust: Als ich die Dreißig schon hinter mir hatte, war sie noch das Mädchen, das sie immer gewesen war. Lange habe ich mit Grauen den Abstand zwischen uns beiden mit jedem Jahr größer werden sehen – die Schnur, die uns verband, spannte sich immer stärker, und ich fürchtete, sie könnte eines Tages reißen. Doch ich habe ein Mittel gefunden, dieses traurige Schicksal abzuwenden: Indem ich auf meine alten Tage noch zufällig den überirdischen Zauber entdeckt habe, den man empfindet, wenn man Drachen steigen läßt.

Ich wollte nicht weniger als das Szenario umschreiben. Meine Schwester ist von einem Dach in den Tod gesprungen? Ha! Dann paßt mal auf! Dann stoße ich in meinen Romanen eine Protagonistin nach der anderen von Dächern, Balkonen, Felsen – und siehe da: Mein Stift stattet sie gerade noch rechtzeitig mit Flügeln aus. Mit echten, mythologischen oder symbolischen

Flügeln – ich scheute keine Mühe, um zu verhindern, daß das dumpfe Klatschen ertönte, mit dem der Körper auf die Welt traf.

Ich konnte meine Schwester nicht mehr sehen, doch in meinen Büchern lief sie ständig durchs Bild. Auf diese Weise hielt ich sie in meiner Nähe, damit die Schnur zwischen uns nie zerriß. Und außerdem gab sie mir so Gelegenheit zu tun, was mir in der Realität nicht gelungen war: Immer wieder rettete ich sie – ich spottete der ehernen Gesetze der Schwerkraft, ich konnte etwas, das schwerer war als Luft, in den Himmel aufsteigen lassen, immer höher und höher.

Doch um die Zeit, da ich meinen vierten Roman nach diesem Muster schrieb, kam ich mit den Metaphern ein bißchen durcheinander. Eben noch hatte es so ausgesehen, als würde in diesem letzten Buch zur Abwechslung mal nicht geflogen werden, da schwebte mir im letzten Augenblick eine unwiderstehliche Variante durch den Kopf: ein Drachen. Der Drachen war eine Möglichkeit, die ich noch nie bedacht hatte, obwohl er doch das schönste Symbol für den uralten Menschheitswunsch ist, sich von der Erde aufzuschwingen, ohne fürchten zu müssen, sich den Hals zu brechen. (»Gravity is such a drag«, hatte der alte Guru Timothy Leary einmal zu mir gesagt, aber damals war ich noch nicht die jüngste meiner Schwestern gewesen, und darum verstand ich seine Worte auch nur so, wie jeder andere sie verstanden hätte.)

Auch wenn die Rettung durch einen Drachen tatsächlich eine befriedigende Lösung war, hatte ich doch keine Ahnung, wie die komplizierte Szene, die mir vorschwebte, zu realisieren sein könnte. Ich wußte nicht, aus welcher Richtung der Wind wehen mußte, damit mein Drachen aufsteigen konnte. Ich wußte nicht einmal, wie groß dieser sein mußte, um einen Menschen in die Luft zu heben. Zur Beantwortung dieser Fragen kaufte ich das von dem Engländer David Pelham verfaßte weltberühmte Grundlagenwerk *Kites* und einen kleinen, hellblauen Drachen, ein Modell namens *Malay*. Dann zog ich mich in die Dünen zurück. Ich sah mich um, ob mich auch niemand sah. Ich baute meinen Drachen zusammen. Ich ließ ihn nach den

Anweisungen des Buches steigen. Und dann spürte ich zum ersten Mal, wie die Schnur sich spannte.

Ein Gefühl, das mit nichts zu vergleichen ist. Plump und schwerfällig, dazu verurteilt, lebenslänglich an der Erde zu kleben, stehst du da, verwurzelt in Ton und Lehm, und bist doch imstande zu bewirken, daß sich ein zierliches, zerbrechliches Ding in den Himmel bohrt. Ein Teil von dir löst sich von der Erde, du fühlst dich mit einem Mal unbeschwert, ja unschuldig, als hörtest du einen Nachhall der Kindheit, in der die Schlechtigkeit der Welt dir noch nichts anhaben konnte und »Sünde und Sorgen nichts als leere Worte waren, die nichts bedeuten«, wie Lewis Carroll dieses Alice-im-Wunderland-Gefühl beschrieben hat. Du liegst auf dem Rücken im Gras, und in den Wolken über dem Drachen siehst du wieder Elefanten und Burgen. Die Schnur scheint verschwunden zu sein, und nur wenn das Sonnenlicht schräg einfällt, blitzt sie einen Augenblick lang auf, sonst ist sie nicht zu sehen – niemand würde darauf kommen, daß das, was dort oben so augenscheinlich losgelöst schwebt, untrennbar mit dir verbunden ist durch eine straff gespannte Schnur.

Ich weiß jetzt, daß diese Schnur gar nicht straff genug gespannt sein kann: Erst dadurch erreicht man große Höhen. Und reißen wird sie nicht, solange man nachgibt, wenn der Wind es verlangt. Das sind zwar nicht sehr tiefsinnige, aber sehr gültige Einsichten, und sie stellen sich ganz von selbst ein, wenn man lange genug nach oben sieht, mit derselben Hingabe wie ein Angler, der auf den Schwimmer seiner Angelschnur starrt. Der Himmel ist inzwischen das Element der niederländischen Landschaft, das mir das liebste ist. Nicht umsonst hat Freud gesagt, daß der Mensch erst dann ein vollständiger Mensch ist, wenn er lieben, arbeiten und *spielen* kann. Es hat in den vergangenen Jahren nur wenige Tage gegeben, an denen ich nicht mit einem zum Wetter und zu meiner Gemütsverfassung passenden Drachen aus meiner mittlerweile auf zwanzig Stück angewachsenen Sammlung hinausgegangen bin. Was als kleines Experiment für ein Stück Romanhandlung begann, hat sich zu einer unbezähmbaren Leidenschaft ausgewachsen. Vor kurzem bin ich sogar mit dem *Hollandse Kite Team* nach Asien geflogen, wo wir einen neuen Weltrekord mit dem größten Drachen der Welt aufgestellt haben, einem Giganten, so groß wie ein mehrstöckiges Haus, der von achtzig Leuten gehalten werden muß. Doch als sich dieses gewaltige Stück Stoff mit einer Macht, die meinen Verstand überstieg, vom Boden löste und mich als Pünktchen auf der Erde zurückließ, hatte ich im Grunde dasselbe Gefühl wie damals, als ich in den Dünen meinen allerersten *Malay* steigen ließ. Ich setzte mich ins Gras und begriff zum ersten Mal – spät zwar, aber nicht zu spät –, was es war, das mich so verzauberte: die Allegorie einer unlösbaren Verbindung zwischen Himmel und Erde, die der Drachen und seine Schnur darstellen. Und mit einem Mal begriff ich auch, daß ich mich durch den Wunsch, meiner Schwester Flügel zu geben, von ihr gelöst hatte, wodurch ich mich, so paradox das auch erscheinen mag, endlich unauflöslich mit ihr verbunden fühlte.

Jedesmal, wenn ich jetzt den Zug der Schnur spüre, kommt mir derselbe seltsame Gedanke: daß ich eigentlich dabei bin, eine Botschaft hinaufzuschicken. (Daß der Himmel bewohnt ist, steht für mich außer Frage.) Mein Drachen ist der Stift, mit dem ich ein neues Szenario in den Himmel schreibe, ein Szenario, in dem Flügel – echte, mythologische oder übertragene – nicht mehr vorkommen müssen, denn nun fliegen wir ja gemeinsam.

Biobibliographische Hinweise

Die mit * versehenen Überschriften stammen von den Herausgebern.

ARMANDO, geb. 1929 in Amsterdam. Maler und Schriftsteller. Lebt seit 1979 in Berlin. Läßt in seinen Texten Deutsche sprechen, die das Dritte Reich erlebt haben.

Prosatexte: *Dagboek van een dader* (1973), *De ruwe heren* (1978), *Aantekeningen over de vijand* (1981), *Uit Berlijn* (1982), *Machthebbers* (1983), *Krijgsgewoel* (1986), *De straat en het struikgewas* (1988; dt. *Straße und Gestrüpp*, Steidl 1992). Lyrik: *Het gevecht* (1976), *Tucht* (1980). Auswahlband: *Die Wärme der Abneigung* (Frankfurter Verlagsanstalt, 1987).

»Still« und »Hunde«: Übersetzt von Anne Stolz, aus: *Die Wärme der Abneigung* (Frankfurter Verlagsanstalt, Frankfurt a. M. 1987).

MARJAN BERK, geb. 1932 in Zeist. Kabarettistin, griff verhältnismäßig spät zur Feder. Durchbruch mit heiter-grimmigen autobiographischen Geschichten.

Nooit meer slank (1981), *Liefde en haat* (1982), *De dag dat de mayonnaise mislukte* (1983; dt. *Der Tag an dem die Mayonnaise mißlang*, Rowohlt 1987), *De feminist* (1986; *Der Feminist*, Rowohlt 1987), *De zelfvergrootster* (1986; dt. *Die Überlebenskünstlerin*, Rowohlt 1988), *Rook in de ribben* (1987; dt. *Moorgerüchte*, Rowohlt 1989), *Traangas* (1992).

»Erinnerung*«: Übersetzt von Rolf Erdorf, aus: *Ik herinner mij* (Uitgeverij De Arbeiderspers, Amsterdam o. J.).

J. M. A. Biesheuvel, geb. 1939 in Schiedam. Meister der Kurzgeschichte. Debütierte 1971 mit dem stark beachteten Erzählband *In de bovenkooi* (Alice van Nahuys-prijs).

Weitere Erzählbände: *Slechte mensen* (1973), *Het nut van de wereld* (1975), *De Weg naar het Licht* (1977), *De Verpletterende Werkelijkheid* (1978), *Een dag uit het leven van David Windvaantje* (1978), *Duizend vlinders* (1981), *Hoe de dieren in de hemel kwamen* (1982), *De bruid* (1982), *De steen der wijzen* (1983), *De wereld moet beter worden* (1984), *Reis door mijn kamer* (1984, F. Bordewijkprijs 1985), *Zeeverhalen* (1985), *Godencirkel* (1986), *De angstkunstenaar* (1987). Bildbiographie: *Biesboek* (1988), Auswahlband: *Schrei aus dem Souterrain*, (Suhrkamp 1986).

»Zungenreden«: Übersetzt von Sibylle Mulot, aus: *Duizend vlinders* (Meulenhoff Nederland bv, Amsterdam).

Renate Dorrestein, geb. 1954 in Amsterdam. War Herausgeberin des feministischen Magazins *Opzij*. Wöchentliche Kolumne in *De Tijd*.

Romane: *Buitenstaanders* (1983; dt. *Eingeweihte. Was glaubt ihr, wer ihr seid*, Rowohlt 1989), *Het perpetuum mobile van de liefde* (1988), *Noorderzon* (1989; dt. *Mitternachtssohn*, Rowohlt 1990), *Het hemelse gerecht* (1991), *Ontaarde moeders* (1992).

»Der Drachen*«: Übersetzt von Dirk van Gunsteren, aus: *Ik herinner mij* (Uitgeverij De Arbeiderspers, Amsterdam o. J.).

Tim Krabbé, geb. 1943 in Amsterdam. Einmalige Mischung aus Schachgroßmeister, Profi-Radrennfahrer und Schriftsteller.

De werkelijke moord op Kitty Duisenberg (1967, Roman), *Flanagan* (1970, Roman), *De stad in het midden* (1978, Erzählungen; dt. *Die Stadt in der Mitte*, Volksblatt 1993), *De renner* (1978, Roman), *Drieënveertig wielerverhalen* (1984, Aufsätze über Radrennen), *Het gouden ei* (1984, Roman, wurde zweimal verfilmt, zuletzt Hollywood, 1993; dt. *Das goldene Ei*, Volksblatt 1992), *De man die de Babson task wilde maken* (1986, Schachnovelle), *De matador* (1991, Erzählungen).

»Der Pferdezeichner«: Übersetzt von Susanne George, aus: *Die Stadt in der Mitte* (Volksblatt Verlag, Köln 1993).

PHILIP MARKUS (Pseud.), geb. 1956 in Amsterdam. Der Autor verweigert weitere biographische Angaben. *De weg naar Oude God* (1991, Roman über Fußball und Kabbala, bekam den Geert-Jan-Lubberhuizenprijs für den besten Debütroman von 1991).

»Das Wunder«: Übersetzt von Ronald Jonkers, aus: *De weg naar Oude God*, (Uitgeverij Nijgh & Van Ditmar, Amsterdam 1991).

VONNE VAN DER MEER, geb. 1952 in Eindhoven. Spezialistin für unerwartete Wendungen.

Het limonadegevoel en andere verhalen (1985, Erzählungen, Geert-Jan-Lubberhuizenprijs), *Een warme rug* (1987, Erzählung), *De reis naar het kind* (1989, Erzählung; dt. *Die Reise zum Kind*, Twenne 1991).

»Betrug«: Übersetzt von Martina den Hertog-Vogt, aus: *Bijlezen* (Uitgeverij De Bezige Bij, Amsterdam 1991).

DOESCHKA MEIJSING, geb. 1947 in Eindhoven. Bemerkenswerte Stilistin. Literaturredakteurin bei *Vrij Nederland*, später bei *Elsevier*.

De hanen en andere verhalen (1974, Erzählungen), *Robinson* (1976, Roman), *De kat achterna* (1977, Roman; dt. *Der Katze hinterher*, Droemer Knaur 1984), *Tijger, tijger* (1980, Roman, Multatuliprijs 1981; dt. *Tiger aus Glas*, Droemer Knaur 1986), *Utopia of De geschiedenissen van Thomas* (1982, Roman), *Beer en Jager* (1987, Roman), *De beproeving* (1990, Roman), *Vuur en zijde* (1992, Roman).

»Schwalben«: Übersetzt von Susanne George, aus: *Utopia of De geschiedenissen van Thomas* (Querido Verlag, Amsterdam 1982).

S. Montag (Pseud. für H. J. A. Hofland), geb. 1927 in Rotterdam. War Journalist und Chefredakteur des *Handelsblad*, und hat hier bewiesen, daß hinter dem »S.« ein Herr steckt. Schreibt wöchentlich als S. Montag seine persönlichen Betrachtungen.

Als H. J. A. Hofland: *Tegels lichten* (1973), *Betrekkelijke kleinigheden* (1976), *Twee helden uit de jaren zeventig* (1979), *Uitzichtloze situaties* (1980), *De stadsoorlog Amsterdam '80* (1981).

Als S. Montag: *Overpeinzingen* (1976), *Een oplettende voorbijganger* (1979), *Over de afwas, de doodstraf, dienstmeisjes, Dinky Toys en nog het een en ander* (1980), *Nacht over Alicante* (1982), *Het gevoel van Columbus* (1982), *De Alibicentrale, een sprookje voor bedriegers* (1990, Roman).

»Das Leben der Häuser«: Übersetzt von Ronald Jonkers, aus: *Overpeinzingen* (Uitgeverij De Bezige Bij, Amsterdam 1976).

Cees Nooteboom, geb. 1933 in Den Haag. Reisender Autor, der seine Beobachtungen literarisch verarbeitet.

Debütierte mit dem Roman *Philip en de anderen* (1955; dt. *Das Paradies ist nebenan*, Diederichs 1958, im Taschenbuch erschienen bei Suhrkamp 1991), *De ridder is gestorven* (1963), *De Parijse beroerte* (1968), *Een avond in Isfahan* (1978), *Rituelen* (1980, Roman; dt. *Rituale*, Volk & Welt 1981 und Suhrkamp 1985), *Een lied van schijn en wezen* (1981; dt. *Ein Lied von Schein und Sein*, Suhrkamp 1989), *Voorbije passages* (1981), *In Nederland* (1984; dt. *In den niederländischen Bergen*, Suhrkamp 1987), *De zucht naar het Westen* (1985), *De wereld een reiziger* (1989), *Berlijnse notities* (1990; dt. *Berliner Notizen*, Suhrkamp 1991), *Mokusei!* (1989; dt. *Mokusei!*, Suhrkamp 1990), *Het volgende verhaal* (1990; dt. *Die folgende Geschichte*, Suhrkamp 1991).

»Onkel Antonin Alexander«: Übersetzt von Josef Tichy, aus: *Das Paradies ist nebenan* (Suhrkamp Verlag, Frankfurt a. M. 1991).

DORINDE VAN OORT, geb. 1946 in Amsterdam. Erzählerin. Beschreibt in *Vrouwenvlees* ihre Erfahrungen in Mozambique.

Meisje voor halve nachten (1989, Erzählband), *Vrouwenvlees* (1992, Roman).

»Die Nachbarn von oben«: Übersetzt von Martina den Hertog-Vogt, aus: *Meisje voor halve nachten* (Uitgeverij De Arbeiderspers, Amsterdam 1989).

CONNIE PALMEN, geb. St. Odiliënberg 1955. Studierte Neerlandistik und Philosophie. Von ihrem Debütroman *De wetten* wurden in kurzer Zeit über 100000 Exemplare verkauft. *De wetten* (1991, Roman; dt. *Die Gesetze*, Diogenes 1993), *Het weerzinwekkende lot van de oude filosoof Socrates* (1992, Essay).

»Der Epileptiker«: Übersetzt von Barbara Heller, aus: *Die Gesetze* (Diogenes Verlag AG, Zürich 1993).

Renate Rubinstein, geb. in Berlin 1929, gest. in Amsterdam 1990. Wurde bekannt durch ihre wöchentliche »Tamar-columns« in *Vrij Nederland*.

Namens Tamar (1964), *Met verschuldigde hoogachting* (1966), *Jood in Arabië, Goi in Israël* (1967), *Sta ik toevallig stil* (1970), *Tamarkolommen en andere berichten* (1973), *Klein Chinees woordenboek* (1975), *Was getekend Tamar* (1977), *Niets te verliezen en toch bang* (1978; dt. *Nichts zu verlieren und dennoch Angst, Notizen nach einer Trennung*, Suhrkamp 1980), *Hedendaags feminisme* (1979), *Een man uit Singapore* (1979), *Jeder woelt hier om verandering* (1979), *Twee eendjes en wat brood* (1981), *Met gepast wantrouwen* (1981), *Liefst verliefd* (1983; dt. *Immer verliebt*, Suhrkamp 1986), *Naar de bliksem? ik niet* (1984), *Alexander* (1985), *Nee heb je* (1985; dt. *Sterben kann man immer noch, Notizen von einer Krankheit*, Suhrkamp 1987), *Tijd van leven* (1987), *Overgangscursus* (1990), *Mijn beter ik, Herinneringen aan Simon Carmiggelt* (1991).

»Alibi«: Übersetzt von Rahel E. Feilchenfeldt, aus: *Immer verliebt* (Suhrkamp Verlag, Frankfurt a. M. 1986).

Helga Ruebsamen, geb. 1934 in Batavia (heute Jakarta). Schauplatz ihrer Geschichten ist ein surrealistisch verfremdetes Den Haag.

De kameleon (1964, Erzählungen), *De heksenvriend* (1966, Roman), *Wonderolie* (1970, Roman), *De ondergang van Makarov* (1974, Erzählungen). Nach fünfzehn Jahren meldete Helga Ruebsamen sich wieder mit dem Erzählband *Op Scheveningen* (1988; dt. *Auf Scheveningen*, Twenne 1992). Eine Auswahl früherer Erzählungen in *Olijfje* (1989). 1992 erschien *De dansende kater*, Erzählungen.

»Die Mädchen aus Marlot«: Übersetzt von Rolf Erdorf, aus: *Auf Scheveningen* (Twenne Verlag, Berlin 1992).

PETER VAN STRAATEN, geb. 1935 in Arnhem. Zeichner und Schriftsteller. Cartoons mit pointierten Texten. Großer Beobachter des modernen Lebens. *Agnes* erscheint als wöchentliche Folge in *Vrij Nederland*.

Agnes (1987), *Agnes moet verder* (1988), *Lukt het Agnes?* (1989), *Die Agnes* (1990), *Agnes en Daniël* (1991), *Dappere Agnes* (1992), *Leuk is anders* (1986, Kolumnen), *De aanstoot* (1985, erotische Cartoons), *Het literaire leed* (1989, Cartoons), *Doe ik het goed?* (1990, Cartoons), *Zo beter?* (1992, Cartoons).

»Agnes*«: Übersetzt von Sibylle Mulot, aus: *Agnes moet verder* (Uitgeverij De Harmonie, Amsterdam 1983).

LÉVI WEEMOEDT (Pseud. für I. J. van Wijk), geb. 1948 in Goldrop. Meister der tragikomischen Beschreibung.

Prosatexte: *Een treurige afdronk* (1983), *Liefdewerk oud papier* (1987), *Halte Tranendal* (1991), Lyrik: *Geduldig lijden* (1977), *Geen bloemen* (1978), *Zand erover* (1981).

»Braune Milch«: Übersetzt von Sibylle Mulot, aus: *Halte Tranendal* (Uitgeverij Contact, Amsterdam 1991).

L. H. WIENER, geb. 1945 in Amsterdam. Erforscher der Misanthropie.

Misantropie voor gevorderden (1982), *Naamloze meisjes* (1984), *Wegens mensenkennis gesloten* (1988).

»Wegen Menschenkenntnis geschlossen«: Übersetzt von Sibylle Mulot und Ronald Jonkers, aus: *Wegens mensenkennis gesloten* (Uitgeverij Bert Bakker, Amsterdam 1988).

Leon de Winter, geb. 1954 in 's-Hertogenbosch. Schriftsteller und Filmemacher.

Erzählungen: *Over de leegte in de wereld* (1976), *Een Abessijnse woestijnkat* (1991). Romane: *De (ver)wording van de jongere Dürer* (1978; dt. *Die (Ver)Bildung des jüngeren Dürer*, Aufbau 1986), *Zoeken naar Eileen W.* (1981), *La Place de la Bastille* (1981), beide verfilmt, *Vertraagde roman* (1982), *Kaplan* (1986), *Hoffman's honger* (1990; dt. *Hoffmans Hunger*, Piper 1993, von Leon de Winter verfilmt), *SuperTex* (1991; dt. *SuperTex*, Piper 1993), *De ruimte van Sokolov* (1992).

»Schwarzer Samstag*«: Übersetzt von Sibylle Mulot, aus: *SuperTex* (Piper Verlag, München 1993).

Koos van Zomeren, geb. 1946 in Velp. Debütierte 1965 mit dem Lyrikband *De wielerkoers van Hank* und dem Roman *Terloops te water* (1968). War aktiv in der linken Socialistische Partij. Schwor der Literatur ab und publizierte Krimis. 1983 Rückkehr zur Literatur. *Otto's oorlog* (1983, Roman; dt. *Ottos Krieg*, Rowohlt 1990). Weitere Romane: *De witte prins* (1985), *Het verhaal* (1986), *Sterk water* (1987), *Het schip Herman Manelli* (1990), *Een bevrijding* (1991), *Een jaar in scherven* (1988, Autobiographie), *Het scheepsorkest* (1989, Kolumnen).

»Das Joch der Flachheit«: Übersetzt von Ronald Jonkers, aus: *Het scheepsorkest* (Uitgeverij De Arbeiderspers, Amsterdam 1989).

Joost Zwagerman, geb. 1963 in Alkmaar. Schaffte rasch den Durchbruch vom jungen Rebellen zum beachteten Schriftsteller.

Romane: *De houdgreep* (1986), *Gimmick!* (1989), *Vals licht* (1991, ausgewählt für den AKO-Literatuurprijs, 1992 verfilmt), *Kroondomein* (1987, Erzählungen), Lyrik: *Langs de doofpot* (1987), *De ziekte van jij* (1989).

»Falsches Licht*«: Übersetzt von Sibylle Mulot, aus: *Vals licht* (Uitgeverij De Arbeiderspers, Amsterdam 1991).